推进新疆新型城镇化发展

TUIJIN XINJIANG XINXING CHENGZHENHUA FAZHAN
CHENGXIANG GUIHUA ZHUANTI

城乡规划专题

新疆维吾尔自治区住房和城乡建设厅
新疆维吾尔自治区人民政府城乡规划工作顾问组 编

中国建筑工业出版社

目录

规划先行，积极有序

推进城镇化进程

张春贤题

二〇一二年七月

二十七日

新疆维吾尔自治区党委书记张春贤同志题词

序言

城乡规划是一项具有全局性、综合性、战略性和公益性的重要工作，涉及政治、经济、文化和社会生活各个领域、各个方面，是指导、调控城乡建设和发展的基本手段。搞好城乡规划，对于促进经济社会发展、有效配置公共资源、保护生态环境、协调利益关系、维护社会公平具有十分重要的意义。

根据中央新疆工作座谈会作出的关于推进新疆跨越式发展和长治久安的决策部署，新疆维吾尔自治区党委确立了“以现代文化为引领，以科技、教育为支撑，加速推进新型工业化、农牧业现代化、新型城镇化进程”的战略选择，把加快推进新型城镇化进程，作为实现新疆科学跨越、后发赶超的主要任务。

城镇化是人类社会发展的普遍规律之一，是工业革命以来人类文明的大趋势，也是世界上任何国家和地区现代化的必由之路。一个国家和地区的城镇化水平，既是衡量经济发展和社会进步的重要标志，也是经济社会持续快速发展的重要条件。进入新世纪以来，新疆城镇化进程不断加快，城镇化率由2000年的36.2%提高到2011年的43.5%，并提出了2020年城镇化水平达到58%的目标。国际经验表明，一个国家和地区的城镇化率达到30%，其城市化进程将进入到加速发展阶段。现在，新疆城镇化率已超过40%，标志着今后一个时期，我区城镇化进程将进入到一个更加快速发展的新阶段。

加快推进新型城镇化进程，必须坚持规划先行。新疆维吾尔自治区党委、政府高度重视做好城乡规划工作。自治区第八次党代会着眼于在新的起点上，明确提出加快推进新型城镇化要按照“以人为本、规划先行、城乡统筹、布局合理、集约高效、特色鲜明”的原则，特别强调要突出规划的前瞻性和高起点、高水平，5年内全面完成城乡规划编制工作，实现城乡规划全覆盖，2年内完成所有村镇规划编制任务。

新疆维吾尔自治区党委张春贤书记指出："规划是科学发展的龙头。新疆要想实现跨越式发展和长治久安，必须做好顶层设计，实现高起点、高水平、高效益的发展。一个好的规划，可以避免浪费，让城乡变得更美好，这也是科学发展观的体现。"为切实做好城乡规划工作，顺利推进新型城镇化进程，2010年10月，在上海市委、市政府的支持帮助下，新疆维吾尔自治区人民政府成立由城市规划管理部门负责同志和同济大学等国内知名高校相关专业教授及有关工程技术专家组成的城乡规划工作顾问组，这也是自治区成立的第一个专家顾问组。顾问组成立后，迅速开展工作，已先后7次来疆，对乌鲁木齐市、喀什地区、伊犁州等9个地州的30多个市县进行实地调研、提供决策咨询。特别是各位专家把亲身参与上海市国际化大都市规划建设的经验教训与新疆实际结合起来，取得了很好的效果。

为进一步增强领导干部城乡规划知识，强化规划意识，提高领导和开展新型城镇化工作的能力，2011年2月21—22日，新疆维吾尔自治区党委举办了"自治区领导干部城乡规划专题培训班"，自治区四大班子和各地各部门1300余名各级领导干部参加了培训。此次培训班主题鲜明、内容丰富、重点突出、观点新颖，特别是国家住房和城乡建设部总规划师唐凯、自治区城乡规划工作顾问组毛佳樑、夏丽卿、郑时龄、赵民、王祥荣和同济大学教授杨东援以及中国城市规划设计研究院副院长王凯8位专家教授，围绕如何搞好城乡规划讲授的8个专题，既有城乡规划战略性布局方面的阐述，又有具体实施操作层面需要注意的问题；既有相关前沿理论探讨，又有实际案例讲解，具有很强的思想性、指导性、针对性和实效性，受到了学员们的一致好评。认真学习这些专题，对于搞好新时期新阶段新疆城乡规划工作，提高新疆新型城镇化建设的质量和水平，具有重要意义。

培训班结束后，为进一步扩大学习培训范围，放大培训成效，按照自治区党委的要求，自治区住房和城乡建设厅、自治区人民政府城乡规划工作顾问组共同编辑、出版了《推进新疆新型城镇化发展——城乡规划专题》一书。各级领导干部要认真学习借鉴，切实增强对做好城乡规划工作重要性和必要性的认识，不断提高领导新型城镇化建设的能力，为加快推进新疆新型城镇化进程、实现新疆跨越式发展和长治久安作出新的贡献。

新疆维吾尔自治区党委副书记、自治区主席

2012年7月

2011年

2月

城乡规划专题讲座

唐 凯

国家住房和城乡建设部总规划师，并担任中国城市规划学会副理事长、中国城市规划协会副会长、中国建筑学会常务理事、中国城市科学研究会常务理事。清华大学建筑学院毕业，研究生学历。

历任城乡建设环境保护部城市规划局科员、副处长，海口市城市规划局局长，海口市人民政府副市长，国家住房和城乡建设部城乡规划司司长。

《城乡规划法》和我国城乡规划发展趋势

没有规矩不成方圆，城乡规划也一样，没有法规就确定不了工作体制和机制，也缺乏行政依据。以下主要从《城乡规划法》的立法、主要内容以及依据法律不断完善城乡规划工作等三个方面简单介绍城乡规划法制建设的工作。

一、《城乡规划法》立法概述

（一）立法是做好城乡规划工作的基础

1.对城乡规划的各种论述

城乡规划是什么？它是干什么的，怎么干，由什么人来干？针对不同的工作内容有不同的理解。中国在《周礼·考工记》中有记载，叫做"匠人营国，方九里，旁三门，国中九经九纬，经涂九轨，左祖右社，面朝后市，市朝一夫……"，定了很多规矩。通常大家认为现代的城市规划理论诞生在1840年前后，当时欧洲遇到大瘟疫，霍乱造成了很多人死亡。1848年英国出台了《公共卫生法》，提出英国所有的城镇都要过文明社会的生活。对城镇的各种设施，从饮水到排水，到居住，再到卫生、垃圾收集等等，都有严格的规定，非常有针对性。因而现代城市规划的划线往往从英国《公共卫生法》的颁布算起。到了1893年，为了改善人类的居住环境，一些空想社会主义者针对欧洲工业革命时期出现的城乡差异和居住环境的恶化，探索建设了兼有城市和乡村优点的田园城市。1930年现代建筑运动产生，1933年国际建协通过《雅典宪章》，提出功能分区，一个城市应在区域规划的基础上，按居住、工作、游憩进行分区及平衡后，建立三者联系的交通网。突出城市的居住、工作、游憩、交通四大功能。通过全新理念的城市设计和建筑设计追求绿地空间和阳光，完善公共设施等。1977年国际建协通过《马丘比丘宪章》，强调城市是动态的，城市是不能严格分开的。人与人之间的相互关系对于城市十分重要，理解并努力处理这一关系是城市规划的基本任务。《马丘比丘宪章》将《雅典宪章》的一些基本思想视为机械主义和物质空间决定论加以反对，宣扬社会文化论的基本思想。认为物质空间只是影响城市生活的一项变量，对城市生活起决定作用的是各人类群体的文化、社交模式和政治结构。提倡将因受《雅典宪章》影响所建设的局部拼合的城市重新有机组合起来。1987年世界环境与发展委员会出版《我们共同的未来》报告，可持续发展的理念对城乡规划与建设产生巨大影响。1999年国际建协通过《北京宪章》，描述20世纪“大发展”和“大破坏”的特征。文件肯定了一百年人类两次从世界大战的创伤中恢复，并在信息时代到来时所创造的伟大进步。也指出了人类同时面对一系列重大问题，如大自然的报复、混乱的城市化、技术发展的双刃剑效应以及建筑文化的失落等。文件肯定人类取得伟大的建设成就，同时人类对自然、文化遗产的破坏已经危及人类自身生存。《北京宪章》展望21世纪，认为人类将处于变化更为迅速的时代，各类矛盾将继续存在并更加尖锐，我们必须坚持走可持续发展之路，树立生态观、经济观、科技观、社会观和文化观，通过学科群共同努力来处理城乡建设与发展中的各种复杂问题。在可持续发展理念的影响下，精明增长、紧凑城市、低冲击发展模式等理论得以讨论，各国在探索生态城市、低碳城市的建设方面方兴未艾。

鉴于不同的时期、不同的工作重点内容，强调空间环境设计的观点认为，城市规划是对人类聚居地的物质空间进行规划设计的活动，即从事将来环境变化的设计；强调空间布局的观点认为，城市规划是在城市或者镇、区的层次上，致力于组织与人的需要相一致的、和睦相处的空间秩序；在我国向苏联学习时将城市规划表述为国民经济发展计划的延续和在空间上的落实。还有人将城市规划看作是审批建设的管理规定等等。

不同国家在不同时期，对城市规划有不同表述。比如抽象地说城市规划是一门科学、一种艺术、一项政治努力，它致力于创造和引导与城市的社会、经济需要相一致的城市物质空间的发展和秩序。很多西方国家认为城乡规划是一项高度政治化的活动，它不仅隶属于政治学，而且它与法律密不可分。还有的认为城市规划是一个在不断变化的情形下持续地监视、分析、干预的过程；把城市看作一个相互关联的功能活动系统，意味着从物质空间、美学、经济、社会全面研究城市。

2.对中国当前城乡规划地位作用的认识

在中国，城市规划基本术语标准是这样定义的：从学科上讲，城市规划是一门综合性学科，它涉及社会学、建筑学、地理学、经济学、工程学、环境科学、美学等多种学科。从行政上讲，城市规划是政府的一项重要职责和重要工作。

在一系列工作中，中央领导对规划工作越来越重视，时任国务院副总理的温家宝同志在2001年市长协会换届大会上对城市规划工作做了这样的定性："城市规划是一项全局性、综合性、战略性的工作，涉及政治、经济、文化和社会生活等各个领域。制定好城市规划，要按照现代化建设的总体要求，立足当前，面向未来，统筹兼顾，综合布局。要处理好局部与整体、近期与长远、需要与可能、经济建设与社会发展、城市建设与环境保护、进行现代化建设与保护历史遗产等一系列关系。"同时，"做好城市工作，首先要搞好城市规划。城市规划是城市建设和发展的蓝图，是建设和管理城市的基本依据。城市规划搞得好不好，直接关系城市总体功能能否有效发挥，关系经济、社会、人口、资源、环境能否协调发展。"

3.结论

综上所述，规划是一项有意识的系统分析过程，通过对问题的思考以提高决策的质量。城乡规划是针对城乡发展、运用整体论的方法论开展研究的综合性学科。实现社会整体利益必须依靠立法，并通过城乡规划的措施限制局部利益。城乡规划工作是政府的重要职责，是开展调控与监管的重要手段，带有很强的公共政策属性。如今投资主体多元化，政府职责应该转到公共管理上，城乡规划管理主要是处理公共管理与私人权利之间的关系，需要公众广泛参与。城乡规划行政行为必须符合依法行政要求。

上述认识在《城市规划法》修订为《城乡规划法》的过程中，对立法的起草思路产生了重大影响。

（二）2007年修订法律是为适应形势发展需要

1.城乡规划法制建设有何基础

新中国的城乡规划立法和法制建设过程大致如下：20世纪50年代计划经济时

期，学习苏联的经验，按照技术规范来做，颁布《城市规划编制办法》。到了改革开放以后，1978年全国城市工作会议，中央发布《关于加强城市建设工作的意见》，提出要搞好城市规划工作必须就城市规划法进行立法。根据中央要求，1979年开始起草《城市规划法》，1982年《城市规划法》（送审稿）报送国务院。当时鉴于我们在经济建设过程中，立法上没有什么经验，人大提出先制订条例，通过实践摸索后再立法。于是1984年《城市规划条例》报送国务院，同年颁布实施。《城市规划条例》经过了5年的试行，1989年12月26日第七届全国人大常委会表决通过《城市规划法》并正式颁发，1990年4月1日《城市规划法》正式施行。在以后的十几年间，随着我国改革开放的深化和经济社会的快速发展，《城市规划法》出现了一系列不适应现象，需要修订。经过多年的努力，2007年10月28日第十届全国人大常委会表决通过《城乡规划法》并正式颁发，2008年1月1日《城乡规划法》正式施行。

回顾历史，《城市规划法》确实奠定了我国城市规划的工作基础。

首先，制订了相应的运作制度，包括城市规划制定制度、划定城市规划区实施统一规划管理制度、城市规划实施许可制度和违反城市规划行政处罚制度等。

其次，确定了法定的城市规划体系（图1）。

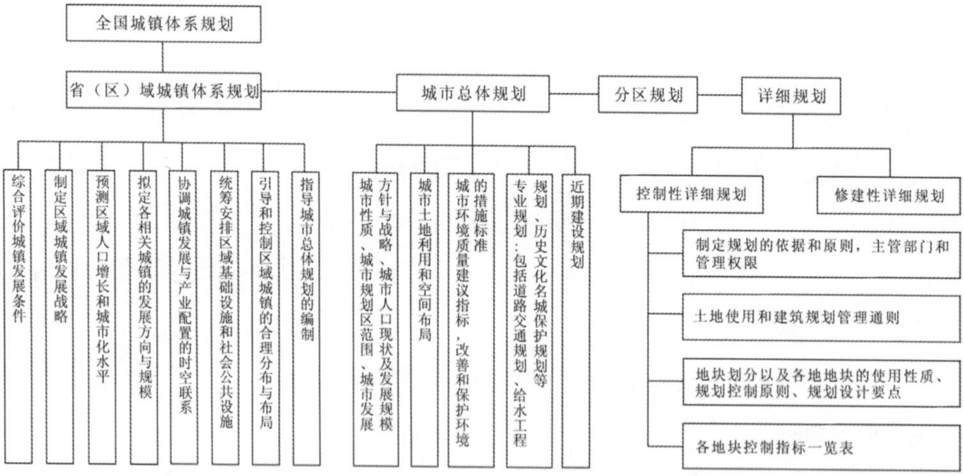

图1　城市规划体系

同时，在《城市规划法》的基础上建立了整个城市规划的法规体系，包括法律、行政法规、部门规章、行政措施等（图2）。

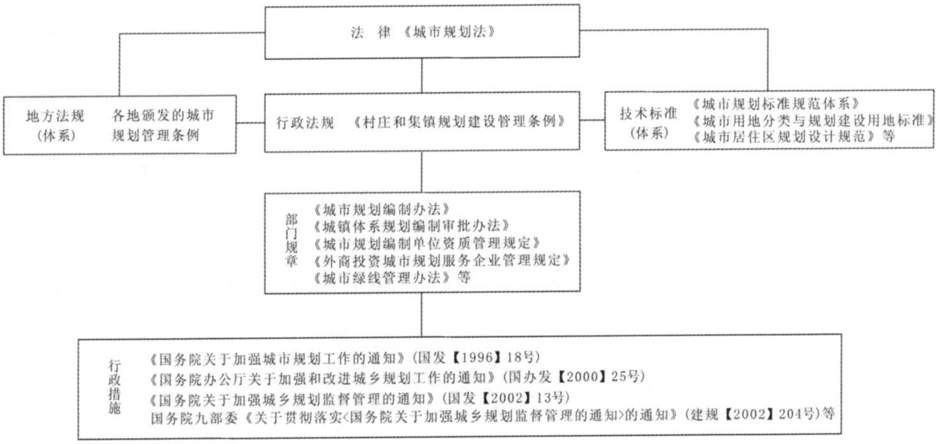

图2 城市规划的法规体系

在这样一个法规体系下，1993年《城市规划标准规范体系》出台，是我国城市规划技术标准制定中的重要里程碑。经过2003年和2006年两次修订后，形成了《城乡规划技术标准体系》（《工程建设标准体系（城乡规划部分）》），包含经简化后的技术标准48项，其中基础标准6项、通用标准11项、专用标准31项，包括用地分类、居住区、设计分类、城市交通、地下管线等。到目前为止，已颁布施行的标准15项，另外还有20项在编，有些即使已经编制完成，但随着时间的推移、情势的变化，还需修订完善。编制这套标准体系具有相当程度的困难。

2.《城市规划法》的不足

(1) 城乡二元分治，不利于统筹发展

一段时期以来，我国城乡规划法律制度受到历史形成的城乡二元结构的深刻影响，城市和乡村分别对待，不同的法律和法规，分别就城市论城市、就乡村论乡村。不但不利于城乡统筹发展，还造成了法律空白，在一些地区无法进行有效的规划管治，这一点在城乡结合部地区和各类开发区中表现得尤为明显。

(2) 偏重技术管理，不利于政府职能转变需要

《城市规划法》形成于我国经济体制改革初期，内容上难以突出城乡规划必须适应政府职能转变，充分体现“经济调节、市场监管、社会管理、公共服务”的原则，由物质空间设计走向综合规划，由技术管制走向公共政策。如今已十分明确，城乡规划是一项全局性、综合性、战略性很强的工作，涉及政治、经济、文化和社会生活等广泛领域。由于《城市规划法》没有突出对公众利益保护的规则，使规划在制定和

实施管理中不能十分有针对性地保护资源、环境、自然和历史文化遗产，以及社会弱势群体的利益。

(3) 不适应经济体制转轨后的开发管理

《城市规划法》在内容上对规划编制作了较多规定，而对规划管理、操作程序、监督检查、法律责任规定得较少、较笼统。随着改革的深化，一系列新制度，如土地有偿使用制度、投资体制的改革、分税制等，带来城市发展动力的多元化和利益群体的分化。

(4) 法定的规划体系难以适应城镇化和城乡建设发展的需求

由于体制上的分割，难以形成一个科学、完整、严格的规划体系，作为这项行政职能的技术保障。各级城镇体系规划的法律地位不明确，导致现行城乡规划缺乏基本的区域协调与制约机制；城市总体规划内容繁杂，强制性内容不明确，难以作为管理依据；镇的地位及其规划缺乏实事求是的定位和规范，导致小城镇规划的法律规范薄弱；城镇详细规划缺乏严格的法定约束，导致详细规划从制定到实施都表现出随意性，各级城镇的规划实施管理难以有效规范；乡村规划缺乏强有力的法律规范，导致乡村建设难以逐步实现集约化发展。

(5) 监督机制不完善，不适应决策的科学化和民主化

《城市规划法》比较注重对行政权力和管理手段的维护，而对政府部门实施监督制约和对公民、法人以及社会组织的保护性规定薄弱。在规划编制的组织上，强调单一的政府行政部门责任，没有将公众参与、多部门参与作为法定程序；规划决策限于一个相对封闭的机制。据此形成的规划管理体制，使编制和实施规划的职能主要集中在城市政府，而立法机关、上级政府、社会公众对规划工作这一行政权力缺乏有效的监督，对地方政府的违法行为缺少法定的纠正能力。例如，2000年某县违规变更规划，错误选址建住宅楼，因山体滑坡造成楼毁人亡。调查结果表明，选址本身是非建设用地，就是通过行政命令随意更改，之后没有相应的安全措施，必然造成惨剧。因此，在规划过程中，没有严密的程序和科学态度，只是靠行政命令，自由裁量权过大确实存在问题，最后都作了相应的处理。

(6) 法律责任较为原则，不利于维护规划的严肃性

《城市规划法》对违法行为的处罚规定较为原则，可操作性差。该法主要针对违法建设行为本身提出纠错规定，对违法行为人的处罚仅涉及由单位给予行政处

分；特别是对政府的违法行为，若非涉及经济犯罪，基本上构不成法律责任。这样的法律制度，为规划决策提供了很大的随意性空间。对于建设单位和个人而言，为了谋求利益最大化，也会在计算违法和守法的成本后，不惜违法牟利。鉴于一些地方违法的机会成本远低于守法的机会成本，更加导致违法建设行为屡禁不止，严重损害了规划的权威性和严肃性。

3.如何认识当前大背景与法律修订的关系

城镇化是经济社会发展的必然趋势，也是工业化、现代化的重要标志。城镇化是经济社会发展的客观综合反映，同时也受到主观政策制定的影响。历史证明，主动认识还是被动认识城镇化规律，城镇化的结果完全不同。

胡锦涛总书记在政治局集体学习会上说：推进城镇化健康有序发展，必须坚持以规划为依据，以制度创新为动力，以功能培育为基础，以加强管理为保证。要深入认识和全面把握城镇化的发展规律，认真听取专家的意见，研究制定科学合理的规划，保证规划经得起实践和时间的检验。要加快全国城镇体系规划的编制。要通过全国城镇体系规划、城市总体规划、村庄和集镇规划以及土地利用规划等，合理引导城镇化发展的规模、速度、节奏，优化结构和布局。要维护规划的权威性、严肃性，明确规划实施的主体和责任，加强对规划实施的领导和管理。要完善法律法规，依法加强对规划实施的监督管理，及时发现和纠正规划实施中的偏差，保证规划全面实施。

在我国城镇化发展过程中，整个城镇体系格局在变化，更大的城市群在集聚起来。城镇化发展过程中城市面貌也发生了巨大的变化。我国现已形成的12个主要城镇密集地区，以占全国9%的国土面积，集聚了全国近40%的人口，实现了全国65%的国内生产总值。其中，以上海、京津、穗港深等为中心的长三角、京津冀和珠三角三大城镇群，以不足3%的国土面积，集聚了全国14%的人口，创造的国内生产总值占全国的42%。在城镇化快速发展过程中，中小城镇也发生了很大的变化。1978年我国仅有建制镇2173个。这些镇以县的城关镇和工矿城镇为主，其经济社会结构和小城市相似，与周围农村的经济社会联系相对较弱。到2005年，建制镇数量已近20000个。建制镇正在发展成为以农业服务、商贸旅游、工矿开发等多种产业为依托的、各具特色的新型小城镇。“镇”的概念已与过去有着本质的区别，如东莞的虎门镇，户籍人口不到10万，常住人口已近100万，类似一个大城市。当然，大部分镇的规模还是比较小的。2008年中小城市常住人口约1.02亿人，只占设市城市市区常住人口的30.01%，即便加上全部建制镇1.63亿人口，所占比例也仅为43.8%

(1) 我国城镇化发展面对的挑战

1) 人口挑战

我国处在城镇化快速发展时期，据2010年底的统计，全国的流动人口超过2亿，其中16岁至30岁的人数超过60%，他们中的大部分人希望未来居住在城市中。城市规模在膨胀，城市文化构成日益多元化，城市的住房需求在延续，城市基础设施和公共服务设施需要完善。

2) 资源与环境约束带来的挑战

土地资源。我国幅员辽阔，陆地面积960万km^2，但是专业人员分析了高程、年平均降水量、≥10℃积温、土地利用类型、土壤侵蚀、坡度、地貌等地理要素后，结论是达到适宜度I类的人类居住地主要分布于东北平原、三江平原、华北平原和长江中下游平原，以及四川盆地和西部的河西走廊。此类地区约占全国陆地面积的19%，其中55%为耕地。所以相对来说，我国未来发展建设的土地并不富余。

水资源。我国水资源总量位居世界第6位，但人均水资源仅为世界平均水平的1/4，位列世界第121位，总体上属于缺水国家。目前海河区、黄河区水资源开发利用已处于过度开发状态，西北诸河区、淮河区已临近可用水资源量的极限，辽河区开发利用程度已相当高。地下水超采问题比较突出，全国地下水超采区面积近19万km^2，其中海河流域平原区约10万km^2。海河流域和淮河流域地下水超采，实际开采量分别超过允许开采量的18%和28%，辽河流域和黄河流域实际开采量也分别达到允许开采量的92%和64%。根据2004年的统计资料，全国总用水量已达到水资源可开发利用量的65%，城镇用水量约为727亿m^3，其中生活用水量322亿m^3，工业用水量405亿m^3。预计2030年全国城市人均综合用水量在160m^3/人·年左右，城市用水总量将达到950亿m^3左右。

油气资源和矿产资源。20世纪90年代以来，我国石油消费进入快速增长时期，2004年与2001年相比，石油消费量净增7200万吨，年递增10.5%。未来一段时间，由于我国工业化和城镇化发展仍然较快，作为支柱产业的汽车工业和石化工业将继续发展，农村能源消费结构中石油的比重将增加等因素，预计2020年前我国的石油消费仍将保持较高的增长速度。20世纪90年代以来，除了煤炭和钾肥之外，我国主要矿产品消费都超过两番。煤炭、钢、有色金属、水泥等的年产量均已跃居世界首位。我国已成为世界矿产资源生产和消费大国。

环境质量状况。当前我国环境污染已从陆地蔓延到近海水域，从地表水延伸到地下水，从一般污染物扩展到有毒有害污染物。近年来我国水环境虽然局部有所好转，但是总体上污染加重的趋势仍然没有改变。黄淮海流域是我国目前污染最为严重的地区，多数河段水质属于劣V类。人口较为密集的京津冀、长三角、珠三角三大城镇群的水系，及其濒临的渤海和东海局部海域污染严重。大气污染也很严重，一些城市与区域频繁出现大面积灰霾，尤其是华北、中原、华南、华东等地区均呈现出明显的区域性大气污染特征，城镇密集地区灰霾现象出现频繁。酸雨区域主要分布在华中、西南、华东和华南地区。其中，华中酸雨区污染最为严重，湖南和江西是华中酸雨区酸雨污染最为严重的区域。

3) 经济的挑战

2008年发生的全球金融风暴还没有结束，我国依赖出口加工的模式不可持续。低工资、不顾环境污染、资源高消耗的粗放发展模式必须停止。加快转变经济发展方式是党中央的英明决策，必须坚定不移地执行。

4) 行政管理转型的挑战

社会主义市场经济体制下投资主体多元化，政府的主要任务是公共管理。社会文明进步与民主化要求政府行政要依法、透明、高效。

(2) 我国城镇化发展中必须解决的问题

重点城镇群的国际竞争能力不强。从全球的范围进行比较，我国重点城镇群，制造业比重仍较大，但又缺乏世界级的制造业企业。中心城市高端功能不足，发展质量不高。城市的制造业、社会服务业总体上还处于国际产业链的低端，发展水平低。北京第三产业比重虽然超过了70%，但国际性的金融、文化传媒等产业发展不足。上海第三产业比重仍低于50%，创建国际金融中心还处于起步阶段，在会计业、广告业等咨询服务领域的发展与世界城市差距较大；这些城市面向国际的基础设施建设依然不足，还不能满足高端人群居住与创业的需要。

人居环境质量不高。居住条件有待进一步改善，城市低收入阶层和外来务工人员的住房条件普遍很差。城市棚户区、国有林场、农场等工矿区的改造任务艰巨，配套设施严重不足，设施老化问题普遍存在。

居民出行不便捷。一是大城市交通拥堵严重，且呈蔓延之势。特大城市主要路段全天的道路饱和度超过70%，城市中心地区高峰时段的平均车速普遍低于20km/h。上海城市中心区50%的车道在高峰时段道路饱和度达到95%，平均车速仅10km/h。2006年北京市民的平均通勤时间达43分钟。二是城镇群综合交通网络建设缓慢，枢纽布局不合理，各交通方式之间衔接不畅，交通运行效率低。三是区域轨道交通发展尚在初级阶段，城市之间、产业区与港口、机场间的联系主要依靠高速公路，高速公路建设规划与城镇群发展布局协调不够，所建线路流量差异很大，早期建设的线路因沿线城镇的发展，近乎成为城市内部快速路；大城市地铁线路不成网络，与公共交通、区域交通等缺乏有效的衔接，制约交通组织效率的提高。

社会服务设施建设难以满足需求。北京等中心城市教育、医疗资源丰富，但为周边地区提供服务的能力不足。与城市居民生活密切相关的社区级医院、文化馆、图书馆、体育设施、青少年活动中心、老年活动中心等设施匮乏，缺少日常维护和管理经费。社会设施服务水平难以满足广大人民日益增长的物质文化生活需求。城市外围和城乡结合部地区社会服务设施建设跟不上，布局不合理。

城市安全存在隐患。全国600多个城市中，有300多个城市缺水，100多个城市严重缺水，水源单一，供水系统脆弱；城市供水系统普遍老化，二次污染和渗漏问题普遍；全国城市生活垃圾累积堆存量已达60亿吨，并以平均每年4.8%的速度持续增长，城市周边存在大量“垃圾山”；大气污染加剧，一多半城市的居民生活在Ⅲ类及劣Ⅲ类大气环境条件下；城市抵抗自然灾害的能力弱，因气候原因或人为事故造成城市功能瘫痪的事时有发生。

小城镇承载能力偏低。城镇群中的小城镇总体上发展动力不足，特色经济不突出，人口集聚程度不高，规模偏小。据统计，县城的平均规模只有8万人，县城以外的建制镇，超过5万人的不足400个，占建制镇总数不足3%。小城镇规划建设水平不高，基础设施建设滞后，公共服务水平低，难以形成较为完善的城镇供水、排污、供电等基础设施和商业、科技、教育等社会化服务体系。难以发挥相应的人口和产业的吸纳作用，更难以为周边农村服务。

城乡统筹缺乏实质性的推进。城镇群地区城乡利益矛盾集中，城市扩张，失地农民难以很快融入城市社会，城乡结合部是农村富裕劳动人口主要的聚居地，他们的居住、就业、子女教育、社会保障等还存在较多困难。

重城轻乡。在发展中对农村地区统筹考虑和扶持、反哺的力度依然不够。农村地区基础设施建设投入不足，公共服务网络不健全，社会保障欠缺。农村地区富余劳动力大量进城，造成留村农民人口老化、素质下降、基层组织薄弱，农村和农业缺乏发展活力。

在新农村建设过程中，普遍存在研究村庄建设多，研究促进农村社会经济发展少的倾向，一些地区不顾本地实际，盲目提出大规模迁村并点的目标。

当前发展仍存在盲目性。城镇群“遍地开花”，在实际操作过程中存在一定盲目性。一些地区尽管经济社会发展水平不高，城市之间联系并不紧密，甚至在一些生态环境条件脆弱的地区，仅凭三两城市相邻，或若干城市滨水，就急于“打造”城镇群。

城市建设追求奢华。最近一段时期，一些城市在开发建设过程中追求奢华的不良倾向有所抬头。一些城市热衷于建设高标准、高耗能、大体量、造价昂贵的“标志性工程”，这些项目维护费高，运营成本高，利用率低，与城市整体风貌也不甚协调。有不少城市喜欢造人工景观水面，甚至在西北缺水地区也大搞人工湖；山地城市不顾地形地貌限制，搞大面积棋盘式城市布局，而与城乡居民生活密切相关的公益性服务和民生工程投入却不足。据中国人民大学的调查显示，虽然近些年各地在城市建设上加大了投入，也确实取得一些实效，但市民对城市的满意度却下降了。

工业开发区粗放扩张。一些城市在发展建设中热衷于扩张工业用地规模，工业开发区动辄占地上百平方公里。一些地方工业园区设立过多过滥，导致恶性竞争，人为压低企业发展成本，造成产能大量过剩。

（三）规划实践是起草法律条文的源泉

1.加强法制是中央的一贯要求

近十年来颁发了一系列重要文件：《国务院关于加强城乡规划监督管理的通知》（国发[2002]13号）、《关于贯彻落实〈国务院关于加强城乡规划监督管理的通知〉的通知》（建规[2002]204号）、《关于开展城乡规划效能监察的通知》（建规[2005]161号）、国办转发《关于加强城市总体规划工作的意见》（国办发[2006]12号）等。其中《国务院关于加强城乡规划监督管理的通知》主要内容包括，端正城乡建设指导思想；强调城乡规划的综合调控作用，进一步明确各级政府城乡规划管理事权；坚决纠正贪大浮夸、盲目扩大城市规模和建设规模的现象；明确各城市要制定和完善与五年计划相应周期的近期建设规划，作为建设项目安排的依据；制定了城乡规划的强制性内容并严格城乡规划修改的法定程序；加强对违反城乡规划的行政责任的追究；强调建立城乡规划监督制度等。《国务院关于加强城乡规划监督管理的通知》（国发[2002]13号）为《城市规划法》的修订打下了基础。

2.通过发布部门规章实践管理机制的变革

根据国务院在规划中确定一些强制性内容的要求，建设部第112号令《城市绿线管理办法》明确城市总体规划包括城市绿地系统规划，确定防护绿地、大型公共绿地等的绿线；控制性详细规划规定用地绿化率控制指标和绿化用地界线的具体坐标；修建性详细规划明确绿地布局，提出绿化配置的原则或方案，划定绿地界线；各类建设工程要与其配套的绿化工程同步设计，同步施工，同步验收；城市绿线的审批、调整，按照《城市规划法》的规定进行。

建设部第119号令《城市紫线管理办法》明确国家历史文化名城的城市紫线在编制历史文化名城保护规划时划定；对国家历史文化名城内的历史文化街区、省级政府公布的历史文化街区，以及街区以外的保护建筑划定紫线进行保护；其他城市的城市紫线在编制城市总体规划时划定；城市紫线的变更与撤销须报原审批机关；国家和省级规划行政主管部门可向有关城市派督察员，对城市紫线的执行情况进行督察。

建设部第144号令《城市黄线管理办法》划定城市黄线对城市基础设施（办法中分为11类）用地进行控制管理；编制城市总体规划，确定城市基础设施的用地位置和范围，划定用地控制界线；编制控制性详细规划，划定城市基础设施用地界线，规定控制指标和要求，明确城市黄线的四至坐标；编制修建性详细规划，提出城市基础设施的用地配置原则或方案，标明城市黄线的四至坐标和相应的界址地形图；城市黄线的调整应随城市规划一并调整。

建设部第145号令《城市蓝线管理办法》划定城市蓝线对城市地表水体和控制地域进行保护；编制城市总体规划，确定城市规划区范围内需要保护和控制的主要地表水体，划定城市蓝线，明确保护和控制要求；编制控制性详细规划，规定城市蓝线范围内的控制指标，并附有明确的城市蓝线坐标和相应的界址地形图；城市蓝线的调整应随城市规划一并调整。

3.修改了有关技术规定

修订了《城市规划编制办法》。2006年国办转发的《关于加强城市总体规划工作的意见》明确上位规划的地位，提出城市总体规划的编制要按照省域城镇体系规划确定的原则进行；要求深入开展对人口、土地、水资源、能源和环境等城市发展基本要素的研究；转变规划编制方式，采用政府组织、专家领衔、部门合作、公众参与、科学决策方式；完善监督检查机制，开展效能监察工作。

二、《城乡规划法》的主要内容

（一）《城乡规划法》各章节简述

与《城市规划法》比较，《城乡规划法》取消了“城市新区开发和旧区改造”这一章，新增加了“城乡规划的修改”和“监督检查”两个章节。《城乡规划法》共七章七十条，简述如下：

第一章“总则”共十一条。内容包括：立法目的，适用范围，城乡规划和规划区的概念，制定和实施城乡规划的原则和要求，城乡规划与其他综合规划的关系，城乡规划工作经费与管理体制，公众参与城乡规划的权利，以及鼓励采用先进的科学技术以增强城乡规划科学性等。与《城市规划法》相比较，《城乡规划法》法律适用范围扩大；在总则中没有再提“城市”、“城市规模”、“城市发展方针”的概念；规划区“根据城乡经济社会发展水平和统筹城乡发展的需要划定”，比过去更具有灵活性。

第二章“城乡规划的制定”共十六条。内容包括：规定城镇体系规划、城市规划、镇规划、乡规划和村庄规划的编制和审批程序，城市、镇的总体规划的强制性内容，城市、镇的控制性详细规划的编制、审批和备案程序及修建性详细规划的编制，城乡规划编制单位的资质条件，编制城乡规划的标准和基础资料，城乡规划草案的公告、公开征求意见及专家和有关部门审查等。与《城市规划法》相比较，《城乡规划法》规范了新的法定规划体系，各级规划的内容作了一些修改。

第三章“城乡规划的实施”共十八条。内容包括：城乡建设和发展按照规划实施的原则，城市新区的开发和建设与旧城区的改建，历史文化名城、名镇、名村及风景名胜区的保护，城市地下空间的开发和利用，城市、镇的近期建设规划，城乡规划实施管理的重要环节和行政许可制度，建设单位变更规划条件的批准程序等。与《城市规划法》相比较，《城乡规划法》突出城乡规划实施中以人为本、社会事业优先的导向；强调管理过程的法定程序要求。

第四章“城乡规划的修改”共五条。内容包括：城乡规划的实施评估，城乡规划修改的权限和程序，城市、镇的总体规划强制性内容修改的权限、程序，近期建设规划的修改备案，控制性详细规划和修建性详细规划、建设工程设计方案的总平面图的修改，以及因修改给利害关系人合法权益造成损失的补偿等。与《城市规划法》相比较，《城乡规划法》这一章是新加的，对城乡规划的修改审批提出了更加严格的要求，规划的修改都须报原审批机关。

第五章“监督检查”共七条。内容包括：县级以上人民政府及其城乡规划主管部门对城乡规划编制、审批、实施、修改的监督检查，地方人大常委会或者乡、镇人民代表大会对城乡规划的实施情况的监督，城乡规划主管部门对城乡规划的实施情况进行监督检查时有权采取的措施及监督检查情况和结果的处理，上级人民政府城乡规划主管部门对有关城乡规划主管部门的行政处罚的监督等。与《城市规划法》相比较，《城乡规划法》针对行政机关的工作提出了严格的监督制约要求。

第六章“法律责任”共十二条。内容包括：有关人民政府及城乡规划主管部门、有关部门、城乡规划编制单位如果违背《城乡规划法》应负的法律责任，建设单位未取得或者违背建设工程规划许可证或乡村建设规划许可证进行建设应负的法律责任，违法进行临时建设的法律责任，建设单位未按时报送有关竣工验收资料等情况的法律责任，授权县级以上地方人民政府对违法建设采取强制措施等。与《城市规划法》相比较，《城乡规划法》规定的违法处罚措施更加具体和严厉。

第七章“附则”共一条。规定了本法施行的具体时间，《中华人民共和国城市规划法》同时废止。

（二）执行《城乡规划法》应把握好的要点

1.制定和实施城乡规划必须遵循的基本原则

(1) 城乡统筹原则。在规划的制定实施过程中将城市、镇、乡和村庄的发展统筹考虑，促进城乡居民享受公共服务的均衡化。

(2) 合理布局原则。编制城乡规划，要从实现空间资源的优化配置，维护空间资源利用的公平性，促进能源资源的节约和利用，保障城市运行安全和效率，综合研究城镇布局问题，促进大中小城市和小城镇协调发展，促进城市、镇、乡和村庄的有序健康发展。

(3) 节约土地原则。把节约集约利用土地、严格保护耕地作为城乡规划制定与实施的重要目标，要根据产业结构调整的目标要求，合理调整用地结构，提高土地利用效益，促进产业协调发展。

(4) 集约发展原则。充分认识我国长期面临的资源短缺约束和环境容量压力的基本国情，认真分析城镇发展的资源环境条件，推进城镇发展方式从粗放型向集约型转变，建设资源节约环境友好型城镇，增强可持续发展能力。

(5) 先规划后建设原则。各级人民政府及其城乡规划主管部门要严格依据法定的事权，及时制定城乡规划，加强规划的实施管理与监督。

2.城乡规划编制与审批

《城乡规划法》在城乡规划编制与审批上作了一些调整，有些新的规定。

(1) 法定的城乡规划编制体系

法定的城乡规划编制工作包括城镇体系规划、城市规划、镇规划、乡规划和村庄规划。城镇体系规划又包括全国城镇体系规划和省域城镇体系规划。城市规划和镇规划包含了总体规划和详细规划，总体规划还有各专项规划和近期建设规划，详细规划分控制性详细规划和修建性详细规划。其中分区规划和城市设计在新法中未作涉及。另外，村庄编不编规划由县级以上人民政府决定。

(2) 全国城镇体系规划

主要内容是立足提升国家参与国际竞争的能力，确定国内重点城镇群与其他城镇群，跨省界城镇发展协调地区，重要江河流域、湖泊地区和海岸带等的保护与开发要求，提出各省城镇体系规划指引。起到指导省域城镇体系规划、市总体规划编制的作用。全国城镇体系规划由住房和城乡建设部会同国务院有关部门组织编制，由国务院审批。

(3) 省域城镇体系规划

主要内容是立足省（自治区）事权的需要，明确辖区内城镇发展战略、空间布局和规模控制，区域重要基础设施的布局，以及为保护生态环境、资源等需要严格控制的区域；明确省（自治区）域内需要协调的重点地区和重点项目，并提出协调的原则、标准和政策。作为省（自治区）政府审批辖区内城市总体规划、县城总体规划和区域基础设施的依据。省域城镇体系规划由省人民政府组织编制，由国务院审批。

(4) 城市总体规划

主要内容是确定城市未来20年的发展目标、发展规模、功能分区、建设用地空间布局、综合交通体系、各项建设的综合部署和实施措施，禁止、限制和适宜建设的地域范围，各类专项规划等，是引导和调控城市建设，保护和管理城市空间资源的主要依据和手段，是编制近期建设规划、详细规划和实施城市规划行政管理的法定依据。城市总体规划由城市人民政府组织编制，根据不同情况由国务院或省政府分别审批。

组织编制城市总体规划还应注意：宜编制市域城镇体系规划，应对城市更长远的发展作出预测性安排。先编制城市总体规划纲要，经有关方面研究讨论后，再深化完成城市总体规划正式成果。编制城市总体规划必须包括强制性内容，规划区范围、规划区内建设用地规模、基础设施和公共服务设施用地、水源地和水系、基本农田和绿化用地、环境保护、自然与历史文化遗产保护以及防灾减灾等内容应当作为城市总体规划的强制性内容。为实施城市总体规划，要编制以重要基础设施、公共服务设施和中低收入居民住房以及生态环境保护为重点内容的，五年期的近期建设规划，报总体规划审批机关备案。

《北京城市总体规划》（2004-2020年）实例

此次总体规划修编在国务院有关部门与北京市的密切配合下，努力通过调整城市结构和转变增长方式，控制城市规模，提高发展质量，推动城市健康发展和区域协调发展。工作组织方式总结为二十字工作模式：政府组织、专家领衔、部门合作、公众参与、科学决策。

规划确定北京的城市性质是中华人民共和国的首都，是全国的政治中心、文化中心，是世界著名古都和现代国际城市。以“两轴、两带、多中心”的城市空间布局（图3），疏解与提升城市功能。

在资源节约、保护与利用上，保持供需平衡，严格用水标准，调整用水结构，大力提倡节水措施。2020年全年总需水控制在54亿m^3，可以支持1600～1800万人口的城市规模。人均可利用水资源量为300m^3/人·年，与现状水平持平。农村居民点整合，村镇适当合并，提高郊区城镇化水平，解决“三农”问题，实现城乡统筹发展。

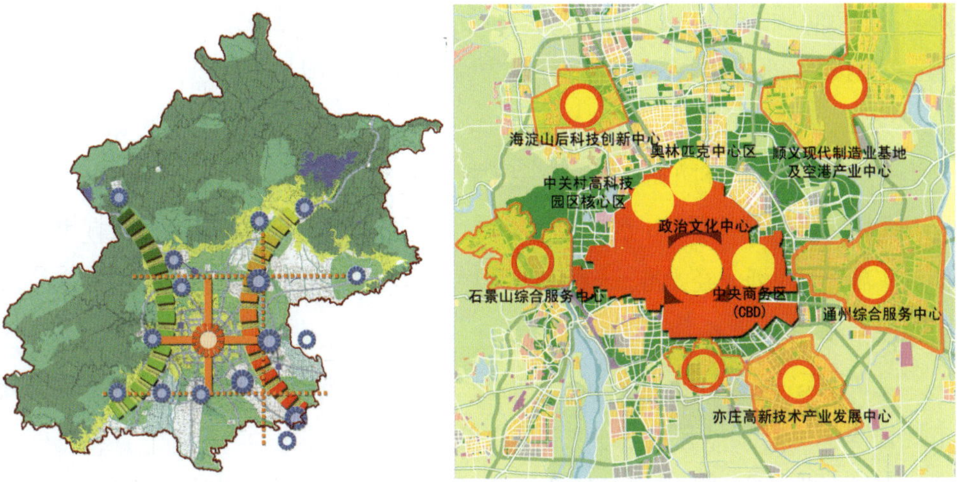

图3 《北京城市总体规划》“两轴、两带、多中心”的城市空间布局

综合交通体系方面，力争改善中心城交通环境。严格控制城市中心区建设量，通过空间布局调整，疏解功能，优化交通构成，实施需求管理，有效抑制私人小汽车出行需求的快速增长。优化完善中心城路网体系，全面整合既有交通设施资源，挖掘现有设施潜力，大幅度提高现有交通系统的通行能力。加大路网密度，完善路网“微循环”系统，提高资源使用效率。实施公交优先战略，2020年建成轨道交通线路19条，其中中心城线路15条，市郊线路4条，总长约570km。

作为历史文化名城，北京要继续做好文物保护单位的普查、升级和保护工作，继续划定和完善各级文物保护单位保护范围和建设控制地带，进一步做好世界文化遗产保护工作，继续划定世界文化遗产缓冲区。继续做好历史文化保护区的普查、划定、公布工作，编制历史文化保护区的保护规划。进一步扩大旧城历史文化保护区的范围，其中旧城新增加新太仓、东四南、南闹市口等3片历史文化保护区。

北京面临着地震、气象灾害（极端天气事件）、水安全（水多、水少、水脏）、火灾与爆炸、地质灾害（以山区泥石流和平原地面沉降为主）、生物灾害与疫病、交通事故与灾害、生命线系统事故、城市工业化事故（包括易燃、易爆、毒品仓库）、建设项目及公共场所的事故等典型的“十大”灾害源。排在前五位应特别关注的灾害类型是：极端气象灾害（暴雨洪涝、雷电、高温热浪、雾害等）、生命线系统事故（断水、断电、断气等）、高技术事故（含高技术犯罪及信息安全隐患）、地下空间致灾隐患（地下商业设施、地下交通、地下公共场所等）、恐怖与社会灾害（敌对势力的恐怖袭击、公共场所人员骚乱等）。北京是国家重点设防城市，因此规划防灾减灾的目标与原则是：必须按照“平战结合，平灾结合，以防为主，准确预报，快速反应，措施有效”的原则，在完善单一灾种防抗系统的基础上，加快建立和健全现代化城市综合防灾减灾体系，提高城市整体防灾抗毁和应急救援的能力，确保首都安全。

规划实施的法律保障：进一步完善城市规划的法律、法规体系，保证城市规划依法实施。本规划一经批准，未经法定程序不得变更。局部调整和重大变更应按法定程序报审。

规划体系：加强区域规划研究，加强土地利用规划与城市规划的衔接，完善城市规划体系，加强旧城和重点地区的城市设计。

协调机制：充分依靠中央的协调作用，积极促进区域协作机制的建立。充分发挥首规委的协调机制，促进首都全面健康发展。建立发展改革、城乡规划、土地管理等部门的联动机制，统筹安排产业和社会事业在空间上的合理布局。

政策引导：科学合理制定人口总量调控和区域分布引导政策。密切关注国家财税制度改革（物业税与财产税）与土地使用制度改革的政策。建立和完善土地储备和一级开发制度，通过土地供应计划有效控制城市规模。

动态管理：增强适应市场经济变化的能力，根据经济社会环境的变化适时调整规划内容，通过滚动编制城市近期建设规划，实现规划对城市发展的动态调控。

《武汉市城市总体规划》（2010-2020）实例

汉口、汉阳、武昌三个城市聚成一个大武汉，境内长江、汉江交错，是一个交通要道，城市发展出现摊大饼状态，越摊越大。城区部分水体水质下降，部分江河湖泊岸线等公共资源被建设用地挤占。局部地区热岛效应有所增强，居住适宜度仍待改善。城市生态与环境保护任务艰巨。在这种情况下，《武汉市城市总体规划》试图依据丰富的湖泊水系形成新型良田，并考虑如何引导风向改善夏天炎热的现状。规划划定了都市区空间增长边界，结合河湖密布特点，采用组团式布局，沿主要交通廊道呈轴向拓展格局，优化整合城市建设用地，通过优化城市空间布局来改善环境、保护耕地。规划进行了建设适宜性评定，划定了禁建区、限建区、适建区，实行禁限建分区管制，构建了“两环六楔”的生态框架，形成城市风道，降低热岛效应。强化资源节约与环境保护工作，推动“两型”社会建设。《武汉市城市总体规划》将城市布局很好地与生态环境相结合，取得良好的效果，获得国内外一致好评。

(5) 城市规划之详细规划

详细规划分为控制性详细规划和修建性详细规划。

控制性详细规划主要是详细确定规划地区各类用地的界线和适用范围，提出建筑高度、建筑密度、容积率、绿地率等控制指标；规定各类用地内适建、不适建、有条件可建的建筑类型；规定交通出入口方位、停车泊位、建筑后退红线距离、建筑间距等要求；提出各地块的建筑体量、体型、色彩等规划引导性要求；确定各级道路的红线位置、断面、控制点坐标和标高；根据规划容量，确定工程管线的走向、管径和工程设施的用地界线；确定公共设施的位置、规模和布局；制定相应的土地使用与建筑管理细则。它是指导和控制城镇建设发展、审批建设工程最直接的法定依据。控制性详细规划由所在城市的城市规划主管部门组织编制，由本级城市人民政府审批。

修建性详细规划主要是规划地块的建设条件分析和综合技术经济论证，包括建筑和绿地的空间布局、景观规划设计、总平面图布置、道路系统规划设计、绿地系统规划设计、工程管线规划设计、竖向规划设计、估算工程量、拆迁量和总造价、分析投资效益等。修建性详细规划应当符合控制性详细规划，它是开发建设的依据。城市、镇的重要地段（如历史文化街区、景观风貌区、中心区、交通枢纽等）可以由政府组织编制，其他地区的修建性详细规划组织编制主体是建设单位。各类修建性详细规划由城市、县人民政府城乡规划主管部门依法负责审定。根据各地多年的实践，重要地段的修建性详细规划通常应当报城市或县人民政府审批。各地可以根据实际情况，制定修建性详细规划审批管理的具体办法。

(6) 镇的总体规划

县政府所在地镇的总体规划包括县域村镇体系规划和县城区规划；其他建制镇的总体规划包括镇域规划和镇区规划。县人民政府所在地镇的总体规划由县人民政府组织编制，报上一级人民政府审批；其他镇的总体规划由镇人民政府组织编制，报上一级人民政府审批。

县域村镇体系规划的主要内容是研究县域产业空间发展布局，划定县域空间管制分区，确定县域镇村体系布局，明确重点发展的中心镇；划定必须制定规划的乡和村庄的区域；统筹安排县域基础设施和公共服务设施。

县城区规划的主要内容是：确定县城性质和发展规模、功能分区，确定各类建设用地的空间布局，划定禁止建设区、限制建设区和适宜建设区，制定空间管制措施，确定交通、给水、排水、供电、邮政、通信、燃气等基础设施和公共服务设施的建设目标和总体布局。

镇域规划的主要内容有：研究镇的发展战略、发展目标和产业发展空间布局，预测镇域人口规模，划定镇域空间管制分区，提出镇区规模，镇村体系布局和镇域基础设施、公共服务设施配置等。

镇区规划的主要内容有：确定规划区内各类用地布局和道路网络，对规划区内的基础设施和公共服务设施进行规划安排，规划环境卫生系统和综合防灾减灾防疫系统，确定规划区内生态环境保护与优化目标，划定地表水体保护和控制范围，确定历史文化遗产保护及地方传统特色保护的内容和要求。

制定镇总体规划要坚持城乡统筹原则，促进镇域内乡的相对集中，促进社会主义新农村建设，促进农村地区基础设施建设与服务水平的完善和提高。在地理位置上与城市中心城区关系紧密的镇，不再单独编制总体规划，城市人民政府在编制城市总体规划时，将那些与中心城区关系紧密的镇的总体规划同期编制。

(7) 镇的详细规划

镇详细规划与城市详细规划在编制内容与方法上基本相同。县人民政府所在地镇的控制性详细规划，由县城乡规划主管部门组织编制；其他镇的控制性详细规划由镇政府组织编制。县人民政府所在地镇的控制性详细规划，经县人民政府批准后，报本级人民代表大会常务委员会和上一级人民政府备案；其他镇的控制性详细规划报上一级人民政府审批。

(8) 乡规划、村庄规划

乡规划、村庄规划的主要内容有：规划区范围，住宅、道路、供水、排水、供电、垃圾收集、畜禽养殖场所等农村生产、生活服务设施、公用事业等各项建设的用地布局、建设要求，以及对耕地等自然资源和历史文化遗产保护、防灾减灾等的具体安排。乡规划还应当包括本行政区域内的村庄发展布局。县级以上地方人民政府确定应当制定乡规划、村庄规划的区域。应当编制乡规划、村庄规划的，其规划由乡、镇人民政府组织编制，报上一级人民政府审批。村庄规划在报送审批前，应当经村民会议或者村民代表会议讨论同意。

云南省剑川县沙溪坝的镇村规划实例

这个在茶马古道上的规划，先期认真研究了区域方位，找准寺登古村的心脏——

四方街，分析了它的特点，在整个规划中确定要做什么，改造什么，保护什么，修复什么，不仅针对村落进行规划，还结合村落周围的河流和农田，研究防洪和景观改善。在方法上秉承修旧如旧的做法，并利用生态卫生工程的适用技术，完善基础设施。

北京新农村规划实例

北京的新农村改造强调公众参与，根据问卷调查，了解农民意愿，选择改造重点。如大兴区大狼垡村对道路交通的需求最大，延庆水峪、佛峪口村饮水设施的需求最大，房山望楚村对排水设施的需求最大。规划利用现状房屋，适当改造完善配套公共服务设施，特别是为老年人服务，解决农民急需解决的问题。又如，对顺义区道口村村民的民意调查显示，71%的村民对现状商业服务设施不满意，70%的村民对现状道路状况不满意，67%的村民对现状教育设施不满意。据此在村庄规划中利用废弃的机务站用地改造建设村公共服务中心，优先安排商业服务设施、教育设施以及道路建设。

在环境整治方面，通州区于家务乡仇庄村村域面积2.5km^2，现状常住人口780人，外来人口550人，人均年收入8500元。村里保留污染扰民的喷涂厂，房前屋后堆放柴草，生活污水满流街道，环村的河道成为倾倒垃圾的地方。规划以环境整治改善为突破点，提出"三环绕新村，就业在家园"，完善村庄功能和布局。建设环村路、环村渠和环村林，整治环境。调整住宅区内有污染的现状喷涂厂到产业区。利用现有场地和房屋作为文化活动中心。综合考虑原材料供应、经济性、使用规模等因素，积极发展适合农村特点的清洁能源，推广使用太阳能、沼气、秸秆气化，促进能源循环利用。

在节能方面，通州区北窑上村通过改善住宅设计细节，利用自然采光通风，降低能耗。在传统农村住宅的墙面和吊顶上增加保温层，投资仅增加3000元（以5开间为例），但每年可节约燃煤折合人民币840元，4年即可收回此部分投资。

在建设三产方面，怀柔区甘涧峪村充分发掘村域内历史文化资源，形成特色景区，开展山区旅游，结合村庄整治，建设特色旅游服务基地。

3.城乡规划行政许可程序

(1) 城乡规划行政许可及其他管理环节

城乡规划行政许可包括核发建设用地规划许可证、建设工程规划许可证、乡村建设规划许可证，临时建设规划管理和城乡规划编制单位资质管理。

城乡规划实施还包括选址意见书、建设工程完工后的规划条件核实和规划师执业资格管理等其他管理环节。

(2) 法律明令禁止的行政行为

在城市总体规划、镇总体规划确定的建设用地范围以外，不得设立各类开发区和城市新区。

城乡规划确定的铁路、公路、港口、机场、道路、绿地、输配电设施及输电线路走廊、通信设施、广播电视设施、河道、水库、水源地、自然保护区、防汛通道、消防通道、核电站、垃圾填埋场及焚烧厂、污水处理厂和公共服务设施的用地以及其他需要保护的用地，禁止擅自改变用途。

城市、县人民政府城乡规划主管部门不得在建设用地规划许可证中，擅自改变作为国有土地使用权出让合同组成部分的规划条件。

城乡规划主管部门不得在城乡规划确定的建设用地范围以外作出规划许可。

4.监督检查

(1) 上级主管部门的监督

是对下级政府、部门及其工作人员实施城乡规划情况的监督检查，包括是否依据经法定程序批准的规划实施建设、对违法建设行为是否处罚等。要求有关单位和人员提供有关文件材料、作出解释，责令其停止违反有关城乡规划的法律、法规的行为。对城乡规划主管部门不对违法建设行为进行处罚的，有权直接责令或建议有关人民政府责令其作出处罚决定。对城乡规划主管部门违法作出行政许可的，上级人民政府城乡规划主管部门有权责令其撤销或者直接撤销该行政许可。城乡规划主管部门在查处违反本法规定的行为时，发现国家机关工作人员依法应当给予行政处分的，应当向其任免机关或者监察机关提出处分建议。

(2) 人民代表大会的监督

城乡规划制定环节的监督：省域城镇体系规划、城市和县城总体规划在报上级政府审批前，应当先经本级人大常委会审议，镇总体规划在报上级政府审批前，应当先经本级人民代表大会审议，审议意见和政府的处理结果一并报送。城市、镇的控制性详细规划在编制与批准后，应当报本级人大常委会备案。

城乡规划实施过程中的监督：省、市、镇政府应当定期对省域城镇体系规划、城市总体规划、镇总体规划的实施情况进行评估和采取适当方式征求公众意见，评估结果和征求意见情况应当向本级人大常委会、镇人民代表大会报告。地方各级人民政府应当向本级人民代表大会常务委员会或者乡、镇人民代表大会报告城乡规划的实施情况，并接受监督。

(3) 全社会的公众监督

城乡规划报送审批前，应将规划草案予以公告，并采取适当方式征求专家和公众意见，公告时间不得少于30日。公众意见和采纳情况及理由一并报送。村庄规划在报送审批前，应当经村民会议或者村民代表会议讨论同意。修改详细规划、经法定程序批准的总平面图，应当听取利害关系人意见。依法批准的城乡规划应当及时公布。

5.对国家机关工作人员的行政责任追究

这是《城乡规划法》新增的内容。

可被追究的人员包括：地方人民政府负责人、城乡规划主管部门工作人员和有关部门工作人员。

可被追究的行为包括：

(1) 城乡规划制定。应当编制规划而未组织编制，或者未按法定程序编制、审批、修改城乡规划的；委托不具有相应资质等级的单位编制城乡规划的。

(2) 城乡规划行政许可。超越职权或者对不符合法定条件的申请人核发许可证件的；对符合法定条件的申请人未在法定期限内核发许可证件的。

(3) 城乡规划实施的监督管理。发现未依法确定规划许可或者违反规划许可的规定在规划区内进行建设的行为，而不予查处或者接到举报后不依法处理的。

(4) 有关部门的行政许可。对未依法取得选址意见书的建设项目核发建设项目批准文件的；未依法在国有土地使用权出让合同中确定规划条件或者改变国有土地使用权出让合同中依法确定的规划条件的；对未依法取得建设用地规划许可证的建设单位划拨国有土地使用权的。

（三） 几个需要进一步说明的问题

1.关于城乡规划与相关规划的关系

“城市总体规划、镇总体规划以及乡规划和村庄规划的编制，应当依据国民经济和社会发展规划，并与土地利用总体规划相衔接。”宏观层面“三规合一”是未来发展的必然趋势。

2.关于城乡规划管理问题

(1)“制定和实施城乡规划，在规划区内进行建设活动，必须遵守本法。”

就建设而言，不存在《城乡规划法》规范的空白区域；规划区重叠的问题由地方人民政府根据具体情况自行解决。

(2)“在城市总体规划、镇总体规划确定的建设用地范围以外，不得设立各类开发区和城市新区。”

“城乡规划主管部门不得在城乡规划确定的建设用地范围以外作出规划许可。”城乡建设活动均应当在城乡规划确定的建设用地范围内进行；城乡规划主管部门不能擅自批准在城乡规划确定的建设用地范围以外的建设活动。

(3)关于城市的规划管理权不得下放。

规划的组织编制与审批必须依据法律规定的事权操作；规划的某种行政许可，可委托市级城乡规划部门下属的规划分局办理。

(4)关于违法建设的处罚。

法律条文中“未取得建设工程规划许可证或者未按照建设工程规划许可证的规定进行建设的”，是对违法建设的认定；法律条文中“尚可采取改正措施消除对规划实施的影响的，限期改正，处建设工程造价百分之五以上百分之十以下的罚款。”是对违法建设处罚的规定。与法律赋予政府行政强制拆除权联系起来看，《城乡规划法》针对违法建设项目，在处罚上是强调以拆为主的原则。

3.关于法律授权

“县级以上地方人民政府根据本地农村经济社会发展水平，按照因地制宜、切实可行的原则，确定应当制定乡规划、村庄规划的区域。”

“历史文化名城、名镇、名村的保护以及受保护建筑物的维护和使用，应当遵守有关法律、行政法规和国务院的规定。”据此，国务院已经颁布了《历史文化名城名镇名村保护条例》。

“风景名胜区的规划、建设和管理，应当遵守有关法律、行政法规和国务院的规定。”

“在乡、镇政规划区内使用原有宅基地进行农村村民住宅建设的规划管理办法，由省、自治区、直辖市制定。”

“规划师执业资格管理办法，由国务院城乡规划主管部门会同国务院人事行政部门制定。”

三、依据法律不断完善城乡规划工作

（一）完善法律体系，建立依法行政工作机制

1.法规、规章的修改与完善

《城乡规划法》出台后必须有相应的规章、法规配套以健全法律体系，一系列法规、规章已经或正在制定完善，包括：

制定《历史文化名城名镇保护条例实施办法》；

制定《历史文化街区规划管理办法》；

制定《控制性详细规划编制审批办法》；

制定《注册规划师执业资格管理办法》；

修订《城市规划编制单位资质管理规定》2001年1月23日建设部令84号；

修订《城市绿线管理办法》2002年9月13日建设部令112号；

修订《城市紫线管理办法》2003年12月17日建设部令119号；

修订《城市蓝线管理办法》2005年12月20日建设部令145号；

修订《城市黄线管理办法》2005年12月20日建设部令144号；

制定《县域村镇体系规划编制办法》；

制定《违反城乡规划行为处分办法》；

修订《城市规划编制办法》2005年12月31日建设部令146号；

修订《城市国有土地使用权出让转让规划管理办法》1992年12月4日建设部令22号；

制定《城市地下空间规划管理规定》；

修订《开发区规划管理办法》1995年6月1日建设部令43号。

2.定期评估城乡规划

《城乡规划法》第46条从法律层面对规划评估工作作出了清晰的界定。它首先明确的是，定期的评估是规划实施过程中必须执行的行政职责。我们常说城市规划是一个过程而不是“终极蓝图”，城市规划在执行和实施过程中，根据形势发展的要求和现实条件的改变，要及时发现问题，及时调整和完善对策。定期评估的意义就在于此。其次法律还明确了评估是修改规划必不可少的前置环节。2009年，住房和城乡建设部颁布了《城市总体规划实施评估办法》，就城市总体规划实施评

估的程序和要求做出了规定，其基本目的是希望通过对规划实施的评估来避免对于规划的随意修改。

3.公众参与完善城乡规划工作向人大汇报、向公众公示的具体办法和程序

《城乡规划法》规定城乡规划在审批前要公开草案征求公众意见，审批后要向社会公布规划成果。城乡规划是一种行政规划行为，借助政府公权力对一定区域内的自然资源和社会资源进行配置，引导、调节和控制城乡发展进程。这必将影响到人们的切身利益，影响到人们对生产生活的安排。因而，为了促进政府进行科学的城乡规划，同时也为了防止公民因政府在城乡规划中隐瞒信息恣意妄为而受到损害，需要在制度上保证公民知情权的实现。另外，保障了公民的知情权，同时也就保障了公民的监督权。公民通过知情权的行使，了解政府及其工作人员的所作所为，能很好地遏制腐败行为的发生。根据《中华人民共和国城乡规划法》、《中华人民共和国行政许可法》和《中华人民共和国政府信息公开条例》等有关法律、行政法规规定，在近期要尽快出台《关于城乡规划公开公示的规定》。对城乡规划公开公示的实施范围和内容、公开公示主体、公开公示方式、应当举行听证的情形、公示意见收集及处理、公开公示的监督检查和责任等内容进行规定。

4.容积率专项治理

专项治理是重点针对违规变更规划、提高容积率、改变用地性质，将基础设施和公共服务设施用地、城市水源和河湖水系用地、绿化用地、自然与历史文化遗产保护用地、工业用地等变更为商业、住宅用地的房地产项目进行的专项清理检查。从2009年5月起，各地开始组织自查自纠，对2007年1月1日至2009年12月31日期间领取规划许可证的房地产开发项目进行梳理排查，对发现的违法违规问题及时依法处理。截至2009年12月31日，全国共自查房地产项目73139个，用地面积447557hm^2，其中存在变更规划、调整容积率的项目8235个，占自查项目总数的11.26%；发现违规变更规划、调整容积率项目1988个，用地面积5474hm^2，占自查项目总数的2.72%，占变更规划、调整容积率项目数的24.14%；通过自查自纠共补交土地出让金等124.06亿元，罚款近6.51亿元，撤销许可57项。

5.规划督察员制度

全国已经有70多个城市派驻了规划督察员。

（二） 探索城乡建设可持续发展道路

1.人居环境科学理论研究

⑴ 最早的人居环境科学的提出

早在第二次世界大战之后，希腊学者道萨迪亚斯就提出了“人居环境科学”的概念。不同于传统的建筑学着眼单纯的建筑或城市问题，它所考虑的是小到三家村，大到城市带不同尺度、不同层次的整个人类的聚居环境，要从一个整体的角度去研究环境的发展。

⑵ 中国人居环境科学理论基本思想

当前我国城镇化发展与资源环境约束的矛盾日益尖锐，人口的挑战，金融风暴带来的经济挑战，气候变化挑战，全球化与多样化并存的文化挑战等使保持健康发展更为复杂，现有的任何学科都难以单独应对这一局面。清华大学的吴良镛教授和他的团队提出了人居环境科学理论，从整体上把人类聚居作为对象，从社会、经济、工程技术等多个方面，较为全面、系统、综合地加以研究，试图用新的思维来解决在快速城镇化进程中，人类生活、生产与自然、社会和谐发展的问题。

⑶ 构筑人居环境科学的基础框架（图4）

人居环境科学理论提出人类聚居的问题可细分为两部分，一个是人本身的部分，另一个是人的外部环境部分。人的部分又包含单个人和人群、社会的因素。外部环境部分包含自然环境、人造环境，比如居住的城市、建筑等，还包括所有的城市、建筑设施需要运营的支撑系统。研究人居环境要把握五大要素：自然、人、社会、居住、支撑网络；分析人居环境要区别五大层次：全球、区域、城乡、社区、建筑；解决人居环境问题要坚持五大原则：生态观、经济观、技术观、社会观、文化观，用整体论的方法论思考和做事。

⑷ 人居环境科学强调学科群作用

面对复杂的问题，把人类聚居作为一个整体，从社会、经济、工程技术等各个方面，全面、系统、综合地加以研究并提出解决办法，现有的单一学科已难以承担。所以要将多个学科组织起来共同研究，建立学科群开展工作。学科群可以建筑、园林、城市规划为核心学科。

⑸ 人居环境科学的理论在广东省云浮市的实践

在人居环境科学理论的指导下，广东省云浮市开展了积极的实践活动。

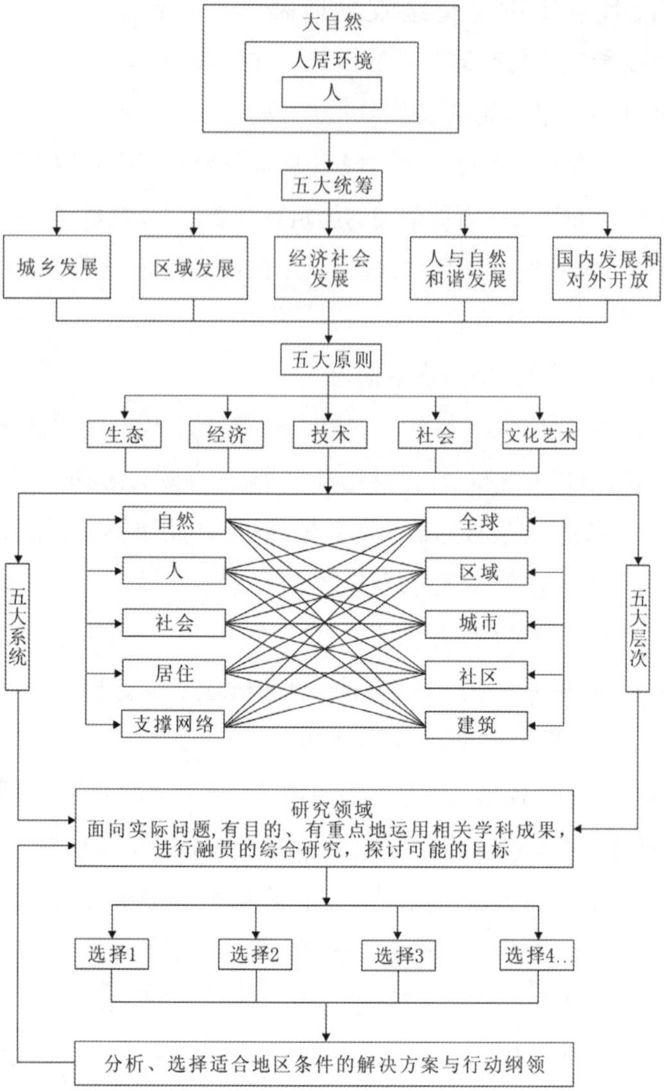

图4　人居环境科学研究基础框架

借由云浮市城乡规划建设的案例，经过对人居环境科学理论与实践的深入思考与讨论，我们认识到：

1) 营造美好的人居环境，符合科学发展观的要求，是推动城乡规划建设指导思想转变的现实需要，也是促进经济发展方式转变的必然选择。

2) 实现美好人居环境的共建，符合构建和谐社会的要求，是顺应民主社会发展，真正满足广大人民群众日益提升的物质和精神文化需要的重要举措。

3) 人居环境科学理论提倡以人为本，为人民群众营造健康、生态、和谐的生活环境与社会氛围，提倡环境、经济、社会、科技、文化统筹考虑，相互促进，协同集成，实现可持续发展，这是人居环境建设的基本目标和方向。

4) 人居环境科学理论是人居环境建设的理论基础，推动美好环境与和谐社会共同缔造行动是人居环境科学理论的具体实践。

由此，《美好环境与和谐社会共同缔造行动纲要》形成，为了共同推进美好人居环境建设，倡议：

1) 坚持经济、社会、政治、文化与生态文明建设的统筹推进。让发展惠及群众，让生态促进经济，让服务覆盖城乡，让参与铸就和谐。

2) 坚持“人民城市人民建”。按照政府引导、群众主体、多方参与、共建共享的原则，努力创造有利于广大人民群众的真正拥护和参与的氛围。

3) 坚持实践探索与理论创新相互促进。通过多层次、多系统的实践推动理论创新，逐步建立、完善与营造美好人居环境相适应的体制和机制，不断拓展完善人居环境科学理论体系。

4) 坚持城乡规划一切从实际出发，满足广大人民群众的基本需求。植根本土文化，从战略到行动。

2.环境建设实例：珠江三角洲的绿道工程

1994年，《珠江三角洲经济区城市群规划——协调与可持续发展》(1995版) 开创性地提出了四种用地发展模式：都会区、市镇密集区、开敞区、生态敏感区，不同用地类型实施不同的发展策略，承担不同的区域功能。特别是通过划定“生态敏感区”保护良好的区域生态环境。“生态敏感区”理念首度出现。

2006年，《珠江三角洲城镇群协调发展规划 (2004 2020)》提出将区域绿地和生态廊道作为一级空间管治区来监管，以坚守珠三角区域的生态安全“底线”，维护和优化区域自然生态及城乡发展空间格局。2006年广东省人大通过《广东省珠江三角洲城镇群协调发展规划实施条例》，从法规层面确立了区域绿地空间管制的制度。

2009年，结合实施《珠江三角洲地区改革发展规划纲要》，在珠三角区域绿地划定工作中，逐步明确当前工作重点和突破口，即“在绿廊中修建慢行道，使生态廊道成为绿道”，发展思路由“死守”生态底线转变为“在发展中保护，在保护中发展”。广东省建设厅和省委政研室借鉴国外先进经验，联合向省委、省政府提出建设珠三角绿道网的建议，形成“广东绿道”理念。

珠三角绿道网是由6条主线、4条联络线、22条支线、18处城际交界面以及4410km^{2}绿化缓冲区组成。其中，6条主线连接广佛肇、深莞惠、珠中江三大都市区，穿越珠三角九大城市，串联200多处森林公园、自然保护区、风景名胜区、郊野公园、滨水公园和历史文化遗迹等发展节点，全长约2200km。

其中，广州市将城市步行道系统和轨道交通系统与河涌整治，“青山绿地”工程、“创建园林城市”、“创建森林城市”，以及各类旅游资源相结合，形成四结合特色。

深圳市率先提出区域、城市、社区三级绿道网的服务时距标准，市民5分钟可达社区绿道，15分钟可达城市绿道，30～45分钟可达区域绿道；此外还提出利用废弃集装箱等作为绿道内节能建筑的创新性设计理念。

珠海市提出“三边”（沿山边、水边、林边）、“三不”（不征地、不拆迁、不砍树）、“三因”（因地制宜、因形就势、因陋见巧）和“六型绿道”，在绿道网建设过程中充分利用原废弃地段、垃圾堆放场等，将其改造为休闲驿站或观景平台。

江门市绿道建设重点突出了山水历史人文特色，将滨江山水葵林、世界文化遗产碉楼与历史文化古村落等景点串联起来，体现了侨乡特色韵味。

肇庆市绿道网建设坚持“五结合”，即与良好的自然生态相结合、与深厚的历史文化资源相结合、与旅游景观相结合、与城乡建设相结合、与设施配套相结合。

惠州市积极利用沿海步行栈道、观光道、乡村小路等打造特色各异的绿道。

佛山市将绿道网建设与“三旧”改造和村庄整治结合起来，在环境优美、水乡景观集中的地区选线，明显改善了村容村貌，充分体现了水乡特色。

东莞市坚持原生态、原产权、原居民、原民俗的“四原保护”原则，建设滨水绿道环、都市绿道环、山林绿道环“三环山水绿道”，并利用荒坡地、旧厂房、旧民居等建设停车场、休息室、卫生间、便利店等旅游服务设施。

3.建设生态城市的探索

生态城市与传统城市的区别主要在于：生态城市更多地使用可再生能源，传统城市则以化石燃料为主；生态城市需建立高效合理的公交系统和步行、自行车出行系统，而传统城市以满足机动车交通的模式建设；生态城市的建筑依靠当地材料，降低能耗，室内舒适靠当地可再生能源和适用设备调节，传统城市建筑建材不可降解、室内舒适依靠耗能；生态城市水的供应洁净，对污水处理并循环利用，传统城市的水经过提取、净化，用后排入自然水体；生态城市固体废弃物分类收集，无害化处理，传统城市固体废弃物耗巨资处理或运往贫困地区；生态城市保持充足绿色空间，为人、野生动植物提供良好生存环境，传统城市因城市扩张受侵蚀，建成区绿地不足；生态城市促进不同群体间的融合，提供更加平等的公共物品，传统城市不同收入、不同族群和不同阶层之间相互隔离；生态城市经济增长注重效益的增加，尽量减少对环境的负面影响，传统城市经济增长依赖对资源的大量消耗和对环境的严重损害来获取。

中新天津生态城案例

中新天津生态城是中新两国继苏州工业园后又一重要国际合作项目，充分体现了两国政府应对全球气候变化、加强环境保护、节约资源能源、构建和谐社会的决心，占地面积34km^2，建筑面积2500万m^2，居住人口35万人，建设周期10~15年。2007年11月18日签署建设中新天津生态城的框架协议，2008年9月28日生态城开工奠基。生态城建设主要包括生态经济、生态社会、生态环境、生态文化等方面内容，坚持了资源利用、生态环境和发展模式可持续的原则，突出了生态优先、以人为本、新型产业、绿色交通等特点。完整保留湿地和水系，预留鸟类栖息地，实施水生态修复和土壤改良，建立本地适生植物群落，构建"湖水—河流—湿地—绿地"复合生态系统。生态城坚持以人为本，努力创造安居、乐业、和谐的社会环境。建立生态细胞、生态社区、生态片区与生态产业相结合的三级生态城市居住模式，构建生态自然、设施完善的人居系统。

此项规划中尝试的意义比较大的一点在于其确立的指标体系。以前一般的生态城规划探索中讲概念比较多。中新天津生态城努力尝试确定了很多指标体系，比如其中有一个绿色出行比例，提出十年后在区域内实现人的出行90%以上为步行、骑自行车或者公交，而不是私家车；又如绿色建筑指标，提出区域内所有建筑从一开始就必须符合绿色建筑指标；再如，提出到2020年可再生能源占整个能源使用比例的20%，而我们国家的标准是15%，因此难度非常大。然而所有这些指标体系的摸索为未来做生态城规划积累了一定的经验。

当前在建设过程中，应以科学发展观为指导，推动城镇化稳步发展；以改善人居环境为目标，促进城镇化健康发展；以城镇群建设为主要着力点，增强城乡发展的带动力；以优化功能为主要内容，实践经济与社会的结构性调整。

毛佳樑

上海市援疆规划专家顾问组组长，新疆维吾尔自治区人民政府城乡规划工作顾问。上海市政协常委，中国城市规划协会副会长，上海市城市规划行业协会会长、上海城市规划学会理事长。复旦大学经济管理学院经济学硕士，高级经济师。

曾任上海市黄浦区房地局副局长，黄浦区住宅建设办公室主任，黄浦区委常委、副区长。上海市住宅发展局副局长、局长，上海市城市规划管理局党委书记、局长。

城乡规划管理与实践

很高兴来到新疆乌鲁木齐参加全疆领导干部城乡规划培训班，对我们来讲，是一次很好的学习机会。我今天讲的题目是《城乡规划管理与实践》，分为四个方面内容：一是坚持科学发展观，充分发挥城乡规划的引导与调控作用；二是求真务实，认真实施城乡规划；三是探索实践，不断完善规划管理的体制机制；四是积极处理好五个方面的关系，促进城乡可持续发展。

由于我们在新疆亲身经历的规划案例不多，为便于介绍，这次主要结合上海的实践案例，与大家共同交流规划管理中的一些经验和教训，以利今后少走弯路。对于今天的讲座内容希望大家多提宝贵意见。

一、坚持科学发展观，充分发挥城乡规划的引导与调控作用

城乡规划工作，是指一定时期内，对城乡经济和社会发展、土地利用、空间布局以及重大建设项目的综合部署和具体安排，是政府指导、调控城市发展建设的基本职能。城乡规划的编制要讲政治经济学，引导和推进城乡健康、有序和可持续发展。

城乡规划是一项战略性、综合性、协调性很强的工作。2008年1月1日正式施行的国家《城乡规划法》，进一步明确了城乡规划的法律地位、工作目标、基本原则及相关规定。

战略性，体现在城乡规划要对城市未来发展作出预见性安排和前瞻性考虑；综

合性，体现在城乡规划要统筹城乡和区域协调发展，要综合考虑城乡各类构成要素，要配置地上、地下各类空间资源；协调性，体现在城乡规划要协调各部门、各利益主体之间的相互关系，要加强对生产、生活和生态的相互协调和科学引导。

（一）充分认识城乡规划工作的重要性

1.各级政府重要的公共政策

城乡规划是政府调控城乡空间资源的一项重要公共政策。科学合理的规划有利于城市健康有序发展，保障城市安全和公众利益。

机遇总是给有准备的人，城市发展也是如此。城乡规划就是为城市赢得发展机遇所做出的充分准备。

2.城乡统筹发展的科学依据

城乡规划是落实科学发展观的重要载体。要充分发挥城乡规划的引导和调控作用，统筹人口、产业、环境、基础设施与各类资源等要素，推动城乡全面、协调发展。一个城市，既要满足发展的普遍规律，又要根据各个城市不同的性质和特点，来制定各具特色的城乡规划。可以说，一个好的规划，也是生产力。

3.城市管理的一项重要内容

城乡规划既是社会经济发展的蓝图，也是土地出让、各类项目建设的审批依据。规划管理是城市管理系统中的一项重要内容，包括规划编制、审批、实施和监督等工作，贯穿于规划制定和实施的全过程。规划管理部门没有自身的利益，如果说有利益的话，那么就是两句话，一是城市的长远利益，二是老百姓的公共利益。

（二）提高认识，牢固树立和落实科学发展观

1.城乡规划工作，必须做到三个“始终坚持”

(1) 始终坚持全面发展

要着眼于社会、经济、文化和环境综合效益的体现，坚持城市功能提升和生态环境建设的有机统一。

(2) 始终坚持协调发展

要注重经济和社会协调、城乡统筹协调以及人与自然的和谐发展，满足人民生活和城乡发展的要求。

(3) 始终坚持可持续发展

立足当前、谋划未来，既要考虑当前建设的需要，又要满足城乡未来发展的需求，要为子孙后代留有充分的余地。

一幅优秀的绘画作品，一定是疏密有致，留有空白。一个城市的规划，也要合理布局，留有储备用地，即留有战略发展空间。这样才能进退自如，可持续发展。

2.改变观念，注重三个“逐步转变”

(1) 要从注重单一的建筑单体规划和局部地区规划，逐步转变为注重城市总体规划；

(2) 要从注重规划的组织编制，逐步转变为规划编制、审批实施以及监管的全过程管理；

(3) 要从注重中心城区的管理，逐步转变为城乡统筹管理。

3.紧密结合实际，切实提高三个方面的能力

(1) 切实提高服务大局的能力

新疆的城乡规划工作，要在全国发展的大格局中、在区域发展的总体部署中，统筹思考与谋划，形成具有中国特色、新疆特点、区域特征的城乡规划体系，切实提高服务大局、服务经济发展和社会稳定的能力。

要认真贯彻落实中央“稳疆兴疆、富民固边”的战略决策，立足“促进新疆经济实现跨越式发展，保持新疆社会长治久安”的目标和要求，精心编制规划，认真实施规划。

(2) 切实提高统筹协调、科学发展的能力

城乡规划工作，要围绕城市发展的战略目标，创新理念，统筹各类城乡发展要素。既要有前瞻性，又要具有操作性。

新疆拥有丰富的矿产资源和优良的生态资源，同时又面临着环境容量、水资源等方面的制约，如何实现新疆社会经济又好又快发展，切实转变经济发展方式，节约、集约使用土地资源，规划部门要坚持统筹协调，努力学习和提高科学发展的能力。

一个城市的国民经济和社会发展规划，提出了一定时期城市发展的总体目标和计划安排，涵盖了社会、经济和文化发展等内容。城市总体规划依据整个社会经济发展的战略目标，合理安排、优化配置各类资源，将城市发展战略和建设项目落实到具体的城市空间中。土地利用规划，侧重于建设用地总量的控制和基本农田的保护，各

个项目的发展都必须落实在建设用地上，不能随意占用农田，特别是基本农田。

实现城市的科学发展，就要促进“三个规划”的有机衔接：既要符合当前“十二五”经济社会发展规划的“总体目标”，又要落实到城乡规划的“空间坐标”和土地利用规划的“用地指标”上。

(3) 切实提高以人为本、促进和谐社会建设的能力

城乡规划工作，要坚持以人为本，要把实现好、维护好、发展好广大人民群众的根本利益作为城乡规划工作的根本出发点和落脚点。

新疆城乡规划要进一步推动各族人民的安居乐业，社会的长治久安，紧紧围绕解决就业、教育、住房、交通、环境等人民群众关心的问题，更加注重产业发展、社会公共服务、市政基础等公益性设施的建设，使发展成果更多地体现在改善民生上。

二、求真务实，认真实施城乡规划

城乡规划，从功能上，可分为城市战略和建设引导两个层面；从内容上，包括城镇体系规划、城市规划、镇规划、乡规划和村庄规划。其中，城市规划、镇规划又分为总体规划和详细规划。详细规划又可分为控制性详细规划和修建性详细规划，国家《城乡规划法》进一步明确了控制性详细规划的法定地位。

在快速城市化过程中，要有规划才能土地出让。千万不能先出让土地，后编制规划。这样不符合法规要求，而且一旦城市有重大市政基础设施或者社会公益性项目建设，政府可能就会丧失主动权。

（一）城乡规划

1.城市总体规划

(1) 城市总体规划

城市总体规划包括市域城镇体系规划和中心城区规划，主要有以下内容：提出规划期内的城市发展目标、人口规模、产业发展、住宅布局等指导原则。确定规划区范围、用地规模和布局、空间发展方向（包括禁止、限制和适宜建设的空间范围），综合交通与绿地建设布局、生态环境保护、防灾减灾措施、自然与历史文化遗产保护、城市近期建设安排等。

(2) 中心城区规划

中心城区大多是城市的行政、商业和文化中心，承担着城市的核心功能，在城市发展中具有先导作用，是城市化水平的主要载体。

中心城区的规划与建设，就是要把城市总体规划所确定的功能、目标以及重大市政基础和公共服务设施，通过各个层面规划和各个专项规划，逐级落地，不断提升中心城区的竞争力和综合服务功能。

比如，上海市域土地总面积6787km^2。上海中心城区是外环线以内地区，为660km^2，约占全市10%的土地，居住了全市近50%的人口。中心城区是城市综合功能的重要载体，在一定程度上代表了城市的繁荣、繁华，但同时也面临着人口密度过高、道路交通拥堵、环境污染治理等问题。

上海中心城区通过分区规划、控制性编制单元规划和控制性详细规划，分解落实城市总体规划的各项指标要求。结合特大型城市的特点，上海增设了控制性编制单元规划这一层次。中心城共分为6个分区、242个控制性编制单元规划，均已编制完成。

2.新城、重点城镇规划

新城和重点城镇是区域社会经济发展的重要载体，要结合地域特点，依托产业支撑，注重环境容量，积极推进新城、重点城镇建设，充分发挥其辐射功能与带动作用。

(1) 新城、重点城镇发展的“三个要素”

新城、重点城镇建设要在原有城镇发展的基础上，重点突出三个发展要素：产业的支撑、人口的集聚和便捷的交通网络。产业发展是经济实力和地区就业的重要保障；人口集聚是加快新城、重点城镇建设，推进区域城镇化的基本趋势，要坚持“以人为本”，逐步推进市政基础设施和各类公共服务设施的配套建设；便捷的交通网络，特别是大容量的公共交通建设，是增强集聚和辐射能力的重要基础，对社会投资、产业发展和人才吸纳都至关重要。

(2) 新城、重点城镇建设的主要功能

一是努力成为区域发展新的引擎。在社会经济发展的新形势、新要求下，不少城镇的现状条件和建设模式已与地区发展不相适应，要充分发挥资源优势，依托现有城镇，编制发展规划，通过功能提升和产业转型，不断增强区域发展的竞争力，成为区域新的经济增长点。

二是逐步完善综合服务功能，不断提升新城、重点城镇的自身品质。城镇建设是面向未来的工程，要坚持高起点的规划、高质量的建设，推进产业和城镇融合发展。新城和重点城镇的建设要进一步明确定位，充分依托科技、人才以及服务业的发展优势，不断完善综合服务功能，推进产城融合发展。比如，苏州工业园区的建设发展过程中，注重同步推进新城建设和产业园区发展，在产城融合发展方面积累了很多先进的理念和成功经验。

三是积极推进各类产业园区的完善、升级和转型，逐步淘汰一些污染大、能耗高的企业，坚持一、二产和三产的融合发展。产业提升需要人才引进与科技进步，而这些都需要信息、教育、文化和医疗卫生等城市服务设施作为保障。

四是增强对广大农村地区的辐射和服务能力。农民进城，不一定是全部到中心城，更多的是就近到新城、重点城镇发展。

(3) 新城、重点城镇建设要做到“三个避免”

在快速城镇化过程中，要进一步整合好各类资源要素，积极发挥综合效应，推进城乡统筹和城乡一体化发展。

一是城镇规划建设中，要避免“千镇一面”，缺乏个性。城镇的风貌和形象建设，是物质文明和精神文明的重要体现。要结合当地的文化传统和自然地理风貌，体现地域特色和文化内涵。要正确定位新城和重点城镇的发展目标和建设规模，推进可持续发展。在规划上，不要盲目抄袭和攀比，不要搞不合尺度的“大广场、大草坪、宽马路”。

二是居住区规划中，要避免整齐划一、布局单调。社区的居住建筑，第一要满足使用功能，第二还具有文化观赏功能。居住区规划要注意节约用地，合理布局。要注重社区服务设施和市政基础设施的同步建设。建筑设计要注重环保、节能和低碳的规划理念。现在有些城市的居住区布局，虽然户户朝南很实惠，但是整齐划一，完全像个“兵营”，缺乏了灵气和美感。要合理设置街坊道路和停车场地，小区内的道路应该“通而不畅”，更利于老人和小孩的安全出行。大型社区的绿化要有层次，既要有中心绿地，又要有小街坊的组团绿化，便于居民休闲、活动。社区建筑要关注轮廓线，建筑群要有高低错落，千万不能全部“剃平头”。建筑外立面要富有变化，积极创造优美的居住环境。

三是住宅建筑设计中，要避免房型简单、功能缺失。房型设计要结合当地气候特点和民族特色，合理布置生活环境和居住空间。房型设计要讲究经济、实用，注重功能完备，满足家庭生活起居的需要。

3.新农村规划

(1) 坚持城乡统筹，推进城乡一体化

统筹城乡各类资源，在市域范围内合理配置教育、医疗、文化等公共服务设施和供水、供电等市政基础设施。“城乡一体化”不等同于“城乡一样化”。建设一座现代化城市，既要有经济繁荣、配套齐全、生活便捷的中心城区，也要有青山绿水和广阔草原的农村地区。

(2) 推进安居富民工程，保障基本生产和生活需求

在规划过程中，要因地制宜，把农牧民生活、农业生产、农村生态和地方风俗有机结合。要注重节约和集约用地，优化房型设计，大力推广环保节能材料和新能源的利用，做到“占地不大功能全、造价不高质量好”。同时，要注重完善社区服务配套设施和市政基础设施。住房建设中要充分利用地形地貌，运用自然通风、采光、防风等设计手法，进一步提高居住质量水平。

在安居富民工程中，“人畜分离”是发展趋势。我们调研了喀什地区莎车、泽普、叶城和巴楚四县的一些安居富民工程项目。当地管理部门和援疆指挥部通过实践，积极探索人畜“小分离”和“大分离”的布局模式。我们感觉人畜“小分离”模式很受当地农牧民欢迎，在每家每户的院子里，既有家畜养殖，也能种一些蔬菜、搭个葡萄架，一家人生活在一起，其乐融融，这就是建设和谐社会的细胞和基础。当地的农村干部告诉我们，农民家里养羊，就像是在银行里存款，还是希望把钱袋子放在自己的口袋里。当然，城市化进程发展到一定阶段，可能一部分地区也会逐步走向人畜“大分离”的布局模式。

(3) 尊重农牧民意愿，实施分类指导

要结合当地的生产方式、地理环境与资源条件、民俗风情，通过多种渠道，主动征询农牧民的意见，制定符合地区实际的安居富民工程规划导则，分类指导、有序推进。

不能简单地用城里人的规划理念、设计方法，去规划建设农牧民的安居工程。规划编制要进行充分的实地调研，广泛听取农牧民的意愿，鼓励干部和村民积极参与讨论。在规划中，要尽力保护自然生态，不断提高广大农牧民的居住质量和生活水平。

（二）产业布局规划

产业布局规划是城乡总体规划中的重要组成部分。要按照城市发展的目标和定位，结合产业特征和发展需求，既要积极推进先进制造业和现代服务业，又要大力提升传统服务业，积极培育现代农业，统筹协调各类产业的功能定位、发展规模和用地布局。

1.产业布局规划要体现的几个原则

(1) 明确产业发展导向，大力推进产业提升和结构转型；

(2) 注重资源节约与有效利用，要立足资源特点，统筹区域内产业布局；

(3) 依托当地人文、自然等资源优势，积极推进产城融合发展，不断提高产业园区的综合效益；

(4) 坚持生态建设和环境保护，推进城乡可持续发展。

2.产业园区建设

产业园区建设要明晰功能定位、统一编制规划、相对集中布局、分步有序实施。

如上海张江高新技术开发区所属的漕河泾开发园区，规划总用地面积5.29km^2。园区东部集中了航天、电子、仪表等一大批国有企业和研发机构；园区中部是以“循环经济、节约经济、绿色经济”为主题的生态型产业园；园区西部重点建设现代服务业集聚区和科技绿洲园区。经过二十多年的发展，漕河泾开发区已逐步建成具有国际竞争力的高新技术产业基地、高新技术和产品出口基地、现代服务业基地，成为推动上海经济结构调整和经济增长方式转变的产业示范区之一。

漕河泾开发区建设突出了5个方面的特征。一是产业的转型和升级。从最初的出口加工和服务贸易逐步转型为以高新技术和技术创新为主，集聚总部经济的新型产业园区。二是资源的集约利用。逐步淘汰能耗大、产能低的落后企业，实施“腾笼换鸟”，注重土地的二次开发，合理高效利用园区土地。三是不断提升土地的产出率。目前，园区的土地产出率是280亿元/km^2，在上海各类园区中名列前茅。四是品牌的辐射效应。充分发挥漕河泾开发区的品牌优势，在闵行区的浦江地区建设园区的拓展区域（浦江高科技园），形成浦东、浦西互动发展的格局，并辐射到长三角周边地区。五是园区和城镇的融合发展。浦江园区的建设结合浦江镇的商务办公、生活居住、公共服务等功能统筹考虑，促进园区的可持续发展。

3.现代服务业

现代服务业是城市发展转型的重要基础。要坚持以人为本，创新发展，积极推进传统服务业的提升和现代服务业的健康、有序发展，促进城市增长方式转变、产业结构调整，不断优化城市空间布局。

上海围绕城市功能提升，规划形成黄浦江、苏州河和延安路—世纪大道三大现代服务业集聚带，建设普陀区长风生态商务区、虹口区北外滩航运服务区、青浦区赵巷商业商务区等20个现代服务业集聚区。

（三）住房与社会公共服务设施规划

1.住房建设规划

(1)明确发展目标，加强规划引导。住房规划布局要根据城市总体规划和“十二五”规划要求，与人口分布和产业发展相衔接。同时要因地制宜，做好《住房建设规划导则》的制定，如房型、户型标准，配套设施要求等。

(2) 完善住房体系，加大保障性住房建设的推进力度。不断完善保障性住房和房地产市场两大体系，同时做到租售并举。

(3) 积极推进旧城和危旧住房改造，努力提高市民的居住水平、改善环境质量。

(4) 强化土地管理，优化供应结构。按照国家宏观调控的要求，合理确定新增住房用地总量和年度计划，特别是加大保障性住房土地的供应力度。

2.社会公共服务设施

公共服务设施具有公共性、普惠性和社会性。加强公共服务设施的规划与建设，努力营造一个设施完善、安居乐业的和谐环境。公共服务设施应与城市空间结构相协调，做到集中与分散相结合，方便市民工作、学习和生活。

(1) 科教文卫设施

统筹规划科、教、文、卫、体和养老等各类公共服务设施建设，相应的用地要合理预留，禁止随意转性。如上海编制完成的《杨浦知识创新区发展规划纲要》，以创新为动力，推进大学校区、产业园区和居民社区的“三区融合、联动发展”。

针对新疆的实际情况，要进一步发展双语教育、职业教育，建议各地要编制教育、文化等专项规划。我们曾参观了莎车县的职业学校，既能使学生学到文化知识、生产技能，又能帮助学生创造就业机会。新城、重点城镇和大型产业园区的设，最好能把职业教育统筹规划进去。一个区域的发展，对当地群众来说，教育要先行，就业是根本。

⑵ 其他公共服务设施

进一步加强与市民日常生活密切相关的公益性设施规划建设，注重增加公共服务总量的同时，不断优化公共服务设施的结构和布局。

例如，近年我们在上海中心城区做了两个布局规划，在网上作了公示，也请了人大代表、政协委员、街道干部和市民群众共同参加讨论，老百姓很认可，被戏称为“进、出口规划”，这就是《上海中心城区菜市场布局规划纲要》和《上海中心城区公共厕所布局规划纲要》。

其实，上海中心城区内菜场的数量不少，但布局不合理，标准也不够规范。每个区原来都有室内菜场，可是后来有的卖熟食，有的变超市，有的甚至又回潮成为“马路菜场”了。所以，我们在这个规划纲要中特别写了一句话，明确菜场产权属于当地政府，而不是副食品公司。产权属于副食品公司以后，或转制了，或个人承包了，很可能会改变公益性菜场的性质。《上海中心城区菜市场布局规划纲要》经市政府批准后，已由各区政府积极落实实施。

⑶ 社区服务设施

进一步推进以社区事务受理中心、卫生服务中心和文化活动中心建设为重点的社区“三中心”配套设施建设，不断完善各项公共服务设施的建设标准，努力提高社区服务水平。

我们原先认为上海社区公共服务设施的标准已经比较齐全了，但在新的形势下，问题就暴露出来了，如缺少养老设施、社区文化活动场所和老城区的公共绿地等。

我们采取了“分步走”的办法。第一阶段，根据社区居民生活中最关心的公共服务设施需求，编制了“缺什么、补什么”的专项规划；第二阶段，编制相应的试点社区公共服务设施布局规划，分成新建、置换、改造等不同类型，试点推进；第三阶段，规划管理部门会同市建交委、市民政局等有关部门，修改公共服务设施的规划和管理意见，并修订相应的标准，经市标办批准后推进实施。

（四）专业系统规划

各类专业系统规划，既是城市总体规划的重要组成部分，又是进一步统筹市政、交通、公共服务、生态环境等专业系统发展能力和用地布局的重要内容。

1.综合交通

城市综合交通可以划分为城市对外交通和城市内部交通两大部分。综合交通问题不是从单一的交通形式来探讨，而要统筹各种交通方式，对各类交通流量开展总量分析和预测研究。并对各类交通方式的线路与设施进行统筹规划，形成合理分工、紧密衔接的综合交通体系。

(1) 轨道交通

1) 加快建设以轨道交通为骨干的公共交通体系

上海在完成全市第三次交通大调查的基础上，编制完成了《上海城市轨道交通网络深化方案》，通过进一步深化、细化，逐步做到各条线路各个站点的统筹规划。

对于具有一定人口规模的城市来说，市民的出行主要是依靠公共交通。尤其是一些特大型城市，今后还是要依靠大容量的轨道交通。目前，上海轨道交通长度已达到420km左右。到2012年底，规划建成13条轨道交通线，总长约570km，将形成轨道交通的基本网络。上海已编制了远景规划，23条线路共计约1000km。

2) 规范轨道交通站点及周边地区建设

在规划和建设过程中，我们发现一些轨道交通站点旁边明明有社会停车库，但是地下不能相互连通；周边有一些公共建筑，但是没有结合设置出口，而且轨道站点周边的道路标高也不一致，对今后的连通留下了后遗症。为此，规划管理部门组织编制了《中心城轨道交通车站及周边地区控制规划》，经市政府批准，并通过制定相关的规划管理规定，保证轨道交通车站的交通主体功能。同时，对如何使地铁车站与周边地区开发建设更好衔接也作了一些考虑，比如规定了地铁车站排风口可以结合公共建筑设置，但不能和居住建筑结合等。

3) 加快推进综合交通换乘枢纽建设

如在上海中环线建设中，对中环线沿线的17处“边角料”地块实行了控制，把它作为区域内的中、小型交通换乘枢纽，承担停车和换乘功能。在此基础上，市规划局会同建设、交通等部门，编制完成了《上海市客运综合交通枢纽布局规划》，并报市政府批准。上海共规划了145处交通枢纽，分为大、中、小三种类型，世博会召开以前已完成60处。所以，对于一些零星地块，规划管理部门首先要多考虑和公益设施联动。

(2) 铁路

铁路规划方面，上海规划至2020年形成五个方向九条干线，“四主、三辅”的铁路客站格局。

高铁的建设，改变了城市的出行方式，是城市发展的有利契机。但是铁路线网，包括客运、货运线路的设置，如果处理不当，也可能给城市布局造成分隔。一个好的规划，要兼顾城市发展和铁路建设，争取求得双赢的局面。

(3) 公路

为更好地服务长三角，加强与长三角对接，上海通往江浙两省联系通道已达31处122个车道。

通过对各类交通方式的分析、预测，使城市综合交通的规划布局和建设规模能逐步趋向合理。

2.生态绿化

完善城市生态绿化规划，健全城市生态空间体系，落实生态建设相关政策和实施机制，维护城市生态安全。如上海通过开展《基本生态网络规划》，进一步维护城乡生态底线。

3.地下空间

地下空间是城市重要的空间资源。城市地下空间的开发利用是充分利用土地资源、促进城市节约集约发展的必然要求。

如编制完成地下空间概念规划、近期实施规划，明确了总体布局、分层开发利用原则，制订了开发规则和程序，并确定了中、近期建设重点。

上海在编制地下空间规划的时候，首先是设置一个“游戏规则”，明确地下空间开发规范，浅表层（0～−15m）、中层（−15～−40m）、深层（−40m以下）的分层开发原则，以利推进地下空间的有序开发。

4.市政基础设施

编制高压走廊、变电站、水源地、污水处理厂、垃圾焚烧和垃圾填埋场等重大市政基础设施规划，以及河道水系蓝线、市政设施黄线规划等。

(1) 中心城区220kV及以上变电站专项规划

近年来，上海出现了一些市民对高压变电站建设的集体上访事件。我们作了全面调查后发现，中心城660km^2范围内，规划的22万伏以上变电站就有88个，其中一半以上已经建成或在建，还有将近一半尚未开工。我们会同电力部门抓紧编制了中心城电力设施建设的专项规划，明确了每一个变电站用地的四至范围，做到了规划落地，并向社会公示，避免今后产生社会矛盾。规划工作如果做得深入、细致，就有利于社会稳定；否则，就有可能引发一些社会矛盾。

(2) 移动通信基站专项规划

随着移动通信业务的发展和普及，3G新技术的应用和手机电视在线视频业务的提供，基站建设呈现出信号覆盖半径越来越小、站址资源日趋紧张的局面。以往多家移动通信运营商各自为政、重复建设，造成土地和空间资源浪费十分严重，加大了统筹管理的难度，也造成了对城市景观的干扰。

上海经过调查，对移动基站做了专项研究和规划，全市规划移动基站共1万余个，目前已建成4000多个，在建3000个左右，待建还有3000多个。中国移动、中国联通和中国电信等运营商也希望实现共建共享，不断提高基站的使用效率，同时也可减少对城市景观和市民生活的干扰。

5.历史文化风貌

城市历史文化风貌是城市文化遗存的重要组成部分。保护城市的历史风貌不仅是延续历史文脉的需要，也是保持和发扬城市特色的需要，有利于塑造城市精神，弘扬城市文化，提升城市品位。

新疆的规划与建设要体现现代化和地域特色的有机结合，多元文化兼容并蓄，体现多民族的和谐与发展。

上海各区在大规模的旧区改造过程中，也有过不少值得吸取的教训。例如，一些颇具地方特色的石库门弄堂被拆除，拔地而起的往往是高容量的摩天大楼，城市空间被大量的玻璃幕墙所占据。又如，一些历史街区经过改造，马路拓宽，房屋整齐，失去了原有的风韵和灵气。针对城市快速建设和改造，上海市政府提出了要用最严格的制度，来保护上海历史文化风貌区，保护优秀历史建筑，并建立了相应的保护体制和机制。

目前，上海在历史风貌和优秀建筑保护方面，建立了“点、线、面”三个层面的保护体系。“点”，即优秀历史建筑。目前上海全市已有四批经批准的优秀历史建筑，共计632处，2138幢。相关管理和技术规定已经编制完成。“线”，历史风貌道路和街巷。经市政府批准，制定了《上海市风貌保护道路（街巷）管理若干意见》。对144条历史风貌道路和街巷，采取多种方式、分类保护，对其中的64条一类风貌道路，原汁原味加以保护，永不拓宽。“面”，历史文化风貌区，对中心城和郊区同步编制保护规划。中心城区12片、约27km^{2}的历史文化风貌区保护规划，已全部编制完成并经市政府批准。郊区在历史文化风貌区的保护规划中，确定了历史风貌区32片、约14km^{2}的保护范围，并编制了相应的保护规划。

6.城市安全

城市安全是城市可持续发展的重要保障，也是关乎城市社会经济发展的全局性战略问题。要根据城市性质、规模和特点，积极开展城市安全战略研究，以及编制防灾减灾等涉及城市安全的各类专业系统规划。如乌鲁木齐城市规划区范围有地震断裂带，要积极做好防震防灾专项规划。

7.其他专项规划

如编制城市景观风貌、户外广告专项规划等。

上海在“迎世博”期间，编制完成了《户外广告设施阵地规划》，划定了禁设区、控制区和展示区，明确了相应的控制管理规定，为便于操作实施，已把这些专项规划分解落实到地区的控制性详细规划之中。

（五）重点地区规划

重点地区是指对城市发展布局、功能提升、环境改善和形象展现有着重要影响的区域。

因时间关系，只能重点介绍黄浦江两岸地区规划和虹桥综合交通枢纽地区规划。

1.黄浦江两岸地区规划

黄浦江两岸综合开发，是进入新世纪上海城市建设的重大战略决策。2002年1月，上海市委、市政府领导提出了“百年大计，世纪精品”的发展目标，对上海调整产业结构、提升城市功能、服务市民生活、塑造城市形象，具有重要的战略意义。

黄浦江两岸地区开发，既有危棚简屋拆除、改造，也有许多工矿企业、码头和仓库的搬迁，逐步“还江于民”，初步形成了融合城市工作、生活、休闲、旅游于一体，具有活力的现代服务业集聚区和滨水生活地区，起到了“退二进三”的示范效应。特别是中国2010年上海世博会的成功举办，对黄浦江两岸地区的综合开发起到了有力的推进作用。

2.虹桥综合交通枢纽地区规划

虹桥综合交通枢纽地区的规划建设，既是服务国家战略的需要，也是促进长三角地区协调发展，进一步提升上海城市功能的重要举措。

虹桥综合交通枢纽的建设，抓住了国家航空和高速铁路发展的有利契机，大致可以分为三个阶段。

(1) 第一阶段：规划选址研究。从2003年起，国家铁道部会同上海市政府积极推进京沪高速铁建设。铁道部希望利用铁路外环线的闵行七宝货站原址，规划京沪高速铁的终点站。但周边地区已建有一些大型居住区，实际操作受到很大制约。

(2) 第二阶段：虹桥综合交通枢纽规划（$26km^2$）。约在2004年初，市政府和国家民航总局多次研究、协商，并形成共识，上海要加快亚太地区航空枢纽建设，形成以浦东机场为主、虹桥机场为辅的“一市两场”的格局。浦东机场主要承担国际航班，虹桥机场主要承担国内航班。根据机场分工，再加上空管水平的提高，规划对虹桥机场保留的两条跑道的间距进行调整，从原来控制的1700m缩短到365m，在机场西侧就省出了约$7km^2$的土地。综合平衡后，上海最终确定把原规划的七宝高铁车站北移至虹桥机场西侧，规划共预留铁路30股道。另外，市内规划6条轨道交通线（包括两个机场的联络线）进入虹桥。这样就把航空港、京沪高速铁、长三角城际铁、市域轨道交通以及城市道路交通网络紧密衔接起来，使虹桥成为了一个大型综合交通枢纽。2004年11月，国家民航总局正式批复《上海航空枢纽战略规划》。同时，通过市政府和铁道部多次会谈，签定了高铁建设合作协议。在此基础上，2005年上报了虹桥综合交通枢纽的结构规划，市政府2006年2月批复，并明确虹桥综合交通枢纽用地范围为$26km^2$。

(3) 第三阶段：虹桥商务区规划（$86km^2$）。为充分发挥虹桥综合交通枢纽功能，以利更好地服务于长三角地区，根据韩正市长的指示精神，从2007年开始，规划管理部门将长宁、闵行、青浦约$60km^2$的用地纳入后，进行整体规划研究，对整个$86km^2$虹桥商务区开展了规划编制。

对大虹桥地区从城市规划上作了功能定位，这是上海服务全国的综合交通枢纽、面向长三角的商务中心、上海国际贸易中心的重要平台。

目前，虹桥综合交通枢纽内的机场、高铁等交通设施已交付使用，轨交2号线、10

号线也已通车。商务部与上海市共同推进的中国博览会园区以及虹桥商务核心区规划正在抓紧编制中。

三、探索实践，不断完善规划管理的体制机制

建立目标明确、分工合理、运转高效的管理体制和运作机制，是确保规划落地、提高规划效能的重要保障。

（一）健全规划管理体制机制，大力提升管理效能

体制机制建设是推进科学管理的重要基础，市政府明确要求强化各级规划管理机构职责、完善管理体制、加强队伍建设。

健全市规划委员会组织机构，充分发挥市规委会在重大城市规划方面的协调和决策作用，以及专家的决策咨询作用。

深化完善管理机制，规范各级规划管理部门的工作职责：一是全局性和各层面规划的编制和审批；二是按照批准的控制性详细规划进行建设项目审批和管理；三是加强规划检查和执法监督。要按照规划管理“决策、执行、监督”三分离和规划“编制、审批、实施”三分开的原则，大力提升规划管理效能。

强化规划协同管理。新疆各地、州要进一步完善地方、部队、兵团、国家产业园等规划的协同管理机制，要处理好规划审批中“几支笔”的问题，一个城区必须统一规划的编制和审批。然后根据各自职责，按照批准的规划，分头协同推进。

建立和完善规划的评估机制。各级管理部门不得随意调整已获批准的规划，如确需修改，必须严格按照程序办理。特别是总体规划层面，在修编前必须做好评估工作。

（二）强化规划法规建设，确保规划有效实施

深入贯彻实施《城乡规划法》，注重技术规范和管理规章的制定。通过制定包括规划审批、项目管理、监督检查、信息公开等方面的规范性文件，进一步明确规划管理的工作程序，细化工作界面，切实提高依法行政水平。

同时，根据住房和城乡建设部的要求，要深入开展城乡规划效能监察，对各级规划管理部门以及派出机构，定期开展检查。

（三）加快信息化建设，深入推进“阳光规划”管理

加快城市规划信息化网络建设，以城市地理信息系统和规划系统网站为平台，大力提高城市规划现代化管理水平。

近几年来，上海积极建设“阳光规划”电子政务信息系统，实现规划行政审批依据、过程、结果的公开透明，进一步促进规划的依法行政。

1.全面实施建设基地统一编码制

即每个建设基地实施统一编码，作为建设基地唯一的“身份证”，便于日常管理和查阅。

2.开展电子信息系统应用和基础数据库建设

把已获批准的总体规划、控制性详细规划和各类专项规划有序整理入库。

3.推进阳光规划管理，开展项目审批指标比对

对于建设项目，要通过电脑把申报件与控详规划的指标进行自动比对，只有刚性指标一致才可以进入下一个环节。同时，建设用地规划许可证、建设工程规划许可证，以及竣工验收，各个环节也都需要进行指标核对。

4.积极探索三维空间模型辅助审核

探索推进三维地理信息系统建设工作，建立全市统一的三维空间数字模型。特别是对重点区域、重点项目，通过在三维环境下进行多方案、多因子辅助审核，不断提高规划管理效能。

（四）加大公众参与力度，积极做好规划公开工作

在规划信息数据库的基础上，加大信息主动公开力度。加强规划管理部门政府网站建设，通过“网上办事”、“方案公示”等内容，加大公众参与力度，真正使规划网站作为宣传规划的阵地、联系群众的桥梁、服务社会的平台、接受监督的窗口。

我们在工作中深切感受到，与其项目审批后可能引发市民矛盾，还不如在项目审批前多听取群众意见，这就需要增加规划工作的透明度。这既是对领导干部的工作要求，也是对管理干部的一种有效保护。

（五）统筹协调，推进“两个规划”的融合

两个规划，即城市总体规划、土地利用总体规划。两个规划融合，关键是统筹，要统筹协调城乡发展的各项要素。重点是衔接，要处理好城市总体规划、土地利用总体规划、近期建设规划和产业发展规划等各项规划的衔接。核心是落地，要确保基本农田落地，合理确定建设用地规模和布局，促进土地资源的节约和集约使用。

四、积极处理好五个方面的关系，促进城乡可持续发展

当前，我国正处于新的发展战略机遇期，新疆也面临跨越式发展的关键时期，任重而道远。面对城乡发展的新形势、新要求，城乡规划工作要坚持科学发展观，积极处理好五个方面的关系，充分发挥城乡规划的调控和引导作用。

（一）积极处理好“规”与“划”的关系

“规”是规矩，是规范，没有规矩不成方圆；“划”是筹划、策划，解决的是法规、规范的落地问题。“规”，需要依托法律法规的支撑，要严格依法行政，按规范审批项目；“划”，就是要探索和实践，讲究操作，更多的是依靠体制、机制的运作，提高工作效率。

城乡规划工作，不能就红线而红线，而是要依据法规、规范，如《城乡规划法》、《城乡规划条例》等，统筹考虑社会、经济和环境效益，谋划城乡发展全局，服务经济社会发展大局，体现理论与实践的结合。在城市发展中，既要有“规”，又要有“划”，相辅相成，缺一不可。

（二）积极处理好经济建设与社会发展的关系

城乡规划工作，是一项保障社会公共利益的重要公共政策。要坚持服务社会经济发展，不断优化城市空间布局，促进产业结构调整，转变经济发展方式。同时，坚持以服务人的全面发展为核心，把以人为本的理念融入、渗透到规划之中。要加强公共空间管理，健全社会公共服务体系，完善市政设施建设，加大规划公开和公众参与的力度，切实维护人民群众的根本利益。

（三）积极处理好近期建设与长远发展的关系

城乡规划是实现城市发展目标的重要手段。要把握宏观性、注重前瞻性，既要服务近期建设，更要关注长远发展；既要立足当前，又要放眼长远，为城市可持续发展留有充分的余地。当近期建设和长远利益存在矛盾时，应服从长远发展，切不能急功近利，给未来留下缺憾。对于一个城市来说，千万不能留下难以逆转的后遗症，这是城乡规划工作的底线！

（四）积极处理好资源支撑与经济发展的关系

城乡规划工作，涉及城乡社会、经济、文化、环境等多方面内容，是一项综合性、协调性很强的工作。既要遵循经济规律，又要遵循自然规律；既要加快经济发展，又要注重生态环境效益。要充分考虑土地承载力、资源支撑力和社会承受力，积极推进资源节约型、环境友好型城市建设，实现新疆城乡经济、生态资源协调发展。

新疆地区水资源有限，对人口的集聚、产业的发展，就要把握好一个度，要注重水资源的统筹和节约使用，加强环境保护和生态建设。

（五）积极处理好保护与发展的关系

城乡规划工作，既要促进地区开发建设、增强经济活力，又要体现历史文化底蕴、延续历史文脉。新的建设是发展，对历史城区的改造保护也是发展，而且是更具文化内涵的发展。要用严格的保护制度、更加主动的保护举措，保护历史文化风貌区和优秀历史建筑，凸现城市现代化建设与历史文化相互交融的独特魅力。

郑时龄

上海市援疆规划专家顾问组成员，新疆维吾尔自治区人民政府城乡规划工作顾问。同济大学教授，工学博士，意大利罗马大学名誉博士，同济大学建筑与城市空间研究所所长。

中国科学院院士，国务院学位委员会委员，上海市规划委员会城市发展战略委员会主任委员，法国建筑科学院院士，美国建筑师学会名誉资深会员。

城市的建筑文化与创新

报告结合创新讨论城市和城市文化，创新型城市的内涵以及城市的创新机制。同时也讨论了当代关于城市化的一些理念，城市化的进程和理想城市的问题。在这个基础上讨论城市环境，城市的自然生态环境和社会生态环境的概念，介绍了可持续发展的设计原则。最后结合2010年上海世博会，讨论文化创新和未来城市发展的一些思想。

创新是这几年使用最多的一个词汇，党的十六届五中全会通过的“十一五”规划建议里面就谈到创新，而且谈到自主创新。胡锦涛总书记在中央党校省部级干部进修班发表的谈话也谈到坚持解放思想、改革开放、科学发展和全面建设小康社会，号召大力推进文化创新，全面推进文化体制改革，最大限度地焕发广大文化工作者勇于创新的积极性，使全社会的文化创造活力充分释放、文化创新成果不断涌现，使当代中华文化更加多姿多彩、更具吸引力和感染力。

我们所谈的文化创新不仅是文化工作者的任务，实际上是全民的任务。毛佳樑局长的报告也谈到以人为本，以人为本与我们的文化，比如与新疆多元文化的发展，与我国多民族的发展是密切联系在一起的。为了实现进入创新型国家行列的奋斗目标，胡锦涛总书记号召要突出抓好以下五个方面的工作。

一是实施正确的指导方针，努力走中国特色自主创新道路。既要顺应世界科技发展的潮流，遵循科学规律，又要紧密结合国情和国家战略需求，选择顺应时代要求，符合我国实际的发展道路。

二是坚持把提高自主创新能力摆在突出位置，大幅度提高国家竞争力。一个国家只有拥有强大的自主创新能力，才能在激烈的国际竞争中把握先机、赢得主动。特别是在关系国民经济命脉和国家安全的关键领域，真正的核心技术、关键技术是买不来的，必须依靠自主创新。

三是深化体制改革，加快推进国家创新体系建设。充分发挥政府的主导作用，充分发挥市场在科技资源配置中的基础性作用，充分发挥企业在技术创新中的主体作用，充分发挥国家科研机构的骨干和引领作用，充分发挥大学的基础生力军作用，进一步形成科技创新的整体合力，为建设创新型国家提供良好的制度保障。

四是创造良好环境，培养造就富有创新精神的人才队伍。无论是发达国家或是发展中大国，都把科技人力资源视为战略资源和提升国家竞争力的核心因素，大力加强科技人力资源能力建设。

五是发展创新文化，努力培育全社会的创新精神。大力发扬中华文化的优良传统，增强全民族的自强自尊精神，大力增强全社会的创造活力。坚持解放思想、实事求是、与时俱进，通过理论创新不断推动制度创新、文化创新，为科技创新提供科学的理论指导、有力的制度保障和良好的文化氛围。

创造性和创新与文化环境有密切的关系，特别是城市文化对于创新的推动具有十分重要的意义。城市文化表现为制度、空间、科学技术、生产方式、建筑、社会生活、物质文明、行为模式、宗教信仰、文化习俗、艺术创造、交通等。我们按照自己的文化和理想建设我们的城市。理想、想象和幻想越丰富，我们的城市也就越理想。文化历史环境推动创新，深厚的文化环境会推动我们在这样的基础上不断向前。价值观念推动创新，比如中国古代的四大发明，有很好的价值观和伦理观也会推动我们在创新的道路上不断做出成绩来。创新也是不断的革命，我们还要不断地努力创新，创新是没有边界和极限的。新中国成立60多年来有很大的成就，但是我们一定要不断革命，还要不断努力，今天的基础与60多年前相比有很大的提高，我们可以做更多更好的事情。教育推动创新，我们国家这几年对教育的投资约占GDP的4%，这样对发展教育，推动创新会起到非常重要的作用。

一、什么是创新？

创新，包含了创造、创作、创造性、创造力等内涵。创造是指做出前所未有的观念、事情、作品或产品，也包括发明创造在内。由感知能力、记忆能力、思考能力和想象能力构成的创造力则是对已经积累的知识和经验进行科学加工和创造，产生新概念、新知识、新思想的能力。

创新可以分为表现创新、生产创新、发明创新、革新创新、呈现创新等。首先是表现创新，这是一种独立的表现，不涉及产品的性质；生产创新是创造者掌握住某些环境条件，生产出某种客体；发明创新是对旧有部分的新的使用；革新创新是发展新观念、新原理；呈现创新是从所提供的一般经验中生产出完全不同的事物的能力。

创新的核心不是新，而是创造性。并不是说什么东西都要是新的，以前没有过的就是好的，旧的都是不好的，这是片面的思想。创新在某种程度上与新和变有着重要的联系，但是需要认识清楚究竟什么是变，变什么，什么是新，怎样新。单纯提倡求新求变，而不考虑为什么要新，为什么要变，其实不是创新。在大变样的过程中，有些历史建筑在发展过程中被认为是旧的，落后的东西，就把它拆掉造新的东西。但很多时候新造的东西品质不高，没有牢固的基础，也没有经过时间的考验。所以创新并不一定非要什么东西都是新的，尤其是城市建筑，可以充分利用历史建筑，增添新的内容。这么多年来全国有这么一种趋势，追求新，追求变，大拆大建。我认为有些模糊思想还没有厘清，创新有许多方面的表现，不是只有创造一种新的、过去没有的东西才是创新。创造和创新涉及的面十分广泛而又深入，不仅涉及自然科学、技术科学，也涉及社会科学和政治、经济、文化、教育等领域的深层次问题，也包括城市的创新。

整体的文化状态对于创造力的发展具有非常重要的地位。历史告诉我们，在文化积累能够提供进行综合的各种必要因素（物质的和观念的）之前，不可能产生发明和发现。当文化的发展与传播以及正常的文化交流提供了适宜的必要材料时，就一定会产生发明和发现。具有创造基因的文化与潜在的创造个人是创造力的必要条件，社会要提供文化创造的基因，对于个人的创造性要给予充分的发展机会。我给大家看两张图，一张是世界各国2001年应用互联网的人口（图1），另一张是世界各国2002年的人口（图2）。中国是人口大国，但应用互联网的人数相对却非常少。20世纪90

图1 世界各国2001年应用互联网的人口

图2 世界各国2002年的人口

年代初，在全世界186个国家中，先进的24个国家科技成果占世界的94.8%，而美国独占42%（获得诺贝尔奖的美国人占世界的80%），日本占30%，其余160多个发展中国家，如韩国、巴西、东欧国家、印度和中国，只占科技成果的5.2%，而其中我国仅占1%。

这些年来，可以说我国城市建设的规模居世界第一，一年要建造西方国家十几年，甚至几十年的建筑量。然而我们的许多城市在大规模建设和快速发展过程中失去了个性，千城一面，许多城市的照片一看都不认识是哪座城市。大多数城市面貌趋同，把城市自身的个性和特点都抹掉了。2002年我到重庆参加一个会议，我感到嘉陵江和长江似乎变小了。多年前我去过重庆，当年的朝天门码头相当壮观，现在建造了一个大广场，朝天门码头的大台阶消失了。主其事的人可能认为这是旧的东西，不能代表城市的特征，甚至认为旧的就是落后的。于是就把朝天门码头给抹掉了，如此一来，新是新了，但是重庆与别的城市就没有什么区别了。重庆建造了许多高楼大厦，城市长高了，所以给人的感觉就是嘉陵江和长江变小了，其实大家可以想一想这究竟是不是创新。"文革"时期我多次出差到过重庆，那时看到枇杷山上星星点点的灯光，觉得特别好看。会议的主办者把我们带到枇杷山上，很自豪地指着重庆的江边的灯光问我们这像不像香港？为什么要模仿或者比作香港呢？每个人都有自己的特点。我们缺乏自信，想模仿别人，把自己的特点都抹杀掉了。中国古代有句成语："邯郸学步"，出自《庄子·秋水》篇："且子独不闻夫寿陵余子之学行于邯郸与？未得国能，又失其故行矣，直匍匐而归耳。"意思就是模仿别人走路，非但没有学到，反而把自己原来怎么走路都忘了，最后只好爬回去。

今天的上海有20000多幢24m以上的高层建筑，其中有近1000幢建筑的高度超过100m，城市空间还是比较混乱，缺乏空间的整合，大家都竞相争高，每幢建筑都要成为地标，这就失去了城市的品质。按照世界城市竞争力的分析，德国的法兰克福在全世界排名第五，上海的排名是第69位，上海的高层建筑数几乎是法兰克福的600倍。所以，高层建筑并不代表城市的竞争力，只是一个方面，代表我们的能力，一种技术，不能把高层建筑看成唯一的指标（图3）。

在2010年上海世博会的主题演绎过程中，有一个核心问题：什么是城市？我们强调世博会的主题是城市，其实在一开始的时候是存在误区的，觉得我们的城市建设成就巨大，全国每年建设20亿m^2左右的建筑，在世界上是非常了不得的，全世界1/5的塔吊都集中在中国，为了中国的建设，全世界的水泥和钢材都涨价了。上海建造了上万幢高层建筑，想把这一成就向全世界展示。

在筹办世博会的过程中，我们逐渐地对什么是城市有了更深刻、更全面的理解。城市有很多内在的东西，城市是我们经过上千年，甚至几千年的演变才形成的。一般认为，上海只有700多年的历史，是从1291年元朝建立上海县开始，其实我们在

图3 上海的高层建筑

唐玄宗时期就已经有华亭县，5000多年前就有先民在上海这块土地上生活了，我们都把这个历史抹杀掉了，说是只有700多年的历史，把自己看短了。而且我们还要建设未来的千年城市，我们的责任是非常巨大的，要看得远一点。我们在演绎世博会主题的过程中，也想到了一个问题，中国古代对理想的城市缺乏深刻的理解，我们有过桃花源、大同社会、大同世界等的思想，但是并没有具体的蓝图，对于什么是理想的城市，是缺乏思考的。我们在改革开放后，城市建设发展的速度很快，但是也缺乏停下来思考的过程。上海有一个时期提倡一年一个样，三年大变样，没有想过长远的发展。我们每届政府五年只能做有限的事情，但是我们在城市发展的过程中明明只有能力做10件事情，但却要做100件，要做出政绩来，这样就很粗糙，过一段时间要重新改造，重新建设。我们有时候也在谈100年后的人们会如何看待我们今天的发展，如何评价我们今天的成果。

二、城市和创新型城市

中国古代有许多关于城市的论述，《周礼·考工记·匠人》中描述的王城是这样的："匠人营国，方九里，旁三门。国中九经九纬，经涂九轨。左祖右社，面朝后市，市朝一夫。"成为许多城市的基本模式和原型。大约2000年前的古人认为："城，以盛民也。"距今2000多年春秋战国时代的《管子·八观篇》中说道："夫国城大而田野浅狭者，其野不足以养其民。城域大，而人民寡者，其民不足以守其城。"说明经济、防卫与城市人口的关系。战国晚期的《尉缭子·兵谈篇》也说："量地肥饶而立邑。建城称地，以城称人，以人称业。三相称则内可以固守，外可以战胜。"说明产业、土地与人口的平衡关系。

城市是人类社会永恒的主题，城市是国家的核心，城市是历史，城市是集聚人群的场所，会集聚经济、集聚社会的发展。城市是人类的化身，我们现在建造的城市实际上是塑造我们自身，塑造下一代、再下一代。一座城市代表我们的追求，我们的价值观。城市、建筑是意识形态的表现，它既是意识形态的载体，又是一种工具。城市是用什么方式来面向未来，这其实就代表了我们的一种意识形态。城市是人类的进步，城市是经济，城市是生活，引用亚里士多德的一句话："人类集聚到城市主要是为了生活更美好。"城市是理想，人们在城市中寄托了各种理想，想到了未来的发展，城市是文明，城市是文化，城市是教育，城市是艺术，城市是未来，城市是和谐，中国古代就有一种和谐的概念。城市是挑战，世博会的主题："城市，让生活更美好"，中文的主题没有英文全面，英文的主题的意思是更美好的城市才会有更美好的生活，城市不能主动让生活更美好。城市也存在很多问题，交通拥堵、环境污染、人口密集、有人说城市是梦魇，城市是地狱，城市是罪恶的渊薮，城市是生活的磨盘等等，城市的犯罪率也比较高，确实存在各种各样的问题。德国作家托马斯·曼（Thomas Mann, 1875–1955）曾经说过："一旦城市不再是艺术和秩序的象征物时，城市就会发挥一种完全相反的作用，它会使得社会解体、碎片化的实况更为泛化。"这次世博会在有些国外城市的主题演绎中认为，城市不是问题的所在，城市正是为了解决问题而产生的，城市的未来充满了光明。

然而，我们也应该看到，城市环境也会促使人类经验不断化育出有生命含义的符号和象征，化育出人类的各种行为模式，化育出有序化的体制、制度。城市既是人类解决共同生活问题的一种物质手段，同时又是记述人类这种共同生活方式和这种有利环境条件下所产生的一致性的一种象征符号。如同人类所创造的语言本身一样，城市也是人类的艺术创造。城市集中展现了人类文明的全部重要含义。城市是人类文明的象征和标志，人类文明正是由一座座富有个性的城市构成的。

美国社会学家和城市理论家刘易斯·芒福德（Lewis Mumford，1895–1990）在他的著作《城市文化》中指出："城市就是人类社会权力和历史文化所形成的一种最大限度的汇聚体。在城市这种地方，人类社会生活散射出来的一条条互不相同的光束，以及它所焕发出的光彩，都会在这里汇集聚焦，最终凝聚成人类社会的效能和实际意义。"

（一）建设创新型社会和创新城市

有一种说法，城市是建筑的衍生，建筑也是城市的衍生，城市和建筑是互相交融、互相促进的。建设创新型社会和创新型城市，应该怎样看待创新？城市需要有自然生态环境，这不是一种原生态的自然环境，是已经经过人们改造的生态环境，我们怎么来创建一种自然的生态环境？创新的社会的生态环境也非常重要，社会中人和人的关系、人和社会的关系、政府和人民的关系，都是社会的生态环境。创新的城市空间环境与我们建设的物质环境，城市规划、城市设计的品质都密切相关。需要创造创新的城市生活环境，创新的城市行政环境和创新的城市经济环境，为未来的发展起到非常重要的促进作用，更重要的是要有一种机制能让人们想到未来。在进行世博会总结的时候，有过一次讨论，讨论到我们未来到底应该怎么样？我听了一个报告之后，触动很大。有位经济学家经过调查说，中国现在的各个银行的总部搞金融研究的只有十来个人，像国外的大银行有上千人在搞金融研究。这样，我们的竞争力肯定会不如人家，对未来的创新我们还需要在深层次上进行思考。

我们在演绎世博会主题的时候经常引用一个美国建筑师伊利尔·沙里宁（Eliel Saarinen，1873–1950）的话："让我看看你的城市，我就能说出你这个城市的居民在文化上追求的是什么"。国际城市与区域规划师学会（ISOCARP）于2005年在西班牙的毕尔巴鄂召开大会。毕尔巴鄂是一座古老的城市，在20世纪50年代发展成为工业城市，今天正在建设欧洲的商务中心城市。大会的主题是"为创造型经济创造空间"，以荷兰、日本、新加坡、阿联酋的迪拜、爱尔兰的都柏林、西班牙的巴塞罗那和毕尔巴鄂、美国的费城、德国的法兰克福、英国的伦敦、巴西的库里蒂巴以及纽约、赫尔辛基等城市作为实例进行分析研究，提出很多思想，讨论什么是未来的创造型经济，什么是未来的创造型空间。欧洲把创造型城市做了个排行榜，创造型程度最高的城市并不是大城市，而是像斯图加特、斯德哥尔摩、赫尔辛基这些城市。大致有这样一些具有创造基因的社会因素：文化或一定的物质手段的便利；文化环境的开放；注重新生事物；无差别地让所有的人都能使用文化手段；文化的多元化；促进交流；激励机制等。

（二）城市的创新机制

城市的创造性有各种各样的衡量因素，每个城市也都具有不同的特点，大致可以归纳为这些因素：文化是城市发展的动力、文化的多样性、学习型社会环境、促进人的创造力、高品质的设计、愉悦的环境、采用适宜技术、良好的市政设施、具有创造精神的都市机构、城市自我的价值和国际化等。下面我们分别加以讨论。

城市文化是创新机制的核心，文化是城市发展的动力，文化已成为地方经济的组成部分。现在有很多城市已经开始发展文化创意产业来适应未来的发展。文化的多样性，如新疆具有多元文化，有东西方文化，不同的宗教和多民族文化，还有深厚的历史文化积淀。学习型社会环境，形成以知识为基础的经济，推动创意产业和高端服务业的发展，城市环境应当促进人的创造力。城市的各种设施、建筑、景观等应当是高品质的设计，创造高品质的设计和愉悦的生活、工作和艺术环境，关心人们的24小时生活圈。塑造吸引高素质、高技能的人们和他们的家庭的城市环境，创造人才汇集的创意特区，关注工作场所、休闲场所、聚会场所和教育设施等。

多元化、精细化的生活需要丰富多彩的环境，城市的各种设施，巧妙的设计，优美的城市环境会使人们愉悦，让人们体会到设计中的创造力，启发人们的思考和创意。城市文化是多元的文化，城市里有各种各样的人。一个金融家要求的环境，一个建筑师要求的环境，一个教师要求的环境，一个乐队指挥要求的环境，一个音乐家要求的环境，一个文学家要求的环境，一个政府官员要求的环境，每个人要求的环境都是不完全相同的，我们的城市要为所有人提供愉悦和适宜的工作和生活环境。我们的城市既要应用先进技术，更重要的是应用适宜技术，适合社会发展和现实情况，以及经济技术条件。良好的市政设施是创造型城市的必要条件，市政设施不仅是道路、桥梁、地铁、公共交通等硬件设施，城市的管理也是重要的基础，同时各类软件也是十分重要的基础设施。我们提倡具有创造精神的都市机构，不仅是政府机构，也包括非政府机构。

城市要树立自我的价值，重视国际化。我们过去喜欢把中国的城市说成是外国城市的翻版，比如说上海是东方的巴黎，是东方的纽约，苏州是东方的威尼斯，杭州是东方的日内瓦等等。为什么非要贬低自己的城市，变成人家的复制品。我们有一座被誉为天堂的城市，但是领导却号召要学习迪拜。迪拜是从沙漠中建造起来的，树的生长都要靠输液，迪拜被称为世界第八奇迹，他们的口号是我们必须创造历史，不能坐等未来，迪拜是没有资源的。杭州要学迪拜，杭州有这么好的资源，是要学这座城市的无中生有吗？依我看来，两座城市有天壤之别，条件相差如此悬殊。上海就应该是世界的上海，乌鲁木齐就应该是世界的乌鲁木齐，这样才会确立我们自己的价值观念，才能使我们的城市变得更美好。

诺贝尔经济奖获得者莫理斯访问香港时，被问及怎样才能保持香港的经济繁荣。这位经济大师说：除了经济措施外，还要改善香港的生活品质。在知识经济时代，人才和城市环境是十分重要的。需要健康、安全、自由的生活环境，有效率的公共服务、方便的资讯、良好的社会风气、良好的教育、一流的医疗配套等。香港在这方面比许多城市做得更好，但是还是不够。我们现在的公共服务体系还是不方便，政府官员可能不一定体会到，普通老百姓在公共服务上就会遇见一些问题，比如说到医院去看病，医院拥挤得像难民所一样，有时候走廊里都睡了病人。如果环境不改变，那么我们的城市在发展中一定会碰到很多阻碍的。

世界上很多城市在发展过程中也出现了千城一面、城市面貌趋同的问题，以及许多社会问题。1993年10月，第一届新都市主义大会在美国弗吉尼亚州的亚历山大市召开。大会主张：邻里的功能和人口构成的多元化；行人、公共交通和私人交通在城市中具有同等重要的地位；都市地区的建筑与景观设计应当彰显当地的历史、气候、生态和建筑经验。全国的建筑不管是哪种气候都大量采用玻璃幕墙，我们以为这是现代化，但其实是对能源的浪费。20世纪70年代末，特别是石油危机以后，国外很多城市都不再应用大面积的玻璃幕墙。例如，日本的东京就没有几幢是全玻璃幕墙的建筑。新都市主义的口号是：为重建我们的家园、街道、公园、邻里、街区、城镇、地区和环境而奋斗。在欧洲、北美许多城市的一些地区，邻里之间的关系已经很疏远了，城市里的居住区是按照人种、收入划分的，没有一种多元的融合，也带来很多的社会问题。

（三）新都市主义关注当代城市问题

20世纪70年代以后，欧洲和北美的许多城市出现了内城的衰退，郊区扩张的无序蔓延，社区中日益严重的以人种和收入水平来划分居住区，空间环境的退化，农田和郊野的消失；建筑遗产被破坏等。这些问题也应当引起我们的重视。法国巴黎在2006年发生的郊区动乱，也是因为郊区的建设没有考虑到人的因素，也是因为郊区的差别很大，也是以人种划分，没有很好的福利设施等等。

问题的原因在于人口统计、土地消耗等不考虑自然及自然极限，在一些情况下，政策鼓励建筑低密度和无计划蔓延。街道设计忽视人性化需求，城市空间和天际线无序发展，规划法规不顾及不同区域的气候条件和传统，导致所有社区呈现相同的景观和城市面貌等。这些年来城市的建设特别是上海，还是存在不少问题。我经常批评上海的城市空间形式是追求利润的结果，大家都要追求容积率，为了追求最大的面积，建筑歪歪扭扭，弄得建筑与街道的关系别扭，缺少了城市的人性化空间。

1.后都市主义(Post Urbanism)

有许多人都提出了后都市主义的城市概念，后都市主义的城市是最为异质化的城市，不再是那种理想的、统一规整的，然而缺乏人性的城市。由于后现代主义是反现代主义的，后都市主义也是反城市化的。意大利作家伊塔洛·卡尔维诺在《看不见的城市》中描写了后现代主义的城市："一种可以推衍出一切其他城市的模型……那是一座由各种例外、排斥、冲突、矛盾造成的城市。如果这种城市是最不可能存在的城市，借助渐渐减除各种元素的数目，我们就增加了城市真正存在的可能性。所以，只要从我的模型删除例外，在我推进的任何方向，我都会抵达那些总是作为例外而存在的城市。但是，我的操作不能推到某个界限以外：我会得到可能性过高，反而不存在的城市。"

2.再都市主义(Reurbanism)

再都市主义是指城市的有效再开发，注入活力，活跃人们的城市生活，并再度焕发城市的生命力。比如德国的汉堡，在2003年推行跨易北河发展，要利用原来的港口、码头、仓库使城市再生。注重城市设计，注重城市历史建筑的保护，在城市中建设购物中心、博物馆、音乐厅和体育设施等。

3.城市再生(Urban Regeneration)

城市再生指的是城市局部地区的更新和开发，尤其是复兴城市中心地区的活力。二战时期欧洲的许多城市被地毯式轰炸夷为平地，到现在还能看得出衰退的场面，要让中心城市再度发挥活力。

（四）理想城市

古代历史上很早就有对未来理想城市的追求，13世纪末建造的意大利的锡耶纳市政厅的墙壁上有一幅很长的壁画，一半描绘的是良好政府管辖下的城市，另外一半描绘的是坏政府管辖下的城市，政府的管辖对城市的发展是有充分意义的。古代一直也有理想城市的建设，包括空想社会主义、乌托邦城市，都是不同的对未来城市的理想追求。如英国的田园城市，与自然环境保持联系。未来主义在20世纪初提出立体的城市才是未来的新城市，城市里有立体的交通。德国提出“高层建筑城市”，法国提出“光辉城市”的设想，完全不考虑城市的历史和文化遗产，把历史建筑变成地面的基础，城市建造高层建筑，高层架空平台将建筑联系在一起（图4），这样的模式成为我们今天追求的理想模式，其实是抹杀了人的创造性，抹杀了城市的特色，当时的人们认为这是国际式，所有的城市都应该走这样的道路。

世界的发展非常迅速，1900年的美国几乎没有人在家中使用电，几乎没有普通百姓用电话，也没有收音机、电视、空调和冰箱等电器。这些电器一直到1933年芝加哥世博会后才出现。当时第一架飞机还未上天，几乎没有人拥有汽车，50%的人住在农场，而今天只有2%的人住在农场。美国人的平均寿命是46岁，现在的平均寿命是77岁，寿命延长的30年中，有20年得益于更加干净的水质。我们现在的城市是把美国郊区城市作为一种模式，郊区也大力发展居住，也在大规模地发展购物中心。

1939年举办纽约世博会的时候，提出了设想的未来都市景观，城市的道路红线宽达100m，高速公路从城市中心穿越，汽车以每小时100英里的速度飞驰而过，当时被认为是对未来汽车时代城市的追求（图5）。七八十年过去了，我们现在很多城市还是把这个模式当成我们的追求，在一些仅20~30万人的城市中，道路红线却达到了100m！我们现在还把小汽车的发展作为现代化的标志，忽视公共交通的发

图4　法国1930年的光辉城市规划

图5　1939年纽约世博会设想的未来汽车城市

展。我前几年去广州，广州提出每户一辆小汽车。现在提出这样的口号，是不是符合中国的现实？

2010年上海世博会以城市作为主题，其实历届世博会都在探讨未来城市是什么样的，对未来城市都有各种各样的设想，往往都集中在未来的城市交通，很多都是幻想，都是乌托邦。也有局部实现的实例，比如英国伦敦在金丝雀码头建造了新的中央商务区，提出了中央活动区的概念，把城市多元的功能扩大，不再仅仅是商务区的概念，还有人们的生活性的活动。在伦敦每天可以看到100场左右的剧院演出，还有许多广场的演出，同时有几十场各种各样的展览，伦敦成为世界上最适宜居住的城市之一。德国汉堡在2003年发展港口城，提出跨易北河向南岸发展，也是利用原有的条件。易北河沿岸过去是重工业地区，布满了工厂、码头和仓库，现在也有重工业，包括空客380的总装就在易北河畔。现在考虑城市的发展，利用原来的仓库，也是不拆除建新的，而是利用原来文化的延续。

西班牙的巴塞罗那这座城市很有代表性，城市抓住发展的每一次机遇，不断转型。在筹办1888年世博会时，对海滨地区进行了改造，以后又有1929年世博会，1992年奥运会，使城市在不同时期有不同的发展，每个时期集中一块地方，使城市成为世界上最宜居的城市之一。他们很善于学习，2004年，巴塞罗那市的总规划师访问上海，参观了上海城市规划展示馆，看了我们的1∶500的模型后，他们也搞了个1∶1000的模型，但他们的模型从总体上把握城市空间，更能反映总体的关系，不在于市民能不能从模型上看到自己住的房子，而是更宏观地表达城市未来的发展。巴塞罗那

图6　巴塞罗那的城市总体模型

城市的东部海滨地区，原先是化工厂、炼油厂和电厂集中的工业区，现在改造成为休闲的沙滩、国际会议中心、大学城、公园和动物园等。他们的总规划师自己先做一个方案，先想明白城市需要什么，然后再进行国际方案征集，这样做出来的规划就比较切合实际，能够指导城市的发展（图6）。

我们国内有些城市还没有想明白自己要什么就去搞国际竞赛。上海有个地区面积大约为5km^2，没有拟定任务书，没有想清楚就去邀请十家国际设计事务所征集方案，这其实也是浪费国际资源。首先我们自己要想明白，人家才能帮助你。

图7　毕尔巴鄂的未来景观

西班牙的毕尔巴鄂是一座古老的城市，到20世纪50年代才开始实现工业化，现在跨入了后工业化时代，50年代建造的码头、工厂和仓库占据了滨江地带，不能适应后工业社会的需要，进行了改造。毕尔巴鄂是滨江城市，跟上海有些相似，城市中心到大西洋有十几公里的距离，沿河的工厂、仓库得到改造，改造成中央商务区。今天的毕尔巴鄂希望将来成为欧洲的商务中心，城市虽然小但有雄心壮志，希望能够表达自己的价值观念（图7）。

图8　今天的清溪川

韩国首尔的清溪川在20世纪50年代是条臭水沟，有点像北京的龙须沟和上海的肇家浜，在20世纪80年代"四小龙"大发展的时期，为了发展交通把这条河填掉，建了高架路。现任总统李明博担任首尔市长的时候，利用首尔的谐音，城市的口号是成为亚洲的灵魂，把高架路拆掉恢复河道，修复生态环境（图8）。汉江以北地区比较落后，一直没有发展，现任市长提出要发展汉江北岸，不是直接去发展，是通过改善环境，将三个山头从私人手里买回来，变成城市的公园，带动了整个地方发展，所以每个城市都应当根据自己的特色进行发展。

意大利的小城市卢卡还保留了历史上的城墙，20世纪80年代我去参观的时候，城墙作为高架道路，城墙上开汽车，解决了交通问题。2008年我去的时候，已经完全改变面貌，城墙上面变成了散步的地方，可以骑自行车，汽车不能开上去了。这些城市都是想办法改善人民的生活条件创造与众不同的环境，这其实是观念问题（图9）。我曾经去过意大利的古老山城卡尔卡塔，那里还保持着原来的状况，房子像从石头里长出来，城市从山上生长出来，房子里的生活已经现代化了，住家要扩大空间

图9　卢卡的城墙

就往地下去，利用地下空间，非常注重整体环境的保护，新的发展都在城外。中国也有很多利用地形的例子，例如山西的悬空寺，也有许多的创造，如园林的创造等。

（五）城市化进程

美国社会学家路易·沃斯（Louis Wirth，1897–1952）在《作为一种生活方式的都市主义》中说："城市化不再仅仅意味着是人们被吸引到城市、被纳入城市生活体系这个过程；它也指与城市的发展相关联的生活方式所具有的鲜明特征的不断增强；它还指人群中明显地受城市生活方式影响的变化。"城市化不仅是城市人口占全国人口的统计比例，而是意味着城市与人、城市与文化、城市与经济、城市与社会等许多深层次的方面。

2010年上海世博会的主题与城市化是密切相关的，我们现在城市化程度是51%左右，希望到2030年达到60%。有些经济学家说城市化能带动经济的发展，我觉得似乎有点本末倒置，城市化是经济带动的结果，相互之间当然会有促进，但本与末是不能倒置的。全国在发展过程中的造城运动是受这个影响的，希望造了城能带动经济的发展，带动GDP。但是我们想想现在的城市化是不是为了农村人口进入城市做准备的？

很多新城发展的定位都是中高档，把原住民迁出，让有钱人进来，而不是让每年1000万到2000万的农村人口进城做准备的。这是不是一种错位？全国到处都有新城，动辄就是几百平方公里，甚至上千平方公里，占据大量的土地，有没有从深层次思考中国的城市化需要怎么样的城市？许多新城与老城完全隔离，很多开发区、新区与城市都没有关系，这样的发展影响了城市的发展，城市应该有文化的根基。上海在松江搞了个大学城，当时要搬一个艺术设计大学去松江，我是持反对意见的，学生搬到那里去要变傻的，在那里远离城市，远离生活，他们的创意从哪里来。另一方面，城市也失去这些艺术家的活力，大学生在城里办展览，做调查，搞演出等等，可以带动城市的活力和生活。上海有许多老厂房，我曾经建议能不能让设计艺术学校办在那里，让这些学生在里面学习和生活，他们在里面可以演戏、办展览、搞创作。但政府官员告诉我，政府的预算不能改造这些，只能用于新的投资。我觉得是不是有种误区，我们的体制阻碍了创造性。我们利用老厂房做创意的东西，或者造住宅、医院、博物馆其实也是种创造，为什么一定要造新的东西才是一种创新？

到2007年，全世界50%的人口成为城市人口，所以21世纪是城市的世纪。中国在申办2010年世博会的时候提出的主题是城市。世博会要申办成功有两个非常重要的因素，一是主题，二是选址。如果主题是全世界都关心的问题，大家就能够接受，选择的世博会场地应当对城市发展产生促进作用，利用废弃或城市转型地区来发展的话也会引起国际上的重视。所以提出城市作为主题，在当时也适应了21世纪是城市的世纪的历史性的转型。英国伦敦在1851年举办世博会的时候，英国的城市化率是50%，当时欧洲的城市化程度只有10%，所以英国引领了当时发展的趋势。上海世博会的主题考虑到城市，考虑到城市的生活，如何构建和谐的城市生态环境是世博会主题演绎的核心价值之一，对于城市的生态和社会的生态环境是全世界都关心的问题，这也是上海世博会申办成功的重要因素。

今天的中国有7座城市的人口超过1000万，100万以上人口的城市有175座，而欧洲至今只有66座人口超过100万的城市。发展中国家成为城市化的主体，就这个事实而言，中国的城市化问题会影响未来全世界城市的发展。2010年上海世博会对未来城市的探讨，将给人类社会留下许多宝贵的遗产。上海的人口发展也非常快，今天已经有2300万人口，已经接近墨西哥城的规模了。

(六)城市环境

城市的发展还要注重环境的保护,日本建筑师安藤忠雄说:“就全球环境观而言,建设一个可持续发展的社会就是真正的创造性。环境保护的概念似乎很保守,与创造性似乎有些冲突,然而事实并非如此。迄今为止,没有哪一个现代国家成功地实现一种人类与其他物种共生的社会,每个社会都对环境施加了负面的影响。要不了多久,以消费为主导的现代文明就会走向末日。建筑师必须懂得,如果我们不提高自觉性,人类就会处于灭绝的边缘。”我们现在的社会资源浪费的现象非常严重,土地、能源等浪费都是值得我们思考的。

1.城市环境涉及的方面

城市环境涉及六个方面的问题:一是城市的自然和生态环境,包括绿化环境、大气环境、水环境、废弃物处理、污染治理等,是人和城市的生存状态,涉及人与自然的关系。

二是城市的社会人文环境,包括文化、艺术、教育、新闻、出版、体育、科学技术事业等,涉及人与社会、人与人的关系。我们的社会人文环境还存在不少问题。我看了一份材料说,根据2009年的统计,北京有1800家书店,平均每平方公里有0.11家书店。书店一半的柜台里的书都是教你怎么做生意,怎么赚钱。这其实不是一个很好的文化生态环境,我们中国人几乎人人经商,人人都想变富。伦敦有2904家书店,每万人拥有3.87家,每平方公里拥有1.08家。纽约有7298家书店,每万人拥有8.88家,每平方公里拥有9.30家。东京有4715家书店,每万人拥有3.75家,每平方公里拥有2.16家。巴黎有6662家书店,每万人拥有5.84家,每平方公里拥有0.55家。

我曾经看到温州的一个广场上挂出一条标语“一夜致富不是梦”,就想一下子变富,没有想过用长远的创造精神使人致富,而是用各种手段去做,这跟我们传统的价值观念、伦理道德是相违背的。

三是城市的空间环境,包括城市硬件环境、基础设施、建筑、公共空间、城市交通等,涉及人与空间的关系。

四是城市的生活环境,包括住房、生活方式、生活质量、儿童和青少年的成长环境等,涉及人与生活的关系。

五是城市的行政环境,包括管理体制、司法、安全、公众参与环境、执业制度等,涉及人与政府的关系。

六是城市的经济环境，包括城市的可循环经济、产业结构、能源、资源环境等，涉及人与经济的关系。我们谈到的城市环境不单单是自然的环境，还有各方面的因素。

2.绿色与生态建筑

现代大都市是环境和生态问题的核心，如果不注意会影响到个人和整个地球。欧洲议会1990年发表的《关于城市环境的绿色文件》，是唤醒环境意识的一个转折点。生态环境保护的核心是致力于建立一个广泛的体制，以便对种类繁多的环境问题，从能源到噪声，从全球变暖到水质污染采取一致行动。我们现在城市的噪声非常高，没有安静的环境，百货商店、理发店里广播的声音开得非常响，沿马路的商店为了招揽生意，扩音器声音开得很大，再加上汽车喇叭声，城市的噪声使得我们的听觉衰退了。最近，上海发生了一件刑事案件，公共汽车上的电视声音很响，一位乘客让公交司机将声音开小一点，司机没有理睬，那位乘客就用刀将公交司机捅死。2004年我去挪威开会，晚上在城郊吃饭，吃完饭发现晚上的星空是那么的美，空气非常好，纬度又很高，可以看到无数的星星。由于空气和灯光的污染，我们现在在城市里已经看不到星星了。这样还能培养得出天文学家吗？我们现在问中学生有多少人愿意做天文学家，他们大概都不知道什么是天文学家，因为看不见星星了。上海有一个时期觉得城市不够亮，在办公楼的窗户外面再加一盏灯，并没有反映城市的经济活动，只是一种造假行为。改善城市的环境，特别是改善能源消费所产生的负面效应，将对世界的生态系统产生重大的积极影响。

《绿色文件》列举的重要领域跟城市规划有关的是放弃土地使用中的地域划分原则，采取可以激励混合使用和更为密集发展的政策。现行的规划条例里还有一些问题，我们并不鼓励混合使用，总体规划的土地利用没有考虑混合利用，与我们的政策有很多关系。此外，要保护好城镇和乡村的历史文化遗产和景观。

欧盟于1992年2月7日签署的《马斯特里赫特条约》，对未来的建筑实践有着广泛的影响。关注环境的可持续发展和没有通货膨胀的增长。满足现在需要的发展，而且不会剥夺后代满足他们需求的能力。提出了两个关键概念：未来和资源保护。

对城市来说需要建造促进吸引人，生活方便的城市地区，使人们乐于在其间生活和工作；鼓励在有可能减少能量消耗的地方开发新建筑；鼓励城市土地和建筑再生，对被遗弃和被污染土地修复后加以利用、进行开发或者作为露天场所；综合开发，把维持乡村经济和保护乡村的风景、野生动植物、农业、森林、娱乐以及自然资源价值等相结合；在那些对开发进程感兴趣的人当中，促进对可持续发展的理解。

3.可持续发展的设计原则

对于城市而言，可持续发展的设计崇尚简洁和俭朴，尽量减少街道上的交通工具，增加郊区的建筑密度，集约使用土地，努力使城市地区更适于人类居住。注重土地的混合使用，紧凑开发，集中开发靠近公共交通站点的地区。合理确定建筑规模，建筑形式和布局应考虑节能和生态，重视向自然学习，将“绿色”作为重要的设计目标。广泛使用可再生能源。合理使用材料，尽可能使用当地的材料。高效率用水，充分利用中水，景观设计应当考虑低维护费用。充分利用和保护用地上的植被，为垃圾回收创造条件。考虑设计的耐久性，建筑构件的可循环使用，避免制造建筑垃圾。防止潜在的健康危险，充分利用旧建筑，有意识地延长建筑的使用寿命。保护土地、森林、矿产、水资源等。

4.可持续发展城市的内涵

采用理性的城市发展战略，提高城市的效率，城市的发展应当结合自然和人文社会环境。注重美好的城市生态环境，维护安全、清洁、健康的城市环境。推进有效的废物回收和生态循环系统。采用适合环境保护和节约能源的交通系统，减少污染，进行有效的城市管理，对相邻地区的环境，为全国和全球的环境做出贡献。

5.创意产业

城市与文化有关系，与创意产业也有关系。城市都说要发展服务性产业，但目前我们的服务业太单一。上海现在有80个左右的创意中心，成功的大概只有20个左右，大部分变成了商业，真正有创意的东西其实很缺乏。艺术设计、建筑设计都属于创意产业，创意产业还包括：艺术、音乐、影视、广告、出版、观演艺术、动漫、软件、数字化娱乐、广播、摄影、服装设计、手工艺、文化遗产、博物馆、文物、古董等。

2011年2月13日，国务院学位委员会通过了一个新的一级学科专业目录，把艺术设计归到艺术类。以前的艺术设计是放在机械类的，把它当做是机械的一个组成部分，艺术设计其实是非常需要创意的，但我们过去把它局限在硬件的东西里。城市应该发展多方面的产业，要注意形象。在讨论世博会后续发展的时候，我们讨论到什么是上海的文化地标，历史上有许多文人、艺术家，还有许多教育家，现在我们的文化地标是什么？举不出很多的文化地标来。上海要搞100个创意中心，如果没有文化的支持，没有创造性的支持，没有创新能力的支持能搞出100个创意产业中心吗？上海在大力发展博物馆，要建立100个博物馆，浦西的世博会园区要建设文化博览区，这是很有生命力的举措。上海的博物馆可能是一个文化地标，上海的图书馆、美术馆、大剧院等都是文化地标，但这几年还是少了点。我们还是要考虑到长远的发展。

搞文化产业、搞创意产业都会有一定的风险，比如复制不适宜的战略和策略，会带来失败。产业与经济增长无关，脱离本土文化，缺乏艺术性，富豪化，创造性设计与城市景观的冲突等。上海的创意中心过去都是工业厂房，应当利用这些工业遗产。所以规划部门发文，规定不能改变产业性质，可以做第三产业，不能拆掉变成住宅。2004年我们和人民日报的记者一起去考察，当时的田子坊已经有14个国家的人在这里创业，用中国的元素创造的新的品牌，在国际一些大百货公司都上架了。包括陈逸飞、尔冬强等很多艺术家都在这里开画室和工作室，也有很多建筑师、设计师事务所落户这里。在2004年要把它拆除建高层建筑，因为当时的田子坊在经济上没有效益，没有税收交给政府，所以政府决定要将这块土地动迁和批租出去建高层住宅。我们当时就在问一个问题，为什么服装节要在大连举办而不在上海举办？上海在解放前是时装的中心，为什么我们上海不能搞设计节、动漫节等各种各样的节庆？最后总算保下来，2006年还成为最佳创意产业园区。我觉得这种东西都是新生事物，看上去是老房子，但原来的居民还住在这里，保持了上海原来的活力（图10）。上海

图10　上海的泰康路田子坊

还有8号桥也是利用原来的工业厂房进行改造；南京路步行街的改造也是利用历史建筑的保护来进行的。上海对历史文化风貌区的保护也很重视。如新天地的保护改造，有它的特点，我们也不能说这是唯一的模式，可能只是其中的一种模式，各个城市和地区要根据自己的特点创造出适合自己特点的模式。

三、上海世博会与创新

下面我结合2010年上海世博会讲一讲创新。世博会有句口号："一切源于世博会"。很多最新的发明和创造都首先在世博会上亮相。世博会的价值在于创新和进步，展示人类的成果，展示人类面临的挑战，以什么去应对挑战，其实是面临着过去，面临着现在，面临着未来，完全是一种创新。世界上新的东西都是先拿到世博会上展示再推广的，包括新思想、新建筑、新结构和新材料，世博会的实验性建筑很难搬过去直接应用，但带有一种理念，结构、材料对未来会产生促进作用。上海世博会开辟了城市可持续发展时代，英国伦敦1851年世博会开创了工业化时代，其他一些世博会也开创了原子能时代、太空时代、信息化时代、环境保护时代等等（图11）。

图11　上海世博会全景

上海世博会与城市的发展有密切的关系，也许这届世博会没有一项突破性的技术，但带来了很多整合的理念，是一种系统性的整合，包括建筑上应用的材料、展示技术等都有很大的突破。

我们在主题演绎的时候应用了希腊哲学家亚里士多德的一句话："人们聚集到城市，他们之所以聚居在城市，是为了过美好的生活"。联合国人居组织1996年《伊斯坦布尔宣言》说："我们的城市必须成为人类能够过上有尊严的、身体健康、安全、幸福和充满希望的美满生活的地方"。这届世博会的主题是宜居城市与和谐生活，我们解放后提倡的是先生产、后生活，经过60年能把生活作为主题，这是一个非常大的变化。

对于精英来说每个城市都是宜居的，但对于大多数人来说却不都是宜居的，应该让精英宜居的城市变成大众宜居的城市。今天的上海在教育资源、交通和基础设施、医疗卫生资源、绿化环境资源等方面还有2/3的地区是低于平均水平的，上海还有一百多年来留存下来的上只角和下只角的差异，文化水平、生活水平的差异。我们要使各个地区都能得到改进，都能成为宜居的城区。例如孟买，这个城市的贫民窟世界闻名，但是孟买也是世界上十大最有钱的人聚居的城市。要让所有

的人都过上这种有尊严、健康、安全的生活，而且这种生活是让所有不同职业、不同阶层的人都能宜居。我认为我们的人才观存在一些问题，现在普遍认为有高学历的、有高职称的才是人才。其实所有的人都是人才，比如我们这里在座的领导去北京开两会，在北京开两个星期的会，城市照样在正常运转。但城市里有些人一天不上班，这个城市是运转不下去的，比如垃圾工人休息一个礼拜，这个城市就瘫痪了；小学老师一天不上班，学校就混乱了；医院里没有护士、值班医生的话，也是不行的。其实城市是需要各种类型的人才的。在国外，会请普通消防员去学校为学生做报告，这也是为城市创造财富，也是为城市更好运转。我们这里希望请有才华、有成就的人来做报告，虽然需要，但我想应该是综合性的，不要让人们觉得只有高学历、高职称的才是人才，其他的不是人才，我觉得我们要改变这种观念，为我们城市的发展带来不同的思路。

上海世博会的场地原来都是工厂、仓库、码头，有两万多户人家、三百多家企业，当初有些地方是很糟糕的。2002年迎接国际展览局的人考察的时候，对于这些地方我们曾争论要不要把国际展览局的人带到这里来看。我反对，我们都解放了50年了，还有这么可怕的地方，这种地方的人还在吸毒，进出都有问题，最后我们还是把他们带到口子上看了看，没有到里面去。这个地方是工业废弃场地，是产业重组和城市空间结构重组的典型实例。世博会的选址本身就是一种主题的演绎，是一种可持续发展的、推动黄浦江两岸的改造，对于滨江带由生产性岸线转变为公共开放空间，起了非常重要的作用。原来这么多厂房，很多都是生产车间，也有产生污染的工厂，包括化工厂，土地要清除污染。这个区域里有不少历史建筑，江南造船厂就有四幢历史保护建筑，包括中国最古老的船坞。通过这次世博会都得到改造，大概有30万m^2的展馆是利用原来的厂房改造的，这也是可持续发展的一种表现。

许多展馆建筑都代表了文化的创新，希望把外国的文化跟中国的文化结合起来。比如波兰馆，中国有剪纸，他们也有，用波兰剪纸的图案产生一种沟通（图12）。西班牙馆用藤条的编织作为表面的材料，中国有编织的篮子，西班牙也有，这就是一种文化的沟通。墨西哥馆用风筝作为母题，中国有风筝，墨西哥也有，所以建造得就像一个风筝一样。卢森堡馆，中国人把卢森堡翻译成为森林和城堡，所以卢森堡馆的造型就是森林和城堡的结合。许多展馆都希望跟中国文化有一种沟通。

这届世博会创造了很多的世界第一。首先，参观者最多，达到7300万。原来申办

图12　波兰馆

的时候提出的预期目标是7000万参观者。有许多人认为，现在是信息时代，不需要面对面的交流，当时美国曾退出国际展览局。这次上海世博会承诺要吸引7000万的参观者，把大家的兴趣都提起来了，所以中国2010年世博会申办成功跟这个7000万是很有关系的。到2010年10月24日上午十点，已达到了7000万的参观人数，到最后一天结束是7300万人。这届世博会有最多的参展方，达246个，当时申办的时候承诺是200个以上的参展方。有最多的各个国家的自建馆，达45个。以上的数据都超过了历届世博会的记录。各类展馆建筑都十分精彩。2000年汉诺威世博会有许多很好的展馆，但是那是十年以前的建筑，很多展馆都是利用老建筑，新建建筑的数量远远低于上海世博会。而2005年爱知世博会基本上是在标准展馆的外面做一层立面，没有太多建筑的创造。

上海世博会有45个自建馆、42个租赁馆、11个联合馆、18个企业馆，所有展馆都很有特色。全球有50个城市在城市最佳实践区展示他们在创造美好城市中的创意。如巴西圣保罗，原来城市里的广告乱七八糟，现在加以整治；成都的活水公园，利用河道的活水使得中水能够得到处理；台北的垃圾处理做到垃圾不落地等。这些案例对未来城市发展起了非常重要的作用。中国馆是第一次由中国建筑师设计的中国馆，具有里程碑意义。以前的中国馆都是广告公司设计的，贴一些京剧脸谱，贴一座

图13 上海世博会中国馆

牌楼，外国人怎么看中国建筑就怎么做，这样做其实对探讨中国的建筑文化是不利的。中国馆建筑的寓意是“东方之冠，鼎盛中华，天下粮仓，富庶百姓”，主题是“城市发展中的中华智慧”（图13）。

这届世博会有许多建筑都是中国建筑师担纲设计的，世博中心也是中国建筑师的作品。当时我提倡要让中国的建筑师在世博会上唱主角，有领导问我这样怎么体现世界一流？我就说中国建筑师为什么不能算是世界一流的？只有外国建筑师才是一流的？外国的建筑师在世博会上有很多创造的机会，各国的自建馆都是他们的建筑师设计的，都代表这些国家的最好水平。其他的建筑，就应该让中国建筑师唱主角。世博文化中心是中国建筑师设计的，条件要求十分苛刻，开始要求这个建筑在世博会开幕的时候不要是一片工地，后来又说世博会期间要把建筑外形建设完成，后来又加码说世博会期间要基本建成，再后来又要求开幕式和闭幕式在这里举行。所以在不到两年的时间之内要把各种技术整合，中国的建筑师和建筑工人确实很了不起，这也是种创新。以前中国没有这样的技术，世博文化中心的座位要能灵活移动，要适应不同演出形式和各种人数变更的需要，这些技术全是中国建筑师和工程技术人员创造的（图14）。

图14 世博文化中心

世博会评了许多奖，根据展馆的规模和类别划分为A、B、C、D四类奖项，每一类又分为展馆设计奖、创意展示奖和主题演绎奖。A类展馆设计奖有金奖英国馆、银奖韩国馆、铜奖西班牙馆，这些建筑都有创造性，但是好比时装是不能穿在身上在马路上走的。像英国馆，外面有亚克力管，每根管子里面有一颗种子，世博会结束后这些种子将传遍世界。韩国馆的主题是和谐城市、多元生活，韩国馆将建筑架起来，让人们在下面排队时，既能遮荫，也能观看演出。西班牙馆、法国馆、俄罗斯馆、意大利馆、沙特阿拉伯馆作为永久建筑保留下来了。A类创意展示奖有金奖沙特阿拉伯馆、银奖日本馆、铜奖印度尼西亚馆。沙特阿拉伯馆是排队时间最长的，有最大的3D电影。A类主题演绎奖有金奖德国馆、银奖俄罗斯馆、铜奖法国馆。德国馆很有创意，有声控的球，会变颜色，根据声音的大小移动。俄罗斯馆通过儿童的眼光看待世界。法国馆是把最能代表法国的东西拿过来了，有烹饪、印象派的画、时装、鞋子等。

B类展馆设计奖有金奖芬兰馆、银奖挪威馆、铜奖丹麦馆。芬兰馆的外立面是用经过处理的纸板做的，用冰壶作为主题。挪威馆是用木头建造的，将挪威的大自然景观展现在展馆上。丹麦馆可以骑自行车上去，“小美人鱼”第一次出国。这些场馆非常好地把自己的文化通过建筑这样的符号展示出来。B类创意展示奖有金奖瑞典馆、银奖波兰馆、铜奖摩洛哥馆。瑞典馆把城市展示在建筑的外观上。B类主题演绎奖有金奖智利馆、银奖新西兰馆、铜奖爱尔兰馆。C类展馆设计奖有金奖葡萄牙馆、银奖匈牙利馆、铜奖希腊馆。C类创意展示奖有金奖斯洛文尼亚馆、银奖捷克馆、铜奖卡塔尔馆。C类主题演绎奖有金奖阿尔及利亚馆、银奖土耳其馆、铜奖秘鲁馆。D类创意展示奖有金奖太平洋联合馆、银奖列支敦士登馆、铜奖约旦馆。D类主题演绎奖有金奖毛里塔尼亚馆、银奖塞浦路斯馆、铜奖佛得角馆。

有些展馆还是很优秀的，像意大利馆，把最好的东西拿过来了，很可惜没有得什么奖，意大利馆在世博会期间还组织了一百多场论坛，是所有展馆中最多的。荷兰馆是用快乐街跟上海文化的对应。美国馆很受欢迎，这次美国旧金山提出要申办2020年世博会。船舶馆很好地利用了原来的建筑，世博会后要变成中国的造船博物馆。城市最佳实践区有50个城市的最佳案例，这些案例都经过了与中国现实情况的整合。罗阿大区案例馆展示了50种玫瑰花，玫瑰花是从中国传到欧洲去的，但是欧洲人把它培育出了许多品种，又送回中国。上海馆沪上生态家里有很多新的技术，如遥控技术、智能技术，同时又是生态环保的（图15）。伦敦零碳馆也适应了中国气候的改

图15　沪上生态家

变。马德里的廉租屋是给低收入家庭住的房子，但是请最好的建筑师设计。汉堡之家能保持25℃的温度，不用空调。

中国被一些外国人形容为“一张可供创新的神奇空白画布”。2002年北外滩国际设计方案征集中，有一位国际建筑界泰斗级的建筑师，在北外滩这个城市历史地区进行规划时，试图在上海实现他最近关于生态建筑的新理念，提出了建设生态城市的构思，仿佛这个地区处在一片原生态的郊野，可以开挖出许多河渠和湖泊。如果采纳这个方案并实施的话，我们的历史街区和历史建筑将很快消失。美国有一位建筑师说在中国“你可以看到别的国家脑筋清楚的人不可能会盖的东西”。中国变成了外国设计师的实验场，我们应该反省一下，实验性是不错的，我们应该提倡建筑的实验性和先锋性，这是一种创新。但是城市不是1∶1的积木，我们把城市当足尺的玩具和积木搭起来，像上帝那样从空中看很不错，但应该让城市从生活的空间，从地面上看很不错，才是正确的，这是我们生活在其中的城市，不是观赏品。我们应当促进思想上的实验，提倡实验性和先锋性，努力创造具有世界性批判意义的优秀建筑。建筑不像物理或化学实验室，可以为一个结果做无数次的试错性实验。建筑的实验包括理论的探讨和方案的探讨，应当先想明白了再做，意在笔先，进行的是理性的实验，是有目标的实验，是理论指导下的实验。

我们中国现在已经成功举办了奥运会、世博会、亚运会，对中国的理念，社会的发展一定是很有促进作用的，我们的眼光已经接触到全世界。世博会也是世界文化的交流，通过这次世博会大家会认识到文化交流是非常重要的，而是需要面对面的交流，让城市文化促进我们的创新。

王　凯

中国城市规划设计研究院副院长，教授级高级城市规划师，清华大学工学博士。兼任建设部专家委员会委员，国家开发银行专家，中国城市规划学会理事。

我国区域规划、城市发展战略方面的专家。主持并参与了《全国城镇体系规划》、《北京城市总体规划》、《杭州城市发展战略规划》等。其中参与主持的“北京城市总体规划”获国家优秀设计金奖。国家“十一五”科技重大支撑项目专家，主持并参加《中国城镇化发展速度与质量的评价和预测研究》（科技部）、《我国大城市连绵区的规划与建设问题研究》（中国工程院）、国家标准《城市用地分类和规划建设用地标准》等。合作出版著作四部，发表论文20余篇。

国际城镇化趋势和中国特色城镇化道路选择

近年来，受国家住房和城乡建设部的委托，我们对城镇化和中国特色城镇化道路的选择做过一些研究，我把一些体会与大家分享。

今天讲5方面问题：第一，城镇化概念和一般规律。第二，国外城镇化的几种模式。虽然我们走的是中国特色城镇化的道路，但也要对世界各国城镇化所经历的历程和走过的道路做些了解。第三，简单介绍中国城镇化的背景和发展态势。第四，对新时期中国特色城镇化道路的选择谈谈自己的看法。最后，简要地对做好城市规划工作谈几点建议。

一、城镇化的概念和一般规律

（一）城镇化的概念

城镇化现在是全国上下非常热的话题，上至中央领导，下到地方干部都在谈论这个问题。简单地说，城镇化就是农村人口进入城市的过程，城镇化率就是城镇人口占总人口的比例。如果把这个过程从学术角度说得稍微复杂点，就是"城镇化是以农村人口比重下降和城镇人口比重上升为表征，以产业结构从农业经济向工业经济、社会结构从农村社会向城镇社会、人类聚居场所从农村形态向城镇形态转化为本质的演进过程"。这段话是2005年中央政治局学习城镇化的主题会上，北京大学周一星教授给胡锦涛总书记等中央政治局常委上课的一段话，是目前对城镇化的综合表述。

现在社会上上下下为什么这么热地谈城镇化问题?因为城镇化是工业革命以来人类文明的大趋势。从18世纪中叶到20世纪初，西方主要国家已经发展为主要的城镇化国家，特别是第二次世界大战以后，发展中国家随着经济的快速发展，也相继加快了城镇化的进程。现在全世界的城镇化是什么状况呢？根据联合国《世界城镇化展望》报告，2007年全世界的城镇人口比重已经超过了50%，这意味着全世界已经进入了城市时代。

在城镇化的发展过程中，中国的城镇化水平是多少？2010年为49.68%，还没有达到2007年全世界城镇化50%的平均水平，这也是为什么当前社会各界从上到下这么关注城镇化问题的一个很重要的原因。

（二）城镇化的一般规律

1.城镇化随着经济发展水平的提高而不断提高

城镇化和经济发展水平是紧密相关的，也就是说经济发展和城镇化水平的提高是互相促进、互为因果的，那么，工业化发展到一定程度，城镇化水平也随之提高。这就是为什么发达国家城镇化水平高，不发达国家城镇化水平低的很重要的原因。

1957年，美国经济学家钱纳里（H.Chenery）对于世界各国的人均国内生产总值和城镇化水平进行统计分析，发现两者之间存在正相关关系，即人均国内生产总值越高，城镇化水平也就越高。反过来，城镇化的高水平也会促进经济的发展。所以，大力发展经济会促进城镇化的进程；促进城镇化的同时，对经济发展也有一个反作用。

从国际城镇化的实践来看，在过去100多年的历史中，也充分反映了城镇化和工业化的互动关系。所以大规模的经济建设，包括援疆都会伴随着城镇化的过程。2005年，全世界的城镇化水平是49.2%，其中发达国家是74.9%，欠发达国家是45.8%，最不发达国家只有27.7%，这是很显著的特征。

人均GDP3000美元以下的国家，城镇化水平普遍在50%以下；人均GDP在7000美元以上的国家，城镇化率普遍在70%以上，这是世界范围内经济发展和城镇化之间的关系，或者说工业化和城镇化之间的简单关系。

2.城镇化发展呈现出S形增长曲线，不同国家进程不一

根据美国城市地理学家诺瑟姆（R.M.Northam）的研究，城镇化进程按照S形增长曲线分为下中上三个阶段：

第一个阶段是初级阶段。这个阶段工农业生产水平比较低，城市化发展比较缓

慢，这是工业化的初期。第二阶段为中期，工业基础已经比较雄厚，工业快速发展，这时城市化进入加速发展阶段。中国现在就处在这个阶段。为什么这些年全国包括一些发达地区城镇化水平发展这么快，就是因为我们处在发展的快速增长时期。到了后期，农业生产维持社会需要的规模，城市化发展又趋于平缓。到第三阶段，工业经济向服务经济转化。这在一些发达地区已看到了端倪，包括北京、上海、广州，发达地区的大城市已经出现了工业经济向服务经济转变的趋势。

一般而言，城镇化率进入30%以后，该国就进入了城镇化的加速发展阶段；城镇化率到了70%以后，进入相对稳定发展的时期。2010年，我国的城镇化率是49.68%，所以，目前我们还处在快速城镇化的阶段，而且这个阶段还会持续10年到20年。

3.不同城镇化时期对城市空间形态有很大的影响

不同的经济发展水平，对应不同的城镇化发展阶段。

农业时代的城市空间特征是空间扩展非常缓慢，形态变化也比较小；到了工业化时代，工业生产扩张迅速，交通技术日新月异，城市规模随着产业空间的扩展而迅速扩张。改革开放30年来，城市中心区以外的工业区的大发展，交通设施大发展带来了城市规模的扩张，我们有切身的体会。近年来，受高速公路网络不断发达、小汽车普及和中产阶级追求郊区生活环境等因素的影响，城市的蔓延和郊区化的趋势也越来越显著。如北京，严重的交通拥堵和大面积的外围扩张，这都是在发展阶段中碰到的必然问题，也不用回避，世界各国。特别是发达国家也是这么走过来的。

进入知识经济时代，随着交通和通信技术的创新，使城市经济功能可以通过网络和虚拟的方式进行。近年，随着IT产业的发展和网络经济的发展，又有了很多新的变化。包括很多电子交易，老板出差可以通过网上来签字进行合同的签约。在这个背景下，城市的经济空间、居住空间、娱乐商贸空间以网络化的方式在扩展，中心城市外围的节点地区又出现了一些新的发展方式，就是在大城市的周边地区又出现了若干个大大小小的发展地区，形成了城乡一体的新型空间体系。

特别说明一点，在经济比较发达以后，大城市的周边都会出现这个情况。我之所以要强调，是因为我们对城镇化的认识一定要客观，要根据地方的实际发展水平、城镇化的发展阶段来判断城市的发展实际。所以，要分析相对落后的时期、工业化扩展时期和知识经济时代的城市空间形态，选择符合自己客观实际的、合适的发展形态，制定相应的政策。

4.城镇化发展到一定时期，大城市数量增多

从世界范围来看，大城市在过去几十年里是在不断增长。从1950年到1980年，100万人口以上的大城市，由71个增加到234个。随着经济的发展，我国大城市的数量也加速增长，从1949年到2006年，我国百万人口以上的大城市所占的比重从3.7%也增加到8.4%，50~100万人口的大城市所占比重由不到6%增加到13%，这是近年城市发展的动态。

还有一点需要强调，就是城市群。在国家"十一五"规划里特别提出一个概念——城市群，国家"十一五"规划提出"把城市群作为推进城市化的主体形态"，城市群是我国加快城镇化发展的重要载体。应该说，城市群是城镇化发展的一个高级空间形态，不是单个城市，而是一组城市。随着科学技术和交通通信技术的发展，城市的日常社会、经济活动的空间不断扩大，城市要区域化或者叫区域城市化，城市与区域两者是互动的；城市和城市之间的相互联系和影响日益密切。在一定的地域范围里面，大、中、小城市相互交织，形成复杂的城市群；世界上一些自然地理环境优越、区位良好、历史文化发达的高度城镇化地区，出现了城镇群这种高级的空间形态。包括大伦敦地区、大巴黎地区、纽约地区，等等。我国随着经济的发展，逐步形成了长江三角洲、珠江三角洲、京津冀、山东半岛、辽中南、海峡西岸、江汉平原、中原地区、湘中地区、成渝地区、关中平原等城市密集地区，这是过去30年城镇化发展在空间上的重要特征。

二、国外城镇化的几种模式

（一）国外城镇化的几种模式

任何事物的发展都有共同的规律，可以互相借鉴。这里选取了几个比较具有代表性的国家做个简要介绍。

1.英国的城镇化进程

英国是世界上工业化最早的国家，也是最早完成城镇化的国家。在1851年时，英国的城镇人口已经超过了乡村人口，城镇化率达到50%。到19世纪末，英国的城市人口比重增加到75%，1950年达到84.2%，2005年城市人口比重为89.7%。伦敦是世界上第一个人口过百万的近代城市。

英国城镇化的历程对我们有些启示：二战结束以后，随着大规模重建、人口快速增长和小汽车日益普及，英国也出现了郊区化的趋势，特别是在伦敦地区。英国从中央政府到地方政府都采取了一些措施，一是建设环城绿带，增加城市增长的限制条件，即增加一个城市边界。二是建设新城，强调新城居住人口和就业岗位之间的相对平衡，较为成功地遏制了大城市的无序蔓延。英国的新城理论已非常完备。从20世纪50年代以来，英国这样的发达国家也出现过区域发展不平衡的问题。从50年代以后，英国北部的工业地区出现了衰退的迹象，中央政府采取了区域协调的政策，扶持北部区域的经济发展，缓解了区域经济发展的不平衡。

英国是最早把城市规划作为政府管理职能的国家。1909年颁布的《住宅与规划法》是世界上第一部城市规划法律。这对我们城市规划的立法是有借鉴意义的。英国各级政府在城市规划体系中发挥显著的主导作用，不仅制定有关的法规和政策、审批各类规划，而且有权干预城市的开发行为，上级政府监督下级政府的规划编制和规划管理，包括由特派督察员直接受理各地的规划上诉。

2.美国的城镇化

(1) 城镇化进程

美国在1900年城镇化水平达40%，1920年城镇化水平为51.2%。到2010年，已经突破80%。城镇化进程曾经受到20世纪30年代的经济危机的严重影响，包括30年代的经济大萧条。当时通过基础设施的投资促进经济的发展和城镇的建设。这非常像我们2007年金融危机之后，中央政府采取的一些措施。

二战后，州际高速公路网、小汽车的普及、住房贷款计划，使中产阶级家庭不断从城市中心区迁往郊区，郊区化是美国城镇化的重要特征。美国大城市中心区，除了纽约有高楼林立的繁华景象，在很多城市我们找不到中心区，或者说中心区是很衰败的，大量建设都在它的外围，在郊区。

(2) 美国郊区化带来的问题

前段时间我们去美国，跟他们的学者进行沟通，他们也意识到美国在过去50~60年的城镇化里面，这种郊区化也带来很多问题。

第一，城市人口密度降低、土地浪费严重。1940年到1990年的50年期间，城市中心区人口占大都市区的比重则从61.8%下降到40.3%，跟我们相反，美国大城市人口是下降，我们是上升。1982–1997年，东北部人口增长7%，城镇建设用地却增长了

39%。这种情况在中国不会出现，因为我们没有那么多地。

第二，空间发展不平衡，内城普遍性衰退。随着中产阶级家庭外迁，相关的商业服务设施和就业岗位也随之外迁，郊区逐渐成为相对独立的“边缘城市”，而城市中心区则成为黑人和移民等低收入群体的集聚地，出现贫困和犯罪等城市问题。

第三，交通拥堵、能源消耗大。美国是建立在轮子上的国家，能源消耗极大，而且交通拥堵的时间比我们有的地方更严重。美国大都市区车行道平均每日拥堵时段已从1982年2~3小时增加到1999年5~6小时，全年因堵车造成的损失达630亿美元。

(3) 近些年采取的对策

美国的政府包括一些有识之士在反思他们的城镇化道路。比如，提出“精明增长”理念，要求政府对土地开发数量、时机、区位和性质进行调控。美国一些城市包括亚特兰大，通过划定“城市服务边界”来对郊区的发展进行控制。在“边界”以外，政府不再负担基础设施建设费用。美国也提倡城市发展应当优先考虑既有城区的再开发，即旧城区的更新和改造；采取公共交通主导的紧凑集约方式而不是私人小汽车主导的无序蔓延方式。进行政府合作，针对交通拥堵、污染、温室气体排放等特定问题进行非正式的合作，实现跨区域的基础设施统筹。另外，他们最近提出，建立区域性的大容量快速交通系统，重点发展高速铁路网络。

3.日本的城镇化

(1) 城镇化进程

例举日本，一是因为其处在东方，二是日本的人口密度很高，跟我们类似。

从20世纪50年代到70年代，以技术进步为主导的工业高速增长，带动了日本城镇化的加速发展，为大量农村富余劳动力提供了就业岗位，城镇化水平从1950年的37.3%迅速上升到1975年的75.9%，年均递增1.5个百分点。这个增长率非常像我们的发达地区。改革开放30年，如果从全国平均角度来看，江苏、浙江、广东年均增长约为1.5个百分点，全国约为1，不发达地方为0.6~0.8。

日本政府在工业化和城镇化发展中发挥了积极的干预作用，根据人多地少和资源匮乏的国情，以较小的社会和环境代价获得较高的经济发展速度。怎么做的呢?

日本城镇化发展的主要特征就是以大都市为核心的空间集聚模式，实现资源配置的集聚效益和跨越式的经济腾飞。日本做过5次全国性的规划。在1950~1990年间，东京、名古屋、大阪等三大都市圈的人口占日本全国总人口的比重从38%上升到51%，一半人口在这三大都市圈。2000年，三大都市圈以占全国20%的面积（7.14万km^2），集聚了全国64.84%的人口（8229万），集中了全国工业企业的2/3，工业产值的3/4和国民收入的2/3。

所以，不同的国家根据不同的国情，探索城镇化的路径不一样。城镇化没有标准的模式，中国城镇化也没有标准的模式。

(2) 日本城镇化出现的问题

土地与功能问题。人口和产业的集聚使得地价高涨，导致城市中心地区职能单一化、空洞化；东京的商务功能不断向邻近地区扩散，并迫使居住功能转向半径10～15km之外的城市周边地区及远郊地区。

住房与交通拥挤。大量农村人口转移到东京、大阪等大城市，造成住房紧张，穷人居住环境恶化，通勤距离越来越远。

环境迅速恶化。工业排放、交通噪声、垃圾泛滥等在不同时期对环境造成很大压力；"一级集中"与过疏问题：大城市过度拥挤，乡村普遍凋敝。

(3) 主要的规划应对措施

重视国土规划作用，先后五次进行全国综合国土规划。在"五全综"中，提出了建设四大新国土轴的战略构想；疏解了东京职能，推动了东京外围地区的发展。

着力解决住房和交通问题。提高用地效率，并配以高效公交系统的建设，尤其是轨道交通建设。

认真解决生态和环境问题。1967年，颁布了第一部《环境污染控制基本法》，以后陆续颁布了近30部相关法律法规。比如在具体建设行为上，提出了工厂外围设置防护绿带、在工厂和市民的生活圈间添加缓冲地带、推动原有宗地再开发等要求。

这是日本的城镇化，比较有借鉴意义。一是它是高速发展时期，从1950-1970年代；二是它人多地少，人口密度高。

4.拉美和非洲国家的城镇化

这里要讲点反例。为什么要说这个呢？因为一讲到城镇化，很多人包括领导认为，就是城市人口比例的拔高，一年增长几个百分点，把农村人口都弄到城市里来，这种情况在拉美和非洲都出现过，带来了很严重的问题。

(1) "过度城镇化"是拉美和非洲城镇化的典型特征

2005年，拉美和加勒比地区的城镇化水平达到了77.6%，有的国家的城镇化水平甚至超过80%，与经济发达的北美和欧洲的城镇化水平基本相当。

非洲国家城镇化水平也与经济发展水平不相称，普遍存在“虚高”。如阿尔及利亚的城镇化率从1950年的22.3%提高到2005年的63.3%，同期突尼斯从31.2%提高到65.3%，利比亚从18.6%提高到84.8%。

(2) 过度城镇化带来发展危机

劳动力就业不充分，城市贫困人口日渐增加。我们一讲到城镇化，就是城乡二元结构，城市和乡村的差距等等。如果城镇化不搞好，城市内部同样会出现二元结构和贫富之间的严重差距。

正规就业岗位不足，非正规就业比重高。海地有79%的青年没有就业，秘鲁年轻妇女中有50%没有就业，巴西失业率由1994年的4.3%提高到2003年的12.3%；撒哈拉以南非洲国家，妇女的非农就业中，有84%的工作为非正式工作。

家庭贫困比例高。非洲许多国家基尼系数超国际警界线，城市中的贫富差距尤其严重。纳米比亚城市基尼系数达到0.62，博茨瓦纳达到0.54，科特迪瓦也达到0.49。拉美的圣保罗、里约热内卢、墨西哥城等大城市的基尼系数普遍在0.6以上。

这些对我们是有警示作用的。如果经济水平没上去，城市基础设施未建起来，只是把人弄来了，公共服务设施、基础设施就跟不上。1980年代和1990年代，随着非洲城市规模的不断扩大，日趋恶化的经济形势使得基础设施和公共服务设施的供给急剧下降。在许多非洲城市，大部分垃圾无人收集，城市道路铺装率低、排水设施缺乏，公共交通系统严重超负荷，饮用水供给不足，电话和电力服务覆盖率极低，学校人满为患，居住环境严重恶化。

所以，推进城镇化应该是一个非常谨慎、科学决策的过程。包括贫民窟、城市环境恶化等问题。几乎所有非洲国家的城市建成区内有1/3的面积是贫民窟。在南部非洲有多达72%的人口居住在贫民窟中。

5.伊朗的城镇化

伊朗的特点一是处在中东地区，二是伊斯兰国家。

(1) 城镇化进程

城镇化水平提高迅速。从1956年的31.4%增加到2005年的66.9%。较高的人口自然增长率、农村人口大量向城市迁移，以及社会、经济、政治巨大变革，是城镇化水平迅速提高的主要原因。

城镇化的地域不均衡。68.7%的城市人口居住在59个规模在10万人以上的城市中，其余31.3%的城市人口居住在553个小城市中。首都德黑兰地区集聚了全国近1/4的城市人口。聚集地域不平衡，大城市中人口密度过高。在这个过程中，也出现了一系列问题，包括大城市过度聚集、中心地区发展成效显著而周边地区发展滞缓。1973年，中心地区的贫困率为23%，农村为42%。到1976年革命爆发前，乡村地区人均家庭收入仅为城市地区的44%。这种空间上的不平等成为伊朗紧张冲突的导火线。这是城镇化带来的政治问题。

(2) 解决措施及实施效果

积极发展农业。1976–1984年，农业增加值以年均31%的速度增加，是非石油经济的2倍，农产品出厂价增加了55%。2005年，乡村地区平均收入已经相当于城市地区的63%，该数据1976年时仅相当于44%。

提高教育和医疗服务水平。1976–1996年，女姓识字率从17%增长到62%，城市地区的女性识字率则从56%增至82%。1994–2000年，贫困省区的婴儿死亡率以最快的速度下降。

发扬伊斯兰文化中的社会公平公正传统。整个德黑兰大都市区虽拥有1800万居民，但并没有出现贫民窟。

（二）世界城镇化的新理念

近年来，国际上关于城镇化和城镇发展出现了不少新的理论，其中主要有：

1.紧凑城市（Compact City）

这是欧洲城市集约发展思想的总结。欧洲的城市密度比较高，强调城市的“密度、多用途、社会和文化的多样性”。在这个思想指导下强调：加大内城开发，促进城市中心区的再次兴旺；保护农田，限制农村地区的大量开发；提高城市开发密度；功能混用的用地布局；优先发展公共交通，在公共交通节点处集中进行城市开发。

这是立足于欧洲的发展条件和发展环境提出来的，很像我们当前倡导的一些理念。

2.精明增长（Smart Growth）

美国学者率先提出，通过充分发挥已有基础设施的效力，以公共交通和步行模式为方向，更多地混合居住、商业和零售功能，鼓励城市集中式发展，控制城市蔓延。

3.生态城市（Eco-city）

1971年由联合国教科文组织提出，主张从生态学的角度，强调城市发展的可持续，并兼顾社会、经济和环境三者的整体效益，重视应对全球气候变化，注重居民生活质量的改善。

我国也在做这件事。如天津中新生态城、上海东滩和唐山曹妃甸等的生态城市规划和建设正在进行中。最近很多地方都在积极探索生态城市的建设。

4.宜居城市（Livable City）

上海世博会的主题是“城市，让生活更美好”。城市是为人服务的。宜居城市，经济持续繁荣、社会和谐稳定、文化氛围浓郁，城市与自然环境协调共生，适合人类生活、工作、学习、创业。

联合国1996年通过了《人居议程》，并以“联合国人居环境奖”和“改善居住环境最佳范例奖”的形式，在世界范围内表彰为改善城市环境、推动社会和谐做出重大贡献的城市。我国住房和城乡建设部的最高奖是“人居环境奖”。它从多方面考量，除了住宅以外，包括基础设施、公共交通、文化的服务水平等等，有非常完整的一套指标。

5.和谐城市（Harmonious City）

城市建设的目的是人人具有平等地享有城市文明的权利，人人享有获得适当的住房、教育、医疗、社会保障等条件的基本权益。

2008年世界人居日主题就是“和谐城市”，其将改善城市贫民的生活和工作条件作为构建和谐社会、和谐城市的主要目标。

三、我国城镇化的现状和态势

（一）我国城镇化的现状

1.城镇化快速推进，城市规模不断扩大

改革开放30年既是一个现代化的过程，也是一个工业化的过程，更是一个城镇化的过程。在过去30年里，中国城镇化快速推进并不断扩大（图1）。城镇化率由1978年的18%，上升到2010年的49.7%。几乎以每年1个多百分点的速度增长。城市数量由193个增加到656个。50万以上的大城市从40个增加到140个，中等城市从60个增加

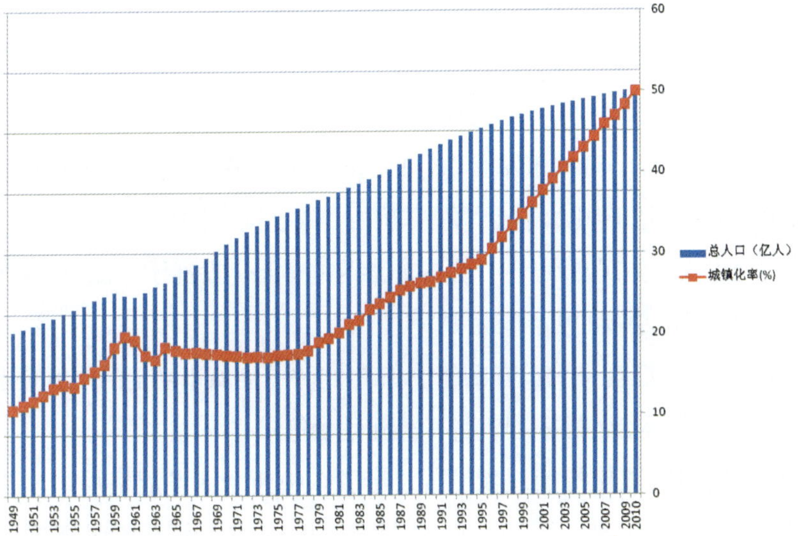

图1　我国的城镇化历程（1949-2010年）

到230个，小城市从93个增加到286个。这是目前中国城镇化在快速发展阶段的一个过程。2007年全世界城镇化水平是50%。过去30年，世界城镇化的增长率约为年均0.4%~0.5%，中国是1%。也就是，过去30年中国城镇化的速度是全世界的2倍。这就是过去30年我们之所以感受到翻天覆地变化的重要背景。

城镇化已经成为我国解决就业、实现市场扩展、推进新型工业化的重要举措，城市地区逐步成为国家经济发展的基本空间单元。

中国城镇化的进程是工业化、信息化、城镇化三化合一。正如美国科学家施蒂格利茨（Stigliz）所说，在21世纪，全世界有两个重大事件，一是美国的高科技，二是中国的城镇化。这句话刚说出来，我们没有太多体会。随着近年对城镇化认识的不断深入，我们认识到这是人类历史上最大规模的一次人口迁移，包括社会结构的重大变化、最大规模的经济建设过程等。

2.城市功能不断更新，城市发展动力发生根本性变化

对比前30年，我们工业化和城镇化的发展，比较多的是工业建设带动城市发展。随着社会主义市场经济体制的建立，城市的功能逐步从简单的工业生产为主转化为多重功能、多元化的发展方式。北京、上海、广州等区域中心城市更多地发展金融、贸易、文化等高端服务业，提高城市的国际竞争能力；大连、厦门、宁波等沿海城市更多地发展港口、物流等生产性的服务业，提高城市的专业职能；沈阳、太原等传统工业城市积极转型，寻找接续产业，发展新兴产业，力求在节能减排、循环经济等方面有所突破。

所以，要强调这个问题，“发展城市就等于发展工业，发展工业就等于建设开发区”的观点是不对的。对城市发展动力的认识一定要多元化。城市发展的动力从一般意义上的工业逐步转化为工业、贸易、旅游、文化等多种要素。城市建设也由政府主导的一元化投资体制向政府、社会多方参与的多元化投资体制转变，这在相当大程度上推动了城市功能的更新与完善。

此外，一系列文化、体育设施的建设和“大事件”为城市功能的提升创造了良好的条件。如北京奥运会、上海世博会、广州亚运会等。

3.城市空间区域化特征逐步显著，形成东中西全面发展格局

近年，由国务院批复了若干个新的区域发展规划。继长江三角洲、珠江三角洲、京津冀后，武汉、西安、成都–重庆、沈阳、南京、厦门、南宁等大城市周边陆续形成新的城市群地区，发展的多极化趋势逐渐明显。总的态势，国家的发展是从东到西、从南到北、从沿海到内陆的渐次推进的过程。区域化特征逐步显著，已经形成东中西全面发展的格局。

4.金融海啸后城镇化成为国家刺激经济增长的重要手段

国家4万亿投资，重点放在了“保增长，保民生，保稳定，调结构”等方面。特别是重点支持重大交通基础设施、保障性住房、农村基础设施、节能减排、自主创新、社会事业、灾后重建等领域，带来城镇发展的新一轮的机遇。还提出10大产业振兴规划，充分体现就业导向和产业结构调整方向。钢铁、汽车、装备制造、电子信息、纺织、石化、物流等行业发展为城镇职能优化和布局调整，为全面提高承载能力创造了有利条件。

5.综合交通网络的完善，为城镇空间大调整创造了条件

高速公路网“先通达，后通畅，网络化”，将连通全部人口超过20万的中等城市，全社会的机动性大大提高。

国家中长期铁路规划的提前实施，特别是高速铁路网的建设，使一些节点地区和网络化能够延伸到的地区成为城镇化发展新的重要的潜在地区。这对新疆有很大影响。国家几条干线铁路和公路网的建设，都为这些处在节点枢纽地区的城镇的发展带来了很多机遇。

6.小城镇发展迅猛，城乡统筹成为城乡发展的新热点

过去讲的是“城市化”，现在叫“城镇化”。严格意义上，按照当年的《城市规划法》，建制镇就算是城市，那么，我们现在的城镇有多少？镇有18000多个。城镇化不仅仅是大城市建设，它包括以农业服务、商贸旅游、工矿开发等多种产业为依托的各具特色的新型小城镇建设，这也是中国特色城镇化的重要组成部分。

（二）我国城镇化进程中的主要问题

1.城镇化发展不平衡，城镇化质量不高

我们现在看到的城镇化率很多是虚高，很多城镇化统计概念上达到百分之四、五十，实际上地区发展不平衡，全国范围各省区发展不平衡，省内发展也不平衡，一些发达地区的问题同样严重。如浙江的杭州湾地区和南部山区就不平衡，江苏的苏南地区和苏北地区也是严重的不平衡。还有城乡差距过大，二元结构矛盾突出。城市中心区里民工的居住环境极其恶劣，环境没有得到根本改变，这也是我们城镇化的主要问题。

2.快速城镇化与人均资源少、环境脆弱的矛盾更加突出

我们曾经做过分析，中国虽然是一个拥有960万km^2陆域的大国，但是从自然地理条件来看，从降雨量、坡度、水资源的分布，真正适合于人类居住的面积仅为国土面积的19%。而这些地区又是传统的农业地区，耕地占55%，而且18亿亩耕地是国家政策的红线，真正适合于城市建设的比例大概只有8.5%。这是我们的基本国情，也是近年来国家强调要走集约、紧凑、健康发展的根本原因。

另外，我国水资源非常紧缺，时空分布极不均衡。全国有100多个城市严重缺水；能源上随着机动化条件的不断提高，能源危机也在逐步出现。我们现在通过俄罗斯、中东、印尼、非洲、挪威，进口大量原油；环境条件方面，从全国范围来看，水污染的局面并没有得到根本的缓解，全国七大水系、三河三湖的污染都非常严重。

3.土地粗放使用的局面没有得到根本改观

从开发区的单位产出看，最高的是上海的一些开发区，和中西部地区开发区相比较要相差几十倍，土地效益没有充分发挥出来，土地粗放使用的局面没有得到根本改观。2003年全国各级各类开发区3837家，规划面积达3.6万km^2，超过全国现有城市建设用地3.2万km^2的规模。也就是在我们城市外面还有一个城市。之所以提出这个问题是因为新疆开发区的建设管理还比较粗放，要引起高度重视。

在新疆大发展的前期，要未雨绸缪，考虑这些问题，对新疆今后的发展是非常有意义的。

4.优秀文化资源仍在受到严重破坏

我们看到很多城市的历史文化街区遭到拆毁和破坏，包括北京也有。希望比较早地保护历史文化资源，一旦大开发、大建设，等拆光了以后想再恢复，恐怕追悔莫及了。

（三）我国城镇化的发展态势

未来20年我国城镇化在工业化的持续推动下，将在较长一段时期内，维持较快的发展势头。未来10年，我国城镇化率的年均增加率约在0.8~1个百分点，至2020年，城镇人口增长3.26亿，城镇化水平将达到56%~58%之间。

2002年，城市人口是5亿，农村人口为7.8亿，到2020年，倒过来了，城市人口将达到8.3亿，农村人口为6.2亿，"十二五"期间我国城镇化水平将超过50%，这是一个重大的转折。在人口转化过程中，主要是农村人口向城市迁移，大概3亿多要转化过去。这是未来10年中国城镇化非常主要的一个大趋势，这也是当前上上下下之所以高度关注城镇化的一个背景。

四、新时期中国特色城镇化道路的选择

（一）中央和国家对城镇化的要求

2005年9月30日，胡锦涛总书记主持中央政治局进行了第25次集体学习，学习会的主题就是中外城市化。当时请了两位教授，一位是北京大学的周一星教授，一位是同济大学的唐子来教授。他们分别讲述了中国的城镇化和国外的城镇化。在学习会上，胡总书记有段讲话非常重要，他讲到，"坚持走中国特色的城镇化道路，按照循序渐进、节约土地、集约发展、合理布局的原则，努力形成资源节约、环境友好、经济高效、社会和谐的城镇发展新格局。坚持城镇化发展与人口、资源、环境相协调，走可持续发展、集约式的城镇化道路。"他也谈到，"推进城镇化健康有序发展，必须坚持以规划为依据，以制度创新为动力，以功能培育为基础，以加强管理为保证。"

2006–2007年，中央又分别举行了两次学习会。一次是学习资源节约，一次是学习区域规划。在2006年的学习会上，胡总书记也讲到“四节—环保”，即节能、节水、节地、节材，能源资源综合利用，提高全社会资源节约和利用水平。在2007年的区域规划学习会上提出，坚持统筹城乡区域化发展，统筹制定城乡发展规划、区域发展规划；加快形成主体功能区，统筹考虑未来人口分布、经济布局、国土利用、城镇化格局，逐步形成合理的空间开发结构。

国家“十一五”规划里曾经提出，“要提升城市群和中心城市的综合承载能力；加强对镇、乡和村庄规划、建设的指导”。中共中央对国家“十二五”规划的建议中有两段话，即未来5年城镇化要考虑的问题，“完善城市化布局和形态。按照统筹规划、合理布局、完善功能、以大带小的原则，遵循城市发展客观规律，以大城市为依托，以中小城市为重点，逐步形成辐射作用大的城市群，促进大中小城市和小城镇协调发展。”“加强城镇化管理。要把符合落户条件的农业转移人口逐步转为城镇居民作为推进城镇化的重要任务。”

《城乡规划法》全方位地充实和加强了立足于区域协调的多层次的城镇体系规划。要求通过制定全国城镇体系规划，用于指导省域城镇体系规划和城市总体规划的编制；制定省域城镇体系规划，统筹全省空间发展，并为下层次城乡规划编制提供依据。同样，城市和县级政府在制定城市规划、镇规划时，也负有协调本行政辖区范围内城镇发展与布局的责任；另外，规划法还新增对乡规划中村庄发展布局内容的规定。

（二）新时期城镇化的新认识

1.国家转型发展促进城市发展动力多元化

金融危机的爆发使我国转变经济发展方式的紧迫性越来越强烈。未来10年，随着国家经济发展方式的转变，城镇化的动力将会呈现出多元化趋势，从工业经济驱动转向工业经济、服务经济、创意产业等多元驱动。

2.区域交通基础设施的进一步完善将促进城镇空间向多极化发展

以高铁和城际网络为代表的全国层面的交通大通道建设，将推动形成一批区域性综合交通枢纽城市的发展；以城际铁路等轨道交通为主体的交通网络，使城镇群的功能更加突出，中小城市和小城镇的发展出现新机遇。

3.资源与生态环境压力将进一步推动城镇发展模式的转型

2009年，我国单位GDP能耗是美国的2.9倍、欧盟的4.5倍、日本的8倍。因此，实现绿色、低碳发展是未来发展的总趋势。新能源、新材料、新技术的使用是未来城镇发展模式转变的重要方面，也是保障国家能源资源安全、实现可持续发展的必由之路。

4.人民生活水平提高对城镇化质量提出新的更高要求

每个时期老百姓的要求都不一样，原来是要房子住，过段时间有房子住了就要高品质的房子住，然后是良好的环境品质的要求，往后是公共服务水平的提高，再往后就是健康要求的不断提高。所以城镇化的过程中，目标要不断地修正。

未来10年我国将向中等收入国家迈进，人们对住房、绿地、公共空间、社区服务等人居环境条件会提出更高的要求，特别对医疗、教育、卫生、文化娱乐等公共服务提出了新要求，全社会更加注重城镇化质量。

珠三角地区最近5年大张旗鼓做的一件事就是区域绿道。广东省委汪洋书记在广东提出，要把改革开放30年的成果惠及于民，不能翻来覆去地建工厂，要让大家过上健康的生活。所以，花巨资修区域绿道，可以从深圳一直骑到广州，环境非常好。这是老百姓随着生活水平的不断提高，对城镇化质量提出的更高要求。城镇化不单讲发展，还要为将来生活水平提高预留一些生态环境，要留好、留够、留足。

所以，健康的城镇化总的要求是“集约发展、功能完备、环境良好、循序渐进”，这是中国特色城镇化道路需要遵循的原则。

（三）国家在城镇化和城镇体系方面的构想

1.以健康城镇化为目标，提出积极稳妥的城镇化战略

下面举两个案例说明国家在城镇化发展中的一些构想：第一，2005年受建设部的委托，我们做了全国城镇体系规划，2007年报到国务院。在规划里提出，首先中国的城镇化是要走积极稳妥的城镇化战略，要根据资源环境条件、城乡人口的分布特点和产业发展趋势来确定城镇化的空间结构。其次，人口的迁移遵循从农村到城镇，从小城镇到小城市、大城市，从中西部地区到东部沿海地区的规律。在此基础上结合未来10~20年里国家产业空间发展布局的趋势，综合确定城镇空间结构。

第二，关于城镇化中的人口增长。到2033年，中国人口会达到人口高峰。我们关注的不仅是数量，还有劳动人口和老年人口的高峰期。中国的老龄化水平已经达到12.5%。按照联合国的标准，60岁以上的人口占到8%就是老龄化。像上海、北京等大城市，仅以户籍人口来计算，老龄人口比例都在20%以上。乌鲁木齐等一些大城市也会出现这样的问题，要未雨绸缪，这是比较大的问题。

2.提出东中西多样化的城镇化政策

城镇化不存在唯一的模式，不是说要么发展大城市要么发展小城市，而是不同的地区要走不同的路径。在全国的城镇体系里提出了不同的政策要求，比如，东部沿海地区重点提高城镇群的质量，加快城镇群的整合，提高参与国际竞争的能力，像北京、上海、广州等。坚持生态环境优先发展的原则，改善城镇的大气环境质量，禁止超采地下水，建立城市综合防灾体系。

中部地区是粮食主产区，河南、湖南、湖北、江西等，更多的是加快城镇发展，吸引农村富余劳动力就地转移。不需要大量候鸟似的向东部转移。在中部地区比较难的是要处理好耕地保护与城镇建设的关系。

对于包括新疆在内的西部地区，要考虑推行生态环境保护优先的集中式城镇化发展战略。加强和完善区域和省域中心城市的综合功能，带动区域经济发展。重点发展县城、工贸和旅游型小城镇。这都是5年前提的，现在看来比较符合实际。

另外，我们要妥善处理人地关系紧张问题，对于一些边疆地区、陆路门户地区要加强通道的建设和城镇化的建设。

3.建构多元、多极、网络化的城镇空间结构

2007年报国务院的全国城镇空间结构（图2），即“一带七轴多中心”。“一带”是沿海城镇带，从东北一直到广东、广西，这是改革开放30年重点发展的地区。在未来还会发展，但发展不是简单扩张，可能是功能提升和质量提高。“七轴”是依托京广线、京九线、陇海–兰新线等的交通干道，作为城镇群、中心城市发展的主要支撑。“多中心”是全国范围内形成符合区域生态环境条件，适应人口发展和产业布局的多个城镇群、区域中心城市为核心的城镇化地区，除京津冀地区、长三角地区、珠三角地区三大城市群外，包括沈阳、郑州、武汉、长株潭地区、成渝地区等城镇群，还有乌鲁木齐等城镇化地区。

4.建立以交通为核心的城镇发展支撑体系

中国由于实行部门所有制，交通部、铁道部、民航总局等都是各做各的规划，我们

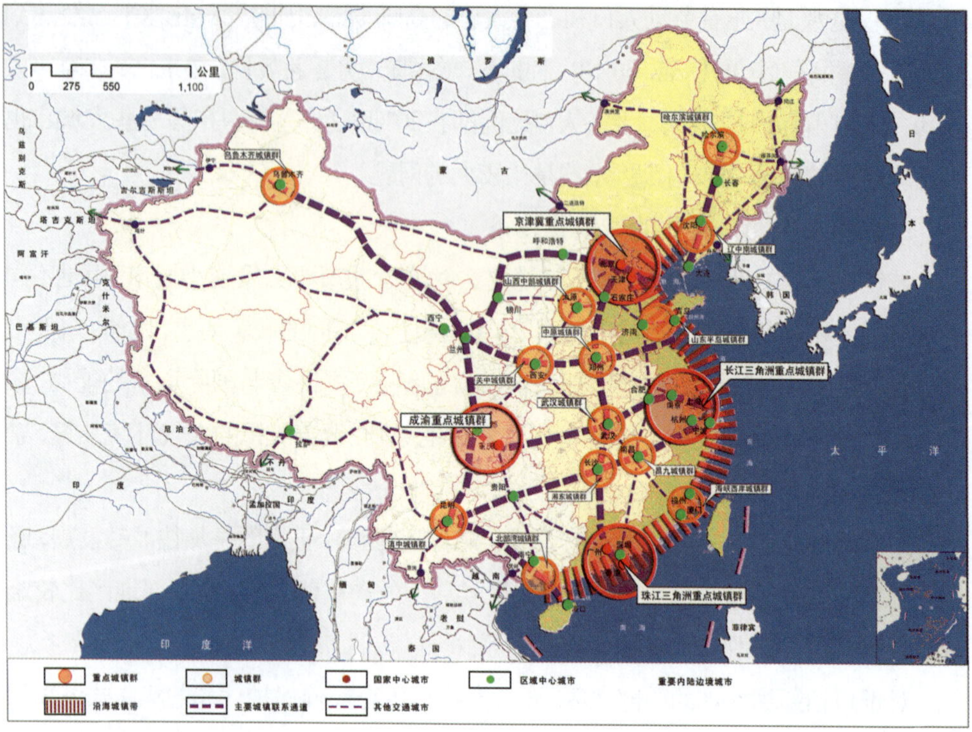

图2 全国城镇空间结构规划图
资料来源：《全国城镇体系规划（2006-2020）》，商务印书馆，2010年

学习了所有规划，最后再把所有规划叠在一起。我们认为任何交通方式都是以人为中心的，人和货主要集中在城市，特别是大城市，提出建立综合交通枢纽节点城市9个，包括北京、上海、广州、沈阳、重庆、兰州等。乌鲁木齐是国家的二级交通枢纽城市。

5.加强对省域城镇体系规划和城市总体规划的引导

按照一级政府一级事权的原则，依据国家城镇化发展总体战略，提出各省的城镇发展要求。比如，新疆提出乌鲁木齐要成为历史文化名城、风景旅游城市、重点文物保护地区；天山一些水源地、昆仑山北麓等，天山的天然保护区、阿尔泰山等，包括跨区域需要协调的地区在规划里也提出相应要求。

（四）其他地区城镇化探索

近年来，不少省份积极探索各自的城镇化道路，做了不少卓有成效的工作。

1.浙江案例

浙江省城镇体系规划提出：

第一，立足率先发展的思路——走新型工业化和城市化道路。

经济增长由投资驱动向创新驱动转变；经济发展由依靠传统要素向利用新兴要素转变；城乡关系由二元结构向城乡经济社会发展一体化格局转变；城镇发展由规模扩张向功能提升转变。

在做城镇体系规划时，不是仅在浙江省这十多万平方公里陆域范围内研究问题，而是把浙江、江苏、上海放在一起研究，在长三角大的空间结构和职能体系之内，浙江寻求自己发展的定位和路径。

第二，提出突出区域统筹的战略——主动融入大上海的发展。

以节点城市杭州、宁波等为主体参与构建长三角世界级城镇群；加强沪苏浙经济合作和技术合作，提升区域整体自主创新能力；在区域的大气、水体等环境保护方面主动承担更多的责任。

第三，立足资源环境的空间选择——适度紧凑发展。

土地资源条件：到2020年省域范围可供的新增建设用地基本满足，不宜过度扩张。深圳城市总体规划提出“不征用地的规划”。由于过去30年发展太快，把不该占的地通通占光了，没地可征了。再发展城市规划怎么办？就只能用既有的存量土地进行二次开发。所以，要对土地资源认真、科学地管理，发展条件的判断非常重要。

水资源条件：人口承载量的极限不应突破8000万人。

气象环境条件：因为大气环流很复杂，请国家气象局做了气象分析，根据不同高度空气的扩散，反推重大化工企业的选址。这对新疆是有借鉴意义的。因为新疆重化工业建得很多，要根据气象条件、环境容量等来确定重大化工企业的选址。

第四，促进健康发展的规划管理。

浙江的规划提出一个规划体系，叫市县域总体规划。过去城镇体系规划、总体规划，强调以管理为核心编制规划。它把几个规划都捏在一起，城市规划、土地利用规划和主体功能区规划，国土部来就是国土规划，住建部来就是城乡规划，发改委来就是主体功能区规划。这对我们有启示，中央政府是不同的管理模式，但对于地方政府，应该是规划一张图，审批一支笔。

2.江西案例

江西是经济相对落后地区，也在积极探索有价值的城镇化途径。江西提出：

第一，立足绿色发展的思路——经济与生态协调。

江西的鄱阳湖是国内最大的淡水湖，环境非常好，有鸟类聚居的湿地。江西省委省政府明确提出，江西要走绿色生态发展的道路。建成经济与生态协调发展的创新大省，大湖流域生态环境保护与治理的绿色大省，城乡和谐发展的宜居大省，“红绿古新”多样繁荣的文化大省。“红绿古新”即红色旅游、绿色生态、古文化、新文化。

第二，保质提速的城镇化战略——重在夯实基础。

落实国家战略，积极打造环鄱阳湖生态城市群；以沪昆、京九等重要交通走廊上的中心城市和县城作为工业化和城镇化的重要载体；以重点镇为统筹城乡发展的纽带，同时营建特色村，构建新型城乡关系。

第三，注重后发优势，契合后工业化发展需求。

江西生态环境非常好，相当比例的高新技术产业中有很多东西不能受污染，包括一些微电子产业。他们发现江西条件较好，而沿海一些地区倒不适宜发展。还有过去对后工业时代的理解，认为服务企业是在发达地区首先发展起来的，包括服务外包等。但是现在江西也搞服务外包，所以，中西部欠发达地区城镇化道路也可以走出一些新路来。

利用“红色”、“绿色”优势，优化生态本底，大力发展旅游、文化产业，建设景德镇、南昌和赣州3大文化创新基地，全面建成传统文化与现代文明相融合的城乡人文体系；构筑绿色家园，建设生态城乡，将城镇生态环境保护工程纳入全省的生态环境综合治理体系，建设生态城镇和乡村。

3.湖北案例

第一，注重政策优势。

国家给了武汉一顶帽子，叫“两型社会示范区”。以国家《促进中部地区崛起规划》充分做好“三基地一枢纽”（粮食生产基地、能源原材料基地、现代装备制造业及高新技术产业基地和综合交通运输枢纽）；强化武汉作为中部地区中心城市的地位。把武汉建设成中部地区的经济中心、物流中心、金融服务中心和科技创新中心。

第二，发挥区位优势，做好流通的文章。

大力发展现代物流业，使湖北成为“聚中部、通全国”的综合性物流枢纽基地；依托武汉空港、武汉保税物流中心建设，发展“江海直达”航运事业，将武汉建设成为辐射中部的国家级物流中心；将宜昌建设成为辐射鄂西、连接川渝的区域性物流中心。

第三，未雨绸缪确定城镇化战略：从异地主导转向本地城镇化。

城镇化要从异地主导转向本地城镇化，这就要比较早地做文章：调整优化产业结构，增强产业的就业吸纳力；加大人力资本投资，大力发展城乡职业教育培训；加大政策扶持力度，鼓励自主创业。

第四，深化“两型社会”建设——构建国家生态安全格局的示范保障区。

探索生态旅游业带动地区发展的新路径；发挥农业大省的比较优势，推动现代化农业发展；依托三峡建设，促进对长江水能的科学开发和合理利用。

4.天津案例

下面讲一个小的案例，就绿色发展谈点看法。

中新天津生态城是中国和新加坡政府在天津滨海新区建设的一个30km^{2}的生态城。当时提出“生态示范城市，生态示范规划”的理念。职能上要通过经济建设、城市建设形成：我国参与国际生态环境发展事务的交流中心；生态环保技术产品研发、实验和交易中心；生态创意产业基地；生态与环境教育培训基地；生态文化旅游、休闲、康乐区；生态型宜居和谐社区。这是比较侧重于技术上的探索，很多新技术的应用并不是说只在发达地区，往往是在一些后发地区可以优先采用。就像很多非洲国家当年没有建有线的电话网络，现在直接就过渡到无线电话、手机了。

我主要讲讲规划的思路。既然要做生态城规划，就要从生态的角度做些研究。对生态本底特征进行分析，对地下水、工程地质评价、地面沉降等等，包括1976年唐山地震带来的一些震害危害的影响。把很多方面的权重叠加起来之后，形成一个建设的适宜性的评价图。在此基础上，判断出在30多km^{2}范围内，适宜建设、不适宜建设和需要环境保护的地区。包括禁建区、限建区、可建区等都进行了分析。

我们先做生态建设规划，而不是先做建设用地规划。先把生态环境保护下来作为长远大计，30年、50年不变；保留生态核心区，形成了一些水面。对海边、水库湿地如何保护下来，小的水系网络如何形成体系，做了研究。

另外，在居住用地和城市空间的组织上提出了生态型的规划理念的社区模式。有一个社区的细胞，400m×400m的细胞，通过邻里单位的组织形成居住社区，再把社区组合成一个片区；通过基层片区的中心绿地、公共服务设施的构建形成功能比较完备、系统比较好的完整的社区，里面有小学、中学、邻里。新加坡一直是这样做的。

交通方面，不是地块划了再划路网，而是先考虑人的出行，步行系统、自行车系统如何安排，轨道交通如何优先，最后是小汽车的路网和出行。

在大的生态区里还有生态廊道建设。生态廊道中间是个生态核，周边有圈生态链，最后围绕其形成一些综合的开发片区的结构。包括公共服务中心和次一级的服务中心通过轨道交通和市区联系起来，把30km^{2}内的主要设施串联起来。

交通系统包括几个独立的自行车道，机非分离的系统等等；绿地包括河湖水面、湿地的分析，绿网、绿楔如何组合起来；景观设计有意识地作出一些坡地、水面、生态功能比较好的一些景观，这样既符合生态，景观效果又好。两大区域之间做了一条生态谷，上面是高架轨道交通，下面做一些坡地、草地、缓坡、小的水系，形成了良好的生态环境。

对水的问题，也做了很多手法，包括排水设施、斜坡、比较硬的轨道交通构筑设施如何绿化，包括平面绿化、竖向绿化、垂直绿化等。

另外，雨水的收集和利用，如屋面雨水和路面雨水如何收集等。资源循环利用、污水处理之后再生水的利用。新加坡污水经过几道过滤和处理之后，污水变成饮用水，技术上成本比价高，新加坡把这部分成本计入河流引来的水中，这样就可承担了。垃圾、固体废弃物如何处理，再生水如何用于景观？各方面技术上都做了一些探索。

（五）对新疆新时期城镇化的几点思考

1.充分认识新疆的战略地位与国家使命

新疆是我国西北战略屏障，是我国对外开放的重要门户。我们经常讲两个13亿，“背对13亿，面向13亿”。前一个13亿是中国的人口，还有13亿是中亚和西亚地区。新疆是我国战略资源的重要基地，是边疆多民族地区实现全面小康的重要地区。所以新疆的城镇化是国家层面的一件大事。新疆的城镇体系规划，也是中规院受建设部委托无偿援疆的第一件大事。仅从区位看，在中国版图上，新疆偏于一隅，但放眼世界范围，新疆地处亚洲的重要区位。无论是交通通道，还是资源和经济发展，都处在极其重要的区位。要充分提高对新疆的认识。

2.正视面临的发展的主要问题

(1) 处于国家边缘，与内地的联系弱，经济发展相对滞后。

(2) 产业整体层次偏低，结构性矛盾突出。

农业基础雄厚，但距离农牧业现代化仍然差距较大；现代服务业发展滞后，生产性服务业尚未形成规模；经济增长高度依赖能源开采和基础原材料型重化工业，轻工业发展落后；大型企业比重过高，中小企业不发达。

(3) 人才外流，不利于稳定与可持续发展。

(4) 生态脆弱，资源利用比较粗放。

水资源开发对生态用水考虑不足，影响生态系统安全。

3.抓住机遇，确定新的总体发展战略

从全国和大的国际区域版图来看，我们要抓住这次中央援疆工作相应的政策方针，抓住机遇，完成从"国家边缘"到"西部经济增长极和对外开放门户"的战略转变。

4.充分重视国家交通格局重组给新疆带来新机遇

(1) 尽快形成网络化高效率交通体系。

"十一五"以来，国家交通发展进入高速时代，包括兰新二线等都在建设之中。要切实加强形成网络化高效率交通体系。

(2) 切实加强交通枢纽城市建设。

很多个交通枢纽城市，不管是库尔勒，还是库车等很多地方，在不同层面形成了不同服务功能、不同级别的交通枢纽（图3），这也是未来城镇化经济发展的一些重点，要特别关注。

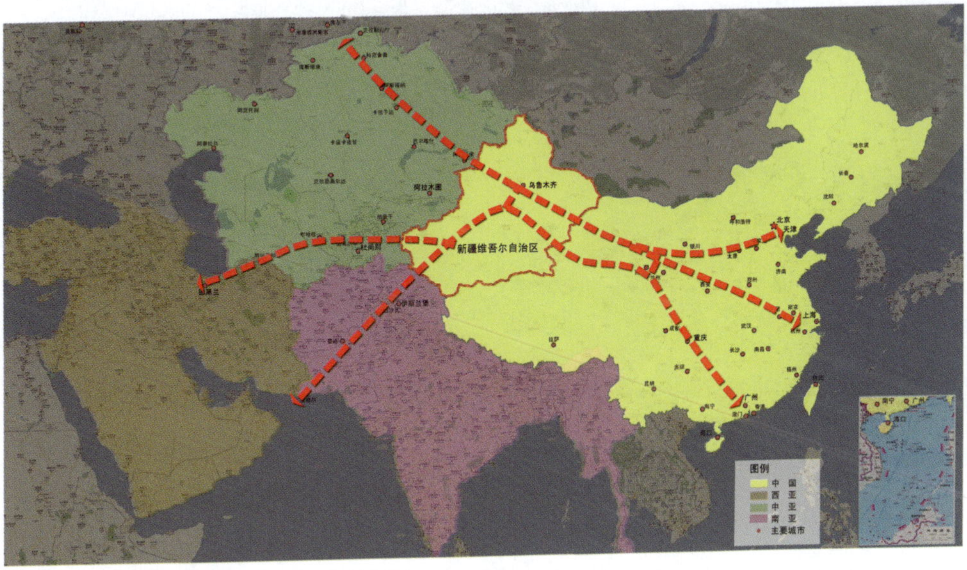

图3 新疆的"东西联动"大交通区位关系图

5.切实分析发展的资源环境条件

新疆尽管地域面积很大，160多万平方公里。但是对于新疆适宜发展的条件，分析还是要做非常客观和认真的分析，要切实分析资源环境的条件、适宜人居建设的用地是哪些、在哪里，哪些是从生态环境角度需要长远保护的，包括水资源、生态林、湿地等生态资源。

6.全面思考，系统确定新时期城镇化新策略

构筑相对均衡发展新格局，不管是北疆与南疆、内陆与边境、中心城市与边缘地区等；分区分类制定差异化政策，推进特色城镇化发展道路。城镇化要走多元化道路，不要简单化，要根据地方的资源环境、经济发展水平、工业化发展阶段来推进特色城镇化的道路；以就业和教育为导向促进人口有序流动，增强城镇化长期发展的动力。这是基础，经济发展说到底还是人的培养问题；要以文化为引领，以地方文化为特色，建设特色文化城镇和乡村；坚持生态立区，提升城乡宜居环境，走可持续城镇化道路；促进各民族群众交流和互助，共建美好和谐社区（图4）。

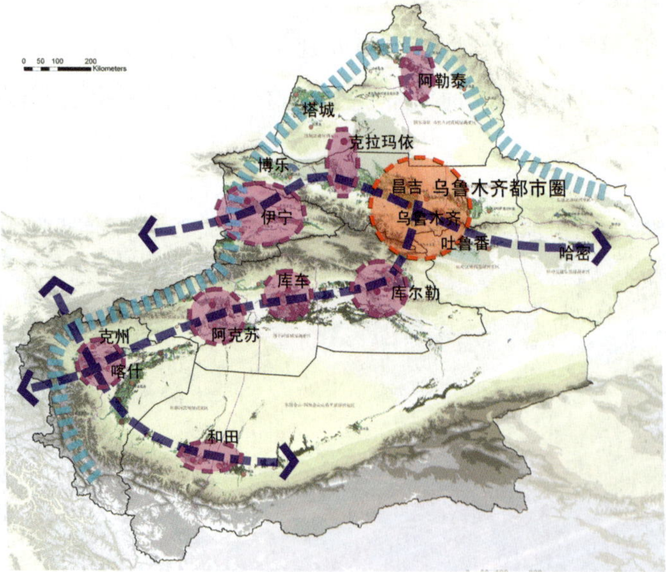

图4　新疆新型城镇化空间发展布局总图

城镇化不仅仅是大的事情，如搞多少开发区，有多少万人进城等等，也有不少小的事情，如社区建设，包括公共服务设施的配备乃至于步行系统的建设等方面。要全面思考、系统确定新时期新疆城镇化的策略。

五、做好城市规划工作的几点建议

城镇化在很大程度上是政策性和战略性问题。落实到城市建设方面，提一些建议。

城镇化是个漫长的时期，很多事不能着急，现在容易出现“一年一个样、三年大变样”的情况。城镇化是一个几十年甚至上百年的过程。所以，我认为做好城镇化工作，要处理好八个方面的关系。

（一）处理好近期与远期的关系

城镇化与城市发展是一个百年历程，城市建设的每一个决策有可能“流芳百世”，也可能“遗臭万年”。举某城市的例子，在某重要的国家级历史文化名城国家级历史遗址保护地区，原本很好的景观中冒出了两栋高楼，一栋是上任市委书记建的，一栋是现任市委书记建的，把整个环境破坏了。而在法国巴黎，如果站在艾菲尔铁塔上看整个巴黎的古城，只能看到一栋高层，这还是1950年代经济快速发展时期建的，建完以后大家觉得不好就再也不建了。城市建设每个决策一定要系统、科学。所以，从城市发展的长远利益出发进行规划决策是衡量规划决策质量优劣的重要标准。

（二）处理好需要与可能的关系

随着经济水平的提高，特别是资金的大量涌入，城市建设工作中容易出现盲目求大、求洋的倾向。

实际上，我们目前城镇的建设水平和发达国家相比，表面上看已经很发达了，但从卫生条件、基础设施、环境保护、公共安全等方面看，我们差距还很大。

在有限的财力下，多做一些基础设施方面的工作，多解决一些群众急需的居住、交通等问题，更能使我们的城市健康发展。

（三）处理好局部和整体的关系

无论是区域发展、城市建设，还是社区建设，都是一个整体。

处理好开发区等独立工矿区的建设管理问题。目前很多地方都是封闭管理，希望能够纳入城市规划的统一管理之中。而且开发区的功能也不能过于单一，随着开发区的发展，到了一定历史时期，它一定是多元化的，是城市群的组成部分。国务院要求"各类开发区的规划建设都要纳入城市的统一规划管理"。

（四）处理好经济发展与环境保护的关系

自然保护区、生态敏感区、基本农田保护区、水源保护区、风景区等，都要划定管制范围，加强管理。住房和城乡建设部有"三区四线"的管理规定，绿线、蓝线的管理规定都曾经颁布。中新生态城的规划理念是我们的发展方向，人与自然和谐、人与人和谐是我们的发展目标。发展的目标都是为了更幸福，不是为了发展而发展。

（五）处理好城镇发展与保护耕地的关系

"珍惜用地、合理用地、保护耕地"是我国的基本国策，城市发展必须尽量少占和不占耕地。城市规划要正确引导土地开发向集约、紧凑的方向发展。

通过城市规划及时调控城市土地的投放量，是当前调控房地产价格过高的一个很重要的方面。香港做得很好，房价高了，地多供些，房价低了，地少供些。这是政府可以调控的事情。

（六）处理好平常时期与非常时期的关系

城市规划应将防灾与减灾作为重要任务，力求城镇安全。在规划建设中，要特别注意城市基础设施里供水、供电、通信等防灾减灾"生命线"工程的规划和建设，对消防要特别重视。包括公共安全，大量的地铁建设更要重视这方面。

城市的基础设施规划是一个系统工程，包括给水、排水、供电、燃气、供热、通信、环境保护及环境卫生设施等。

（七）处理好现代化建设与历史文化的关系

城市是一种历史文化现象，城市特色的形成需要时间的积淀。城市发展和人一样，有它的童年、中年和老年，它是多年积淀的东西。我们之所以觉得一个城市有意思，不管我们到历史文化名城唐长安，还是近现代的北京、上海，看到这些城市都很有意思，就是因为它有多元化的文化，有不同时期的历史景观。

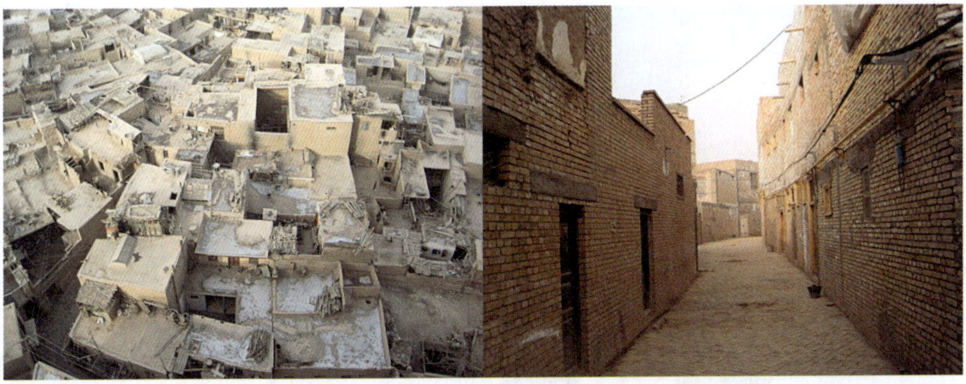

图5　喀市老城区格局与街区改造实例

保护历史文化，逐步形成城市特色，一是保护古建筑本身，二是保护历史文化街区的环境，三是保护整个历史文化名城的格局和风貌。南疆很多县市很有特点，应该比较早地保护（图5）。根据国务院要求，历史文化名城要专门制定保护规划，并认真执行。认真保护真古董，坚决不造假古董。

（八）处理好城市功能与城市形象的关系

通过具有特色的城市形象的营造，可以提高地方的知名度，包括大连、深圳等，为经济建设创造良好的投资环境。但是我们不能离开功能，离开适用、经济，片面追求城市形象，否则，将会堕入形式主义，造成浪费。

总之，城镇化在快速、迅猛推进的历史大潮中，新疆的城镇化建设、城市规划还是大有可为的。最后用司马相如的一句话做个总结，“明者远见于未萌，而智者避危于无形。”我相信在自治区党委和各级政府的领导下，新疆的城镇化建设、城市建设一定会取得新的更大的成绩。

杨东援

上海市援疆规划专家顾问组成员。同济大学教授，博士生导师。曾任同济大学交通运输工程学院院长、校长助理、副校长等职，并担任中国城市交通规划学会副理事长、中国智能交通协会常务理事、上海市交通工程学会副理事长、上海市规划委员会委员等职务。毕业于同济大学，获学士、硕士、博士学位。主要研究领域为交通规划、智能交通系统等。

城市交通的可持续发展

从可持续发展的角度来看，我们的目标是促进交通与人居环境的协调发展。为此，从城市整体视角必须建立适应未来的骨架，并促进以公交为核心的交通模式。但是这一工作主线要根据实际情况赋予具体化内容，也就是要理解交通和城市发展过程中产生的各种具体问题。交通规划的本质是一种发展政策安排，把握城市的长远利益，抓住不断变化的发展机遇，协调开发过程中的各种关系成为推进交通建设中的重要内容。而政府工作的实质性内容，则是在尽可能少地消耗资源基础上，顺应发展提供交通服务。

我想向大家汇报的这个题目，实际上是汇报我的一些想法和体会，是关于城市交通的可持续发展。

在进入主题之前，我想先谈一点想法，就是我们为什么关心我们的交通？可能一讲到交通，首先从大家脑中跳出来的是“堵车”，实际上“堵车”只是一个表面现象。我们所遇到的交通问题的挑战，远远比堵车问题要严重得多。我们关心交通问题主要有几方面原因：

一是交通基础设施构成城市的骨架。一个城市从十几、二十万人口，到五、六十万人口，甚至将来发展到一百万人口，它的骨架需要不断成长，而这个骨架长歪了，往往会给我们的城市造成很多后患。

二是交通规划不仅仅是技术性的规划，是发展政策安排的重要手段。比如，汪洋书记在抓珠三角一体化时，首先抓的是交通系统的一体化。珠三角的很多市长在贯彻这一决策的时候，他们讨论的是两个城市之间的交通如何来实现对接。

三是交通是制定抢抓机遇战略时必须考虑的重要条件。高铁建设、大交通建设，使得许多城市的发展前景都在发生变化，但是有时候我们没有意识到所带来的机遇，会浪费很多机会。

四是交通是城市发展中必须克服的瓶颈。城市在长大，车辆在快速进入家庭，在这种背景下，我们的交通，比如道路建设无论如何都赶不上车辆的增加，因此，交通必然会出现拥堵。那么我们如何应对交通拥堵，保障城市社会、经济的正常运转？这对政府来讲，也是一个极大的挑战。

主要从四个方面向各位领导作一个简要汇报。

一是如何认识城市成长过程中，起到支撑作用的交通骨架建设。二是交通规划更主要是一种发展政策的安排。三是面对城市的交通拥堵，城市交通如何进行“加减乘除”，而不是简单进行“加法”。四是简单谈一下，如何以信息技术支撑管理和服务的提升。因为时间原因，主要谈前面三个方面的内容。

一、在城市发展过程中，如何把握交通问题

首先，要跳出“交通”看“交通”。如果仅仅从“交通”出发，在某些问题上会出现理解上的失误，出现很多短视行为。我们要做到的一个最低的底线，今天的建设是为未来的发展创造条件，而不能成为未来发展的“麻烦”。可能有些领导会说，建设总是好事情，怎么会成为麻烦呢？其实可以看一看在平时新闻报道中出现的很多情况：建了十几年的高架桥被拆掉；有些道路修建了以后，不但没有起到缓解交通的作用，反而造成交通更加拥堵。搞交通工程的技术人员都有一句话，“过去是车堵到哪，我们的路修到哪；现在变成路修到哪，就有可能堵到哪”。因此，我们需要考虑理性地满足需求。

第二，伴随城市的扩展，城市空间结构会发生巨大的转变，我们必须对未来可能发生的变化有清醒的认识。作为一个领导干部，可能更主要的不是考虑技术人员所要考虑的问题，但是如何对技术人员提出的各种方案进行决策，这对领导干部的知识结构和判断能力会有一个挑战。而这个挑战所面临的最大问题是，我们对将来出现的情况有没有足够的预见性，对将来所面临的机遇和问题，有没有一个清醒的认识。

第三，伴随城市的发展，管理者所关注的问题也在不断发生变化，我们的经验不一定能跟上这个变化。比如，有的时候，我们会把一个管理20万人口的城市经验，去看待将来要发展成为60万人的一个城市。在这种情况下，我们不得不去考虑如何对经验进行更新。

（一）城市交通发展目标的确定

我们到底要什么？——追求的不是简单地解决交通问题，而是协调机动化与人居环境的关系。我们常常会举一个例子，——“首尔市清溪川改造工程”（图1，图2）。通过这个案例，想说明什么？如果把图片的说明去掉，那么哪一张在前，哪一张在后呢？往往会认为是右边的图片发展到左边的图片，当然首尔一开始也是这种情况，只不过这条河是黑的、臭的，而发展到这种状态的时候才想明白，这不是我们所需要的，又会把高架桥拆除，恢复到原来状态。

图1　清溪川改造工程之前

图2　清溪川改造工程之后

*清溪川改造工程拆除了5.8km的高架路，减少车流125,000辆/日，实现了创造宜居的生态环境的目标。

我们现在面临的交通问题，和发展初期面临的交通问题是完全不一样的。例如上海在20世纪80年代面临的交通问题是什么？是供给严重不足。当时调查的时候，公交车上一个平方米达到了11~13个人。我在日本作访问学者的时候，当时和日本教授讲这个数字，那位教授很认真，马上拿了尺子在地上画了一个1平方米的框，然后他说：“杨先生，你的数字是错误的。”他在框里摆鞋，确实不能摆上11~13双鞋。后来有一次他到上海，到了外滩坚持要挤公交车，要看看这11~13个人到底是怎么回事。到了同济大学，一下车就说，你的数据是对的，我的一只脚一直就没有落到地上去。

那个时期，快速提高供给能力，能够缓解交通问题。但是，我们现在遇到的，不仅仅是供给不足，更重要的是资源不足，没有足够的土地拿出来修路，同时还受到环境资源约束。简单的修路，绝不可能满足无节制的交通需求，当然对一些小城市是有特例的。美国有的城市，在20世纪50年代提出来，要建设一个保证小汽车交通的城市。最后它失败了，拿出了城市用地的50%以上作为交通用地，修建道路、人行道、停车场。但是，还是没有逃脱严重堵车的困境，反而带来了大量的交通污染和交通事故。所以，美国提出了“后小汽车时代”的概念，但是大家已经习惯和依赖小汽车了，再转到公共交通上去的话，非常困难了。

（二）为城市的发展构建合理的骨架

城市结构变化的同时，带来了城市交通骨架的变化。举一个快速发展的城市案例（图3）。在十几、二十万人的时候，实际上它的整个交通系统主干，就是一个“人”字的主骨架结构（有的城市是一个“十”字主骨架）。这种结构适合支撑二十几万人甚至三十几万人的城市规模，再大了就会出现问题。必须把城市的骨架拉开，而不是到达这个城市的车辆直接都冲入城市的最中心，这会使得城市的运行在最中心的瓶颈被卡住。也就是说，必须改变成图3最右侧的路网结构。

图3　原有路网扩展过程中产生瓶颈的案例

还有一个案例。有个城市，为解决“跨江”这个问题修建了三座桥。但是没有注意到，这三座桥（图4）在地面道路上交汇到了一个点，也就是说，这一个平面交叉口的通过能力把三座桥的通过能力全部控制了。桥上可以过，但是这个交叉口却过不了。这教训告诉我们不能“头疼医头，脚疼医脚”，要有全局发展的概念。

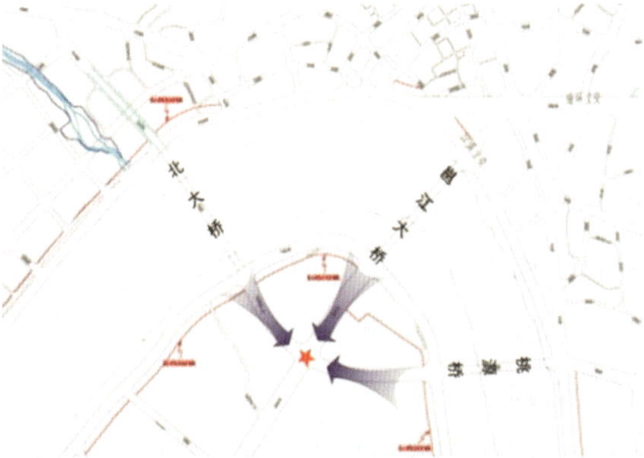

图4 缺乏路网支持的桥梁受制于交叉口能力的案例

这就要求我们去认真考虑，城市应该有一个怎么样的道路骨架，能够支撑城市未来的成长。

1.根据自身结构特点，确定路网结构

由于很多城市成功的经验，讲到道路骨架立刻就会想到“环”加“放射”的结构。但是不能不管实际情况，都是使用“环”加“放射”的路网结构去套。在有些地方是对的，在有些地方则是错的。

某城市的用地结构如图5中间所示（其中红色线条表示已经建成或者确定规划的高速公路“井字形”骨架），与周边城市的关系如左图所示。如果城市道路骨架按照最右侧的“环+放射”结构套上去，环线的作用就非常奇怪。事实上这个城市在城市群的发展过程中不仅需要与周边城市融为一体，也需要增强自身的集聚，因此联

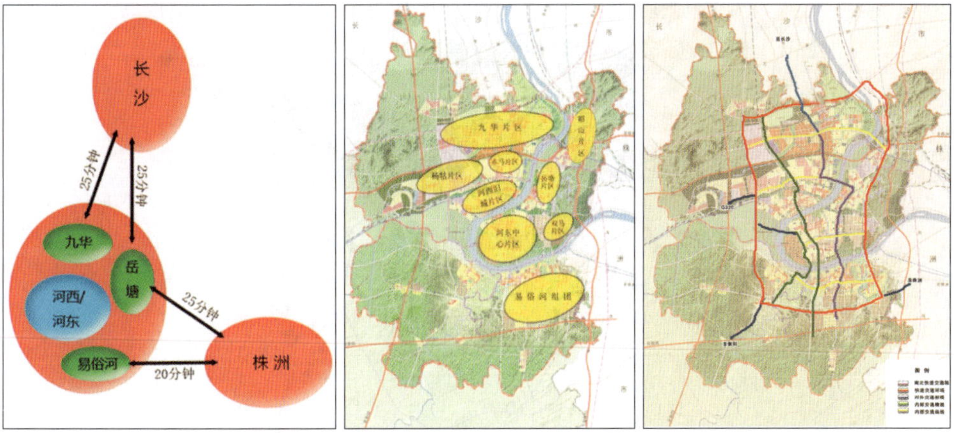

图5 城市空间结构与路网结构的关系案例

系各个组团的南北向中央通道是非常重要的，而环路的绕行作用只要用半环就可以解决。这个城市作为老城区的河西区和现在发展的行政中心河东区的关系，也不是简单增加两区之间的越江通道，而是合理选择通道位置使得河东区具有独立的向西通道，避免车辆穿越河西区增加其压力。各个城市的发展都需要根据自身的特点，决定城市的道路骨架。而不是根据其他城市的经验，全部搬过来使用。要理解自身的挑战与目标，才能正确面向未来决策。

2.城市轨道交通的布局

再举一个案例，某市在规划城市自身的轨道，如何将它与整个城市群和广域城际铁路体系的轨道融为一体？城市群已确定的城际铁骨架“人”字形结构，以省会为中心拉动两个地级城市。初始讨论的城市自身轨道方案如图6中所示的方案1，是一个“十”字形的方案，缺点在于这个“十”字形的两条线，实际上就是城市自身孤立的

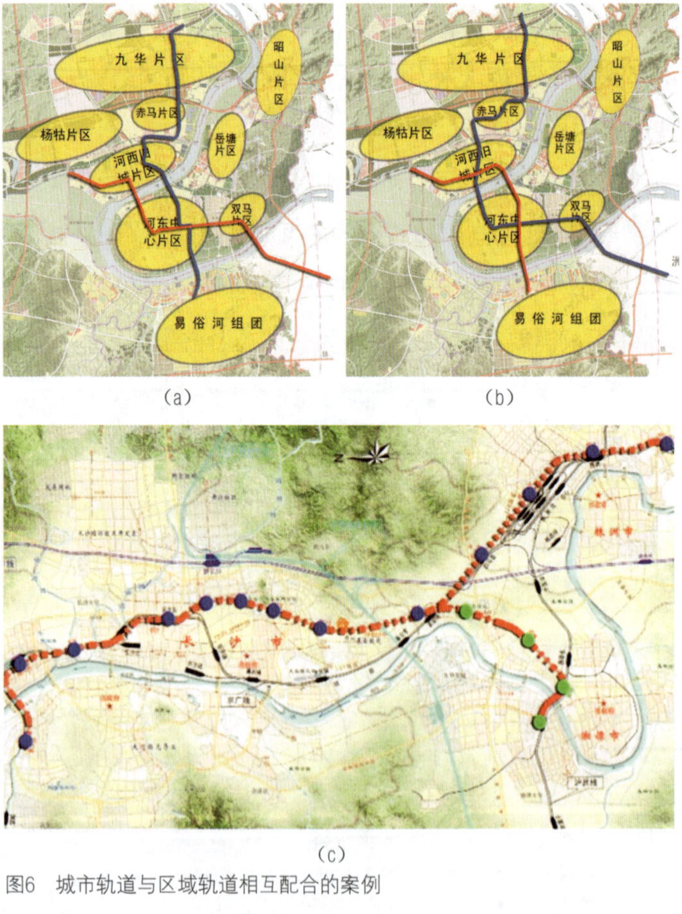

图6　城市轨道与区域轨道相互配合的案例

两条线，对整个城际铁系统没有多少补充。为此作为修改方案提出了方案2，其中蓝色线路成为补充城际铁和兼顾城市自身需求的线路，让城际铁路成为一个"品"字形，这样大家得利，会共同来推动建设。

轨道交通建设过程中还需要注意多方协调、防止错失机遇。高速铁路和城际铁路主要是针对商务等客流，要求衔接便利以满足服务需求，同时其衔接点又会带来大量人气而创造发展机遇。但是由于种种原因，在已经规划建设的系统中往往出现衔接脱节（需要通过城市公交才能在高铁和城铁之间换乘）。城市政府需要认识到利用轨道建设改善自身区位的重要性，同时要注意这种区位直接关联的是轨道（铁路）的入口和衔接点，将此与城市新的增长极规划联系起来。

（三）不断关注交通发展中的新问题

1.城际铁路与城市关系

新疆在发展的过程中，有很多县级城市将来都可能通铁路，那铁路和我们的城市之间到底是什么关系呢？首先，城际铁路意味着一种新的交通服务，满足的是城市之间较为频繁的交通联系。因此，城际铁路与城市交通衔接要紧密便捷，才能保障频繁交通连续所需要的时间要求。其次，要注意标准与功能之间的合理对应，盲目追求高速度会造成城际铁由于线形标准高而难以进入城市，不得不远离城市设站，形成对城市服务不便的格局。第三，在有条件的情况下，城际铁路最好能够兼顾城市组团之间的联系，有一些慢车把相距20～40km的组团间交通兼顾一下。城际铁主要是起到城市之间快速衔接的作用。因为它的客流和普通铁路的客流不一样。最大的差别在哪里呢？使用的频率。过去一年最多也就坐一到二趟，单程对他来说，时间并不重要。现在他有可能在一个月中坐十次左右的车。他就会想，我当天是否可以往返？这样的话，甩在城市外面很远，还要用公交进行接驳，转到城市内部，那么你在城市中能够停留的时间有多少？他可以留下多少时间办事情？所以如何处理这个关系，是需要我们认真考虑的（图7）。

城市之间距离很远，速度非常重要，但也不是简单追求高速度，要看满足的是当天往返的需求还是隔天往返的需求，扣除路上时间还能留下多少在目的地城市有效逗留的时间，而不是简单地说，速度快就是好的。

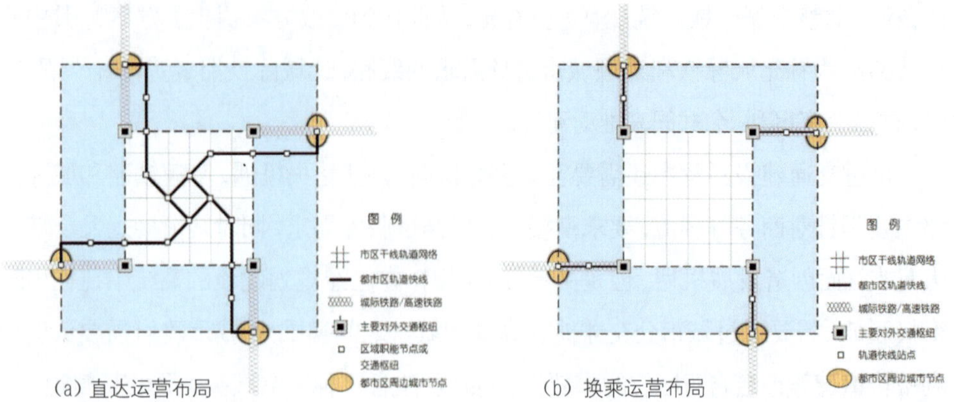

图7　铁路与城市衔接关系示意

2.城市群发展与交通

城市群的发展意味着区域服务职能越来越向中心城市集聚，中心城市的服务范围越来越向区域扩展。因此，要注意在城市群内交通联系往往不是日常通勤交通。如果城市群发展造成大量的人在不同城市之间往返上下班，那我们肯定把问题处理错了。而非日常交通关注时间效率的特殊性，造成城市间的交通联系不能只到城市外围截止，需要适度深入城市内部，这与传统的城际交通是有所不同的。

同时，城市群之间的交通发展也会造成新的机遇。日本东京是一个大都市圈，大阪、京都和神户构成了“京阪神”都市圈，两者之间的名古屋也是一个都市圈。这三个都市圈在新干线通车以后出现了一种现象。大阪京都的人与东京的人之间要开会的话，会选择名古屋作为会议地点，因为大家坐一个多小时都可以到。开完会，晚上回到家还很轻松。好比京沪高铁，将来徐州就会有这样一种机会。在这种情况下铁路车站前最需要的是什么？像名古屋车站前，有很多设施是为了会议服务的。包括会议之后吃工作餐，或者会后聚会小坐的咖啡店和酒吧。它的许多设施都是为这个服务的。这里面就涉及到车站是一个流通节点，依托这通道设置周边地区功能。

伴随新疆的发展，一些城市将会形成旅游枢纽城市，也就是说辐射某个区域的旅游基地节点。这些功能与交通通道的关系，以及放在城市的哪个区域是需要从现在开始谋划的。例如新源县依托那拉提草原构建旅游枢纽城市的话，就需要处理好城市功能、结构、产业与这些潜在需求之间的关系；特克斯如考虑这方面的发展，需要处理好老城格局（八卦城）与旅游服务设施集聚空间的关系。

说到新疆，包括许多物流节点不能孤立起来看问题。以霍尔果斯为例，仅仅具备陆路口岸可能还不够，因为这个口岸不具备应急运输能力，如果把这个口岸与伊宁机场形成“陆空联港”，会形成一个功能更加完整、作用更大的对外口岸。在此背景下讨论伊宁机场与城市的关系、机场与周边园区间的关系，视野和决策的影响因素就不同了。同时，在霍尔果斯可能就需要设置“虚拟空港”（如同苏州工业园区所为）。

3.服务对象的针对性

我们可以从鲁尔大区产业结构调整过程中的作法得到很好的启发。在产业结构调整的时候，鲁尔大区有很多很有意思的关于工业遗产方面的使用。我们感兴趣的，不是他们在怎么使用这些遗产，而是他们为什么会想到这些事情？

鲁尔大区从工业转向现代产业发展过程中认识到，城市转型不是一种简单的形态建设，而是一个社会转型发展的过程，需要认真思考如何为新聚集的服务对象提供新的市政设施？由于需要吸引白领阶层集聚，以形成现代产业发展的人力资源基础，所以新考虑了很多服务设施。如将大煤气罐改造成为潜水训练设施，将旧水泥厂改造成为攀岩设施（图8）等。

这种思维方式启发我们的是理解服务对象的需求。新疆的城镇化要适应民族地区的生活方式需求，承担城乡服务节点职能的小城市要考虑对农牧地区服务的需求。

4.定位——寻找城市发展的战略空间（苏州案例）

交通规划中必须考虑战略问题，而交通战略永远是服从于城市战略的。

图8　鲁尔大区面向白领阶层的服务设施建设示例

图9是做苏州物流规划中在回答政府问题时用的概念图。苏州紧靠着上海，在上海建设国际航运中心的过程中，苏州的太仓港、张家港、常熟港如何进行发展定位？如果只向东看，希望把上海的一些功能分过去是不合理且有局限的，但是如果把眼光转向西面，考虑作为长江中上游与长江三角洲之间集装箱运输的登陆节点，以及长江航运与处于海上的大小洋山港口之间的江海转换节点，就可以找到许多共赢的发展机遇。第二个想法，江苏的产业结构和浙江的产业结构有非常大的差异。苏州，比较合适的是两个省之间的一个重要的货物交换集散的节点。所以，在交通规划时，由于从区域网络上看问题，会给城市发展战略提出新的建议。

图9 苏州市物流体系概念示意

5.对乌鲁木齐交通的粗浅看法

从乌鲁木齐的情况看，我第一次到乌鲁木齐，对它的情况确实也不了解，有些话可能讲错。乌鲁木齐现在的挑战是什么？城市在快速发展过程中城市的骨架需要重新梳理。因为原来的城市骨架，不足以承担现在的城市。那么困难在什么地方？除了气候原因，在城市中，我们如何去克服“蜂腰”的瓶颈，使得整个城市形成一个整体。这个“蜂腰”地带受到两边地形地貌的约束，在这个地带中不是简单的道路不够，也不是简单的修建地铁和BRT的问题，这个地方的通道资源是非常有限的，也是不能再生的。我们在考虑现在很多项目的时候，应该考虑通道资源的高效利用和综合利用，要汲取很多城市对于通道资源前期综合规划不够造成浪费的教训。

(1) 要重视通道资源

为了便于理解通道的概念，通过上海地铁2号线案例具体来加以说明。2号线实际上承担了多方面的功能，一方面作为城市轨道需要保障沿线交通，需要站点较密集以提高对于城市地区的覆盖率；另一方面又联系了虹桥枢纽、浦东机场等，这种功能需要突出“快”。但是2号线不具备列车越行的能力，也就是说实际上是一条“慢线路”。当我们把通道做成线路，问题就出来了，从虹桥枢纽到浦东机场车上需要70分钟以上，不可能作为两者之间快速的轨道交通。日本的地铁时刻表上有直达、快速、准快行，还有普通车，停的站都是不一样的，用不同的运输组织方式满足多样化的需求。再看看我们城市的地铁，只有一个时刻表，难以满足多样化需求。往往把两个功能叠加在一起，一个是城市本身的功能，站点需要很密；一个从远距离的交通来看，需要快速通达。因此，需要把握的是交通最终将给市民提供的是什么？是一种服务，而不是简单的设施。老百姓真正关心的不是城市有多少轨道，而是所得到的是什么样的交通服务。但是从服务来讲，就会发现我们在很多环节还不能衔接起来。

(2) 城市交通的近和远

对于这点，我在这里也发表几点个人看法，不一定能供大家参考。

示例：考虑快速公交与轨道交通的近、远协调关系。

快速公交具有近期应急的有效性，但是布置在客流主通道上远期可能会出现容量不够等问题，偏离主通道又会产生近期效果不佳。

乌鲁木齐遇到的一个情况，BRT和轨道，它有可能会重合，那我们到底是应该修建BRT还是轨道呢？实际上，这两件事情不是绝对的。政府考虑修建快速交通有没有道理？绝对有道理。从近期来看，我们等不到轨道的建成，老百姓需要解决问题，用快速公交去解决是一个办法。但是从远期看，又是一个矛盾。远期通道上建设轨道以后，快速公交线路如何调整以避免两者之间的重叠浪费？因此，不能简单地把厦门的经验搬过来，设施与线路之间的关系要有灵活调整的余地，将来轨道建成以后，BRT可以与其相互配合、协同运行。

(3) 城市通道资源的有效利用

通道资源有效利用不仅是通道资源的规划，也包括项目建设上的相互衔接。有的城市快速道路出现两头在地底下，中间“拱”出来一段的情况，其主要原因是为了给规划中的地铁留出建设空间。本来两者可以协调设计，分步建设，不用再“拱”出来，影响地面的交通和开发。麻烦的是，快速道路设计与地铁的规划设计进度不协调，地铁还没有做到初步设计，不知道线位、埋深、站点位置及形式等，没有办法协调设计，只好把两条线平行摆放。为避免由此带来的红线宽度不够，干脆在快速道路上走高架，给未来的地铁让出空间。由此一来，政府可能会付出代价，高架路会屏蔽大学的溢出效应，使得周边一些地区由于高架的阻隔开发潜力下降。就如同济大学一边被内环封死，与另一边赤峰路的产业集聚发展形成了鲜明的对比。

(4) 城市需要的是窄而密的路，还是宽而疏的路？

从航拍图上看，北京与纽约、巴黎、伦敦最大的差别是什么？他们的道路是密密麻麻的，我们路网密度就稀多了（图10）。

较高密度路网主要有两个好处：首先是车辆运行效率合理，稀路网会造成交叉口大量的左转车辆出现，降低其效率，从技术分析来看，200m左右间距的路网即使对于车辆也是合理的；其次是降低人使用的便利性，包括降低公交线网的覆盖率。

其实，支路在路网中具有重要作用。比如上海，支路承担了13%~16%的交通量。如果这些车都挤到干道上去，那就麻烦了，路就会堵死。有些200万、300万人口的城市还在犯错误，修建快速干道是对的，但是把大多数支路全部封死切断了。这样的话城市将来就很麻烦。比如上海的浦东走了北京大街坊的模式，对于公交覆盖来说

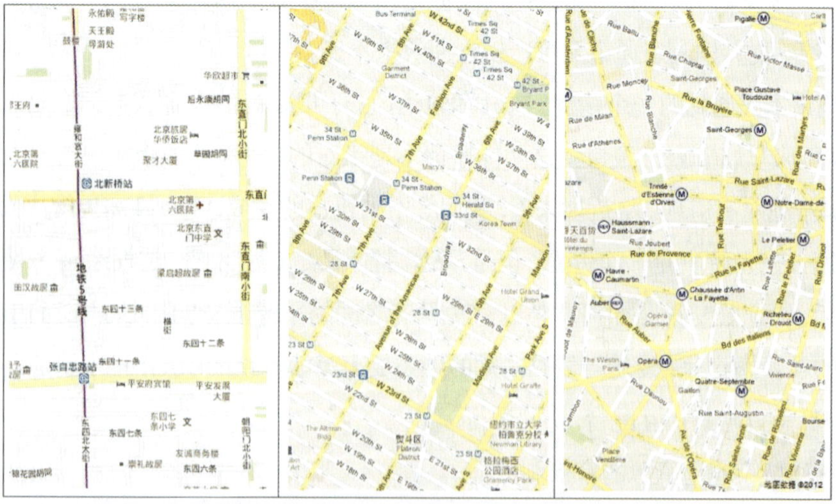

北京　　纽约　　巴黎

图10　北京、纽约、巴黎路网密度对比

图11　上海武康路所展现的宜人环境

并不好，密的路网往往是更适合人的。交通不仅仅是为了车，实际上还要考虑人，这也是交通工程师有时候犯的一个错误。我们设计了很多给车走的路，却忘了给人用的街；我们设计了交通功能的路，却忘了设计给人滞留、交流用的街。但是，这些东西城市都是需要的。如果城市里都是车水马龙，那我们还怎么放心我们的孩子自己上下学呢？

(5) 道路规模和尺度的协调

作为主干道大的、宽的道路往往是在大城市里面看起来配合得比较好的。到了几十万人的城市，如果也修建了一条极宽的道路，实际上是不应该的。比如有的小县城规划面积十几平方公里，如果设计一条100m红线的道路，那尺度比例就完全错了，变成了一条大的分割带把城市割裂开来。图11的两张图片是上海的武康路，从人的角度来看是非常有人情味儿的路。又如泽普县的法桐大道，确有沙漠绿洲城市的浓厚感觉。但是看看城市新的规划图纸，这样的道路并没有得到足够的重视，可以看到许多适合车使用的宽马路，但很难找到人性化的道路。

我们现在遇到了一个很沉重的汽车压力。但是我们不能忘了，将来的城市还是给人的。就像有个笑话，外星人到了地球考察，回去写了一个报告，说地球上充满了叫“汽车”的动物，这些动物里面长满了叫“人”的寄生虫。这是发展阶段的产物，而不是长久发展的目标。所以，现在广东修的绿道系统，这是为人的。上海的虹桥商务区，韩正市长提出，需要给人使用的密而窄的路网，不要简单的宽而疏的路网。

这是国外的几个小镇（图12），路很窄，但是特色感很好,它的产业靠什么呢？靠旅游，很多到大城市的人，不住在城市里，就住在这些小镇里。这个小镇我估计不会超过3000人，有十几家这种小旅馆，住得很舒服。这个小镇到大城市只有8km，随便叫一辆出租车就马上可以到大城市。这也是我一个德国朋友推荐的，去了之后感觉

图12　德国小镇街道街景

不错。这种地方就要保证小镇的宁静感。不到3000人的小镇有一条商业街，我一开始搞糊涂了：不到3000人的小镇怎么会要一条商业街？他说你到星期六、星期天再来看看，包括星期五。镇里利用一个老的啤酒作坊做的一个酒吧，很多城里人会来喝啤酒、买东西。

6.关于公交优先

(1) 公交与慢行的关系

公交优先，绝对不是一个简单的公交建设。实际上，我们讲的公交优先，指的是公交加慢行的优先（图13）。两头还有走路的，或者骑自行车的。而这段路走得舒服不舒服，有的时候会使人放弃公交出行方式而转向小汽车出行，因此必须考虑慢行环境建设问题。我们对于支路只有一个技术标准，日本的支路有四种类型，其中两种类型是给汽车的，两种是给人用的，断面设计、技术标准都是不一样的。

(2) 从使用者的角度审视公交服务

从使用者的角度关心的是什么呢？关心的是站点密度，走多远可以找到公交车站。

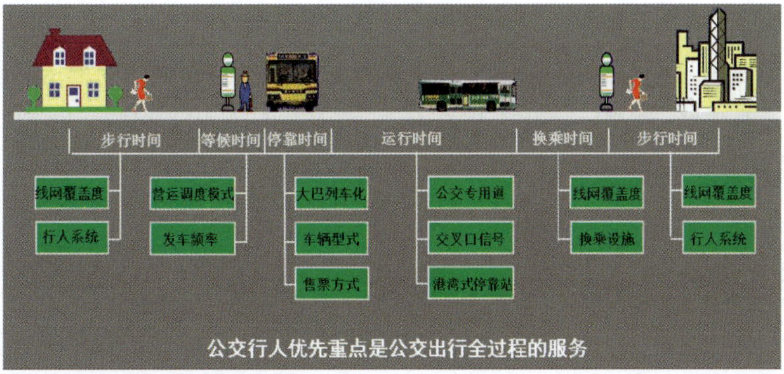

图13　公交+慢行优先概念示意

乌鲁木齐300m的公交站点覆盖状况，可以发现，有些地方覆盖是很密集的，有些地方是很稀疏的。从使用者角度，如果需要走1km才能坐上公交车，可能就会放弃。还需要关心的是线网密度怎么样？不仅仅是个线路长度，要理解使用者的要求，而不是简单去看一些技术指标。

7.用地布局不合理产生的潮汐交通

交通上最怕的是什么？一大片土地，在规划图上用地性质是同一种颜色，即同一功能的用地，比如十几、二十平方公里的居住用地。这意味着什么？在这十几、二十平方公里的居住用地中所能提供的就业岗位是非常少的，每天这些人需要大搬家，会对交通造成极大的压力。

这是北京出现的潮汐式的交通（图14），上班堵道路这半边，下班堵道路那半边。本来土地就很少，结果一半的时间里道路使用效率并不高。造成这些问题的原

图14　北京道路交通出现的潮汐现象

因是土地开发功能过于单一，大片的居住用地非常集中。所以，交通上非常赞同的是混合用地的开发。很多城市规划一挂出来，图很漂亮，这是居住用地，这是产业用地，这是商业用地，但是真正建成却很麻烦，可能会造成这样的局面。所以，各类用地的规模是有上限的，不宜过于大。集聚十几二十万人相当于一个小城市每天在搬家。单单依靠一条路、两条路支撑，怎么也撑不住。

8.城市骨架依靠少数干道带来的问题

有的时候也会遇到一些尴尬，举一个省会城市的案例。花了很大的力气对城市的主干道、次干道进行了整治，但是城市的骨架没有调整到位。整个骨架在老城区基本上是没有摆脱"十"字架构。现在需要修建地铁。但是市长马上考虑到一个问题。在城市主干道上同时开工修建地铁，没有可以分流的道路，会不会造成城市在施工期间被堵的瘫痪？所以，我们不能满足于眼前压力减轻了一点，必须看到5年以后我们面临的压力是什么？该把路网调整的时候，一定要快速把路网调整过来。否则，错过机会会遇到更大压力时非常麻烦。所以很多城市提出，"交通黑暗期"怎么过？所谓黑暗期，现在只有那么几条路在支撑，尽管远期有地铁，但是需要动工。一旦动工之后城市日常运行怎么办？会不会瘫痪？实际上，真正的交通规划，应该有战略预见。

从适应未来发展的城市骨架来看，交通系统需要与城市空间结构有机整合，图15显示了某城市交通规划中所提出的技术路线，突出考虑的就是这个问题。

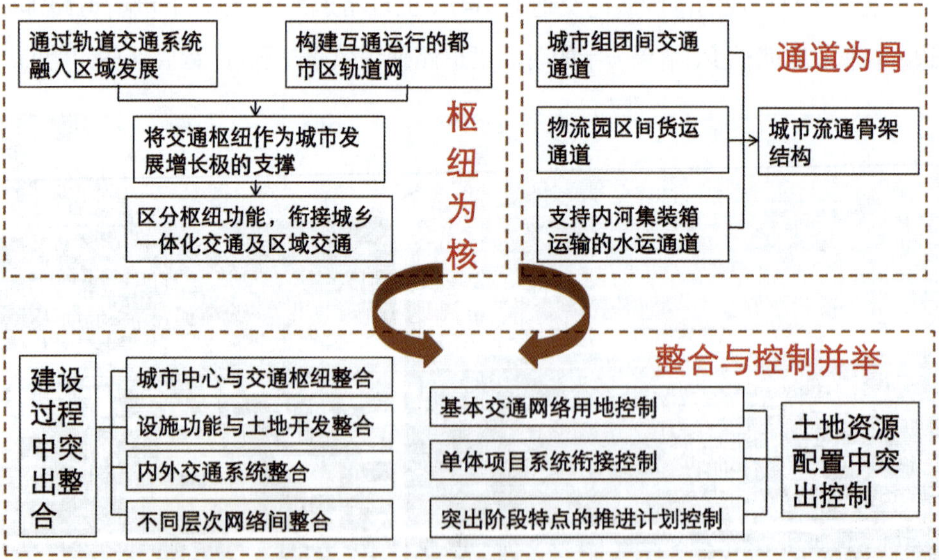

图15　某市交通规划技术路线概念示意

二、交通规划更主要是一种发展政策的安排

（一）交通规划的公共政策特征

实际上，交通规划不是一种技术，而是一种政策。交通规划的制定过程实质上就是公共政策制定的过程。具体来讲，就是政府为实现一定的目标，通过制定并实施整体交通规划的手段，对社会的交通系统资源使用权进行分配，从而平衡协调社会不同阶层的利益。

1.城市的长久利益——我们能否摆脱恶性循环?

这个政策一个要考虑的是，长久的利益怎么办？我们会不会走到一个“死循环”里面。经济增长了，城市就要扩大，汽车拥有量就要增长，然后这个城市半径扩大以后，道路的发展又不可能跟上汽车的发展，因此平均每辆车拥有的道路长度在不断缩小，从而带来了高度的污染和大量的能源消耗。

坦率地讲，我对汽车发展战略是持一定的保留意见的。我们国家绝对不可能像美国那样拥有小汽车，这意味着我们要消耗像美国同样的石油，美国现在消耗多少，九亿多吨。如果世界上再出来一个国家像美国一样消耗同样多的石油，那恐怕整个经济就完蛋了。石油就变成了不是100美元一桶，而是200、300美元一桶。这是个更大的战略。

2.针对机动化的对策——任务的分解与协同

实际上这里就会讲到，交通问题绝不是开一个“单味药”，而是需要一个“复方合剂”。要通过不同的手段组合在一起，才能解决问题。靠单一的手段，没有办法完全解决问题。很多城市在建设智能交通，有的领导会问一句话，智能交通能不能解决城市交通问题？我说，不能。光靠这一个手段，你解决不了。但是它是这个“复方合剂”中不能缺少的一味药！有的问，轨道交通能不能解决我的城市问题？也不能。轨道修建到一定程度，你就会发现，你遇到的问题不仅是没钱修轨道，甚至它的运行都会给你的城市带来极大的财政负担和压力。另外在轨道交通和用地的开发利用之间是会出现不匹配的。比如，有时候会提出一个问题：轨道是给谁用的，是给富人用的，还是给一般的公众用的？这个问题回答起来很简单，主要给中低收入公众用的。但是我们想没想过？轨道站点周边的房子是最贵的，穷人是买不起的。结果富人住在轨道边上，但是对于轨道的依赖性又很小，

弄得轨道运营公司还发愁，每天运量太少要赔钱的。政府又要对轨道公司运营进行补贴。所以有的市长提出，拿纳税人的钱，到底是补助富人呢，还是补穷人了？实际上，就算是以市场经济为主的国家，比如说日本，它对轨道交通周边一定范围内的房子，对于房型是有严格控制的，靠开发小房型保证需要使用轨道的人还能住得比较接近轨道。

实际上，对于交通决策非常重要的是能不能把最根本的问题提炼出来？而不是被一大堆技术描述给搞昏了头。我记得我看过日本东京的轨道建设的一个报告，那是它很早以前做的一个报告，还不是修建地铁，是修建地面铁路。报告提出了一个问题，提得很简单，然后回答也很简单。东京为什么需要轨道？回答只有一句话，中产阶级有其房。东京都市圈中心，中产阶级是买不起房子的，只能住在郊区。那上下班怎么办呢？一定要依靠轨道。所以一定要修建轨道交通，而且修建的轨道都是放射型的。这样一个结论，使得它整个轨道交通到底要解决什么问题，目标很明确。这样一来，很多技术上的问题就很好讨论了。有时候，本来很明确的问题，被一大堆技术概念、技术构想搞复杂化了，反而不能把握住问题的实质。

资源与环境的制约决定了必须转变交通发展模式，提升公交服务水平及竞争力是机动化过程中的重要任务。

在教学中经常会用一张图片说相当一辆公交车面积可以站下的人，如果乘坐公交车只需三辆，但是如果乘坐私家车就需要铺满道路的车辆。我们城市没有那么多土地，让那么多人都可以开着小汽车上下班。小汽车也有它的合理使用范围，但是绝对不是用来上下班的。如果整个城市都用小汽车上下班，那么整个城市的资源无论如何都是不能支撑的。同时，也不能一味反对小汽车，它合理的地方是必须保障的。比如在南宁有个很特殊的地方，东盟的商贸区。每个国家在那个地方建造了一些设施。那么这个地方就要保障一定的商务出行的需要，合理的小汽车出行，而不是强调公交的地方。因此，不是一个城市所有的地方都要进行公交优先，都要抑制小汽车的使用。但是该抑制的地方一定要抑制，我们要明白，抑制小汽车的不合理使用实际上是为了保障小汽车的合理使用，而不是反对小汽车而抑制小汽车。

在机动化的压力下，以保障人居环境和城市生态为前提，尽可能扩大城市道路网络，以适应日益增长的交通需求。对于超出部分采用需求管理的方式加以抑制，引导其转向城市公共交通系统。

（二）以交通建设推动城市发展

1.交通与土地开发——枢纽地区的开发

铁路建设、轨道建设将会对许多地方带来新的发展机遇。但是他们之间需要衔接。比如，乌鲁木齐修建轨道的时候，需不需要分析一下其站点周边的功能特点？不同的站点，对于周边不同的使用功能可能会有不同的要求和控制。并且可能会产生不同的规划管理的实际要求。在商业地区的站点，需要和地下商业设施之间有很好的配合；这个地方和我们东部地区不同，冬天很冷，已经在地下了，能不能通过地下直接通向商场。而对于辐射范围较大的近郊站点，可能就需要留出合理土地供接驳交通停车使用。

那么对新区、新城建设的轨道站的修建能不能成为拉动这个新区人口集聚的要素呢？很多新城的发展，比如上海的一些新城，第一阶段靠的是什么？靠的是产业拉动。但是靠产业并不能带动形成独立的城，轨道站点周边用地的商业开发能不能成为第二轮推动新城发展的新的动力呢？我们不能紧贴轨道建住宅，噪声会让人受不了。但是居住区的公共服务设施可以在这个地区集聚。而这种协调下来，就会涉及到公交站场、公交首末站等问题。及早明确的规划会使得后续开发有法可依，也可以及早规范开发商的行为。

2.把握铁路建设带来的机遇

不能把铁路站点孤立看待，而是需要结合周边开发共同考虑。铁路站点建设往往成为新中心成长的动力。小城市如何利用铁路建设新的城市发展地区？有的城市会成为旅游集散枢纽城市，有的城市会成为物流中转枢纽城市。

但是有的城市缺少对这种机遇的认识，铁路车站与城市之间脱节，建在离城市很远的地方，甚至在车站与城市之间再穿越一条高速公路形成再次分割。铁路车站与城市的联系不是一个简单的交通功能，而是如何利用这种交通带来的人流和物流拉动相关地区的开发。

从整体角度考虑，不仅需要考虑城际铁路带来的机遇，增强其对城市的联系深度，还需要考虑保证其快速性，避免站点多了速度过低造成新的问题。所以，需要把城际铁路看作是由多种运行组织方式构成的通道。

3.旅游资源与经济效益的结合

有的时候，我们需要把旅游放在一起考虑。有时候，交通便利了，对地方来说也不清楚是福是祸。既有可能引来人流，也有可能被吸走人气。日本有个湖叫做“洞爷湖”，八国峰会在那召开，在湖边修建了一些简单的徊廊，中间有条小沟流着温泉。你可以卷起裤脚在那里一边洗温泉泡脚一边看景色。但是，这些免费设施背后有它的经济目的，就是希望游客在感到舒服的同时多逗留一些时间。有一次我到一个风景很漂亮的地方，那边没有温泉，而是在修建一个温泉。我就问，你这里风景那么好，尽管日本有温泉文化，但是你这里是不是有必要修建一个温泉呢？他说，杨先生，到我这里来的人都是这样，当天开车过来看完风景，当天就走了，留了一大堆垃圾.所以一定要想办法让他过夜，怎么办呢？那就泡温泉，温泉在那一泡，两三个小时过去了，他就走不掉了。交通，它要有“驻”和“流”。

在旅游枢纽城市需要修建一些给游客活动的设施。例如我们可以在国外所谓公共小城市周边看到一些小路很有意思，做了一个标志告诉沿着这条路跑一圈或散步一圈需要多少时间，给那些驻留的游客早上起来散步或者跑步使用。我们在建设施的时候，往往缺了最后的一小点，但是给予的机会以及对公众的服务却缺了一大点。

4.综合交通枢纽城市的网络型枢纽

毋庸置疑，乌鲁木齐是一个枢纽城市。枢纽概念到底是什么？我个人的感觉，它应该是一个网络型的枢纽。就较大的区域来说，它是一个点，但是对于这个城市本身来讲，它绝对不是一个点。区域中各个点不是平等的，它有一个“中枢”。“中枢”在哪？如果高铁车站作为一个中枢，就需要对未来看得远一点，预留发展空间。例如进入这个枢纽需要多少股道？不要造成过了几年，枢纽的站厅是够用的，但铁路的道股数是不够用的，造成又得搬家。但是作为中枢，所有的交通都要集中到这个地方，特别是开着小汽车要集中到这个地方，又麻烦了。那么就需要和一些起配合作用的辅助枢纽一起综合考虑。所以，乌鲁木齐这样一个城市，真正作为一个经济中心，一个商贸中心，商务客流大进大出，我们一定要考虑用什么方式才能保证内外的衔接？

5.车站规划管理导则示例

深圳在地铁站点周边都做了一个规划管理导则。这个导则中主要讲了几件事：这个站点是属于什么性质的站点？这个站所能辐射的范围涉及的土地有多大面积？还可能有开发潜力的土地面积有多少？现在的人口有多少？希望将来的人口是多少？这其中有多少就业岗位和人口？然后反映了对于车站本身的一些要求。它应该是高架的或者是在地面的？在接驳方面，应该保证哪几路公交车？是否需要预留自行车的接驳和出租车的接驳？人行系统是否有连接的要求？制作一张表，最后审查的时候，用这张表去和最后的具体设计方案比对，这些要求是否满足。满足了，说明就保证了整体的协调性，如果没有满足就需要做修改。实际上，对于车站周边土地的再生改造，是需要考虑这些内容的。

上海最早的时候，地铁与城市火车站之间的衔接就出现问题了。后来做上海南站的时候，做了很好的调整和规划。而且把已经运行的地铁站做了局部的调整，以保证铁路与城市轨道之间的有机衔接。日本东京站表面看就这么一点点建筑，实际上是为了保证过去历史建筑的风貌，而在地底下深达60m，有5层的建筑。但他们的教训也很厉害，地下一条线路改线多花了很大的代价。城市交通枢纽的地下工程改造是非常困难的，必须要有很好的前瞻性，避免后期的不适应。

铁路和城市一开始是若即若离的关系，然后随着不断的发展，他们的关系越来越紧密，城市开始跨过铁路发展，然而一跨过铁路，这个铁路就麻烦了，变成一堵"墙"，把城市给"拦"住了。然后铁路又在修建环线，实际上这里面的关系是非常难处理的。所以，现在新疆在大规模建设铁路，特别是一部分要碰到县城，我觉得县长们要有一个很重要的概念。第一，铁路和县城、城市之间的关系。第二，尽早与铁路相关部门进行沟通，商谈是否有些可以调整，并对县城、城市带来哪些重大影响。但绝对不能这样想，就让它去修，修好了我就用。铁路既可能给城市带来利益，也可能给城市带来麻烦。

三、围绕政府行动的交通服务水平提升

（一）在道路交通拥堵成为常态情况下，保障经济与设施活动的正常运行

有些城市市长看到交通拥堵很着急，他给交通工程师一个任务，你给我解决堵车问题。这个任务不可能完成。至少十年到二十年之内，不可能解决堵车问题。尽管堵车不能避免，但是必须要保证城市社会、经济活动的正常运行。这需要讨论什么才算保障社会经济和社会活动的正常运行。市民上下班多少时间才算保障了，相应的指标是什么，以及能不能对将来或者明年将要遇到的情况作出预报？能不能对于

交通管理规划行动示例 表1

行　　动	主要内容说明	组织部门
1、交通管理长效机制(10项)		
2、交通管理改善实施项目(16项)		
（1）增加交通管理警力	重点加强执法、安全管理、科技警力	交警局
（2）重点片区交通组织改善设计	优化交通组织，路口渠化，公交站改善，人行过街设施改善，完善交通标志、标线。	
（3）交通管理设施改善工程	包括交通信号控制系统改善，快速路与干道交通标志、标线、护栏改善设计，全面提升道路信息的系统性、连续性与警告信息的完备性。	交警局
（4）重要节点交通组织改善工程	16个路口。主要内容：增设护栏、禁止左转、重新布置车道、路口拓宽渠化、优化信号配时。	交警局
3、专项规划研究(6项)		
（1）开展交通监控系统专项规划	结合道路设施改善，开展交通信号控制系统、电子警察系统、闭路电视系统、交通监视系统规划。	交警局
（2）交通事故黑点整治规划与近期改善方案	全市交通事故黑点排查，编制交通事故黑点整治规划方案与近期改善方案。	交警局
（3）开展交通管理设施改善规划设计	开展南山、盐田、龙岗、宝安交通管理设施改善规划设计，系统补充、完善南山、盐田、龙岗、宝安交通标志、标线、护栏、信号灯等。	交警局

将要出现的，比如大面积城市交通瘫痪作出预警？提出的科学对策，都是在能把问题搞明白的情况下做出的，而不是似懂非懂而做出的。

有些城市中心区堵车，实际上从更广的范围来看，是因为大量的过境交通都是从这里走的。这就需要开辟另外一个通道对过境交通加以分流，也就是经常说的“打通两厢，缓解中央”。通过管理提升系统服务水平，尽管不能彻底解决交通问题，但是良好的交通管理能够最大限度地释放设施的潜力，以及形成压力缓冲期。下面几个案例用来说明可能的行动选择。

以下举例说明交通管理策略示例（表1）：

(1)理顺交通管理体制、机制，推进全市交通的统一管理、推行交通管理系统化、执法工作程序化；(2) 加强交警队伍建设，严格执法，严厉处罚，规范道路交通秩序；

停车规划示例 表2

	相关政策内容概要
规划政策	加大居住地停车位的规划供应，基本满足未来居住地的停车需求。
	调整工作地停车位的规划供应，控制城市中心城区上班停车需求。
	适度提高公共停车位的规划供应，满足人们日常社会经济活动的停车需求。
建设政策	鼓励多元化投资建设停车场；出台停车位市场化办法；出台停车场建设经营优惠政策。
管理政策	改善停车执法手段，加大停车管理力度。
	完善停车位申报和审批管理制度。
	利用先进科技，推进智能停车系统的开发。
收费政策	优化停车收费结构，完善停车收费方式，调节停车供需；适度提高停车收费标准；逐步推进一卡通停车收费方式；将提高停车收费后的增收部分，用于地铁或地铁换乘票价等公交补贴。

(3) 加强交通安全宣传与教育，提高交通参与者的交通安全与文明意识；(4) 改善交通组织管理，加强交通管理科技应用，高效利用道路交通设施；(5) 适时适度地推出交通需求管理措施，将小汽车的拥有和使用与交通基础设施的供给基本维持在同一增长水平。

表2说明了一些与停车管理相关的对策，解决停车的问题，实际上是解决道路的问题。

（二）协调机动化与人居环境的关系

伴随机动化的发展，人居环境不断受到冲击。为此，发达国家的许多交通对策是针对人居环境保护而制定的。图16显示了日本针对居住社区的综合交通规划的目的结构，从中可以看出交通问题深化后所关注问题的变化。

而图17显示了日本居住社区综合交通规划的内容，以此说明我们将来可能出现的任务变化。

（三）以信息技术支撑管理和服务的提升

信息技术就是两件事情，一是如何提高管理水平，通过数据帮助我们把问题看清楚；二是怎么提高交通的服务水平，包括公交。

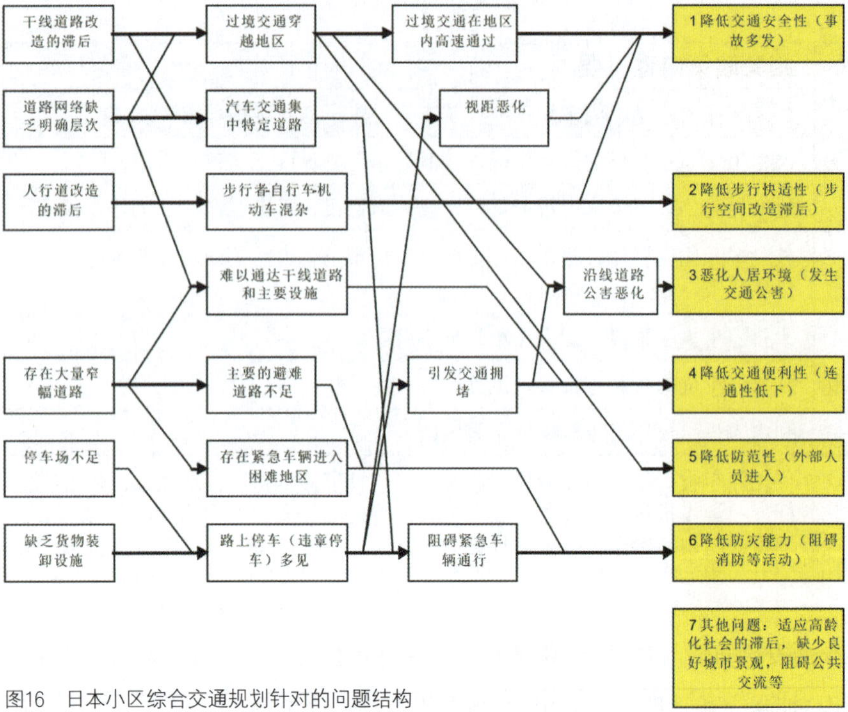

图16　日本小区综合交通规划针对的问题结构

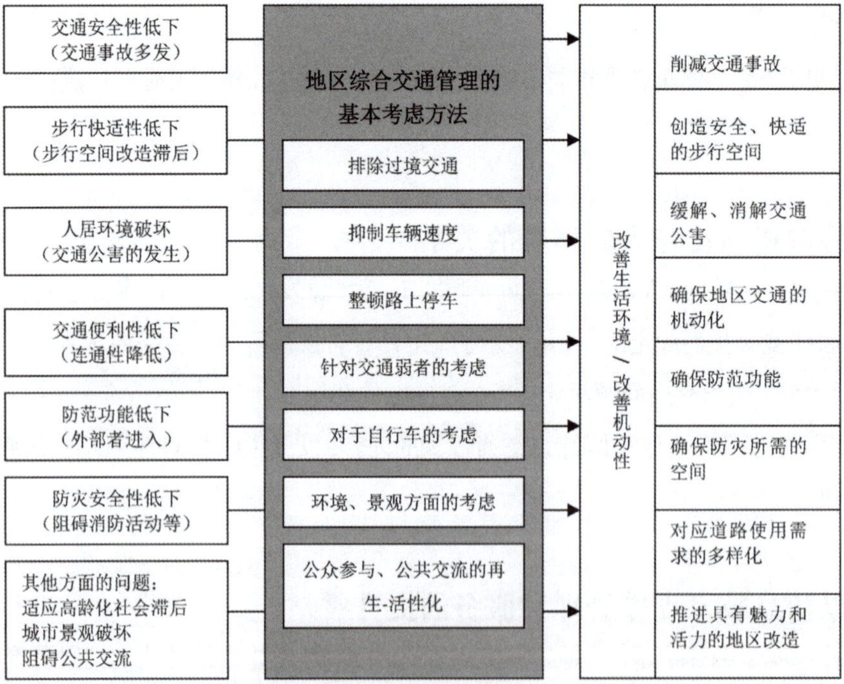

图17　日本小区综合交通规划中问题—对策—目标的关系

乘坐公交，出门之前能不能知道大概多少时间可以到达目的地，沿途在哪里换乘车辆，下一班车大概什么时候到达？而在决策过程中依托大量的数据之后，需要进行一些分析。通过分析明确：一是面对的问题是什么？二是帮助我们制定方案，之前是预评估，完成后是后评估。在实践中学习，然后调整方案。

如果问题搞不明白，会给领导当“瞎参谋”。一当“瞎参谋”就麻烦了，领导的判断也会被技术人员误导。

以上向各位领导作这样一个汇报，不一定对，请各位领导批评、指正。

王祥荣

上海市援疆规划专家顾问组成员，新疆维吾尔自治区人民政府城乡规划工作顾问。复旦大学环境科学与工程系教授、博士生导师，复旦大学城市生态规划与设计研究中心主任，复旦大学长三角研究院副院长。

上海市政协委员，中国生态学会城市生态专业委员会副主任、上海市生态学会理事长、上海市建交委环境与绿化专业委员会主任、IUCN(国际自然保护联盟)CEC东亚区副主席,国际生态城市建设协会常务理事，《生态学报》等学术刊物编委。近年来主持国家级、省部级和国际合作项目80余项，发表学术论文130余篇、专著19部(含5部合编)、教材4部，获国家发明专利6项。

城市生态环境与可持续发展

基于全球气候变化对城市人居环境、生态系统的影响和城市化背景分析，结合国内外案例提出了生态城市的概念、内涵与规划程序，以及低碳城市的发展与管理对策。

一、城市可持续发展背景分析

（一）全球变化的环境胁迫

气象资料表明，近100年来全球平均气温基本变化呈波动状不断上升，中高纬度的陆地变化很明显（图1），特别是全球冬季的增温非常明显，这种变化所带来的效应包括海平面上升等（图2），整个20世纪海平面上升了17cm，上升速率为1.0~2.0mm/a。

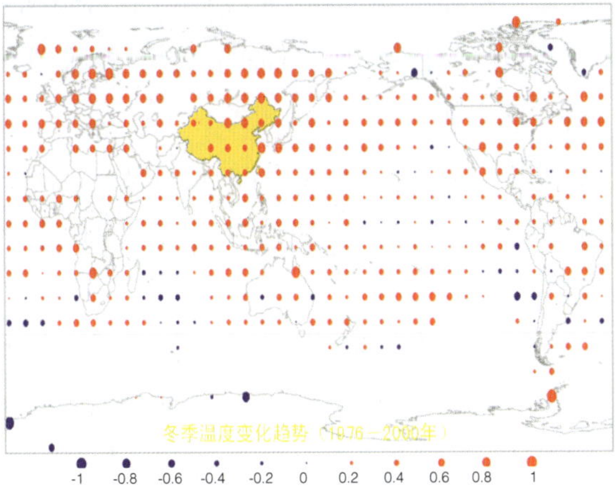

图1　冬季温度变化趋势（1901—2000年）增温速率（℃/10年）

资料来源：李秀彬，全球环境变化，中国科学院地理科学与资源研究所，全国地理教学研究会学术年会，成都，2005.11

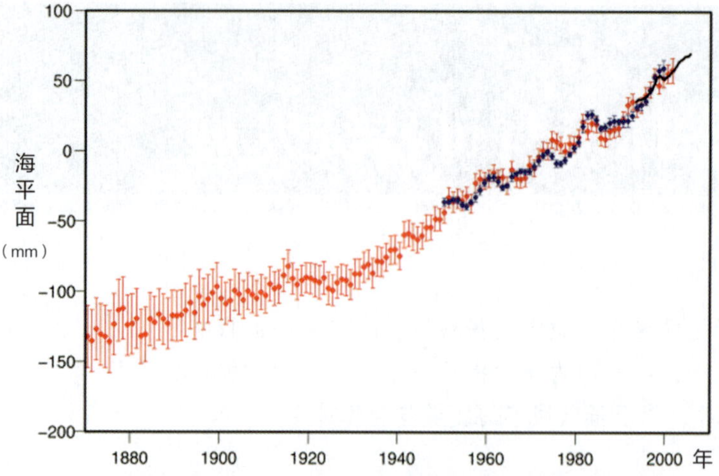

图2　1860—2002年间海平面上升情况

资料来源：IPCC.Working Group I. Climate Change:The Jaentific Basis,20011

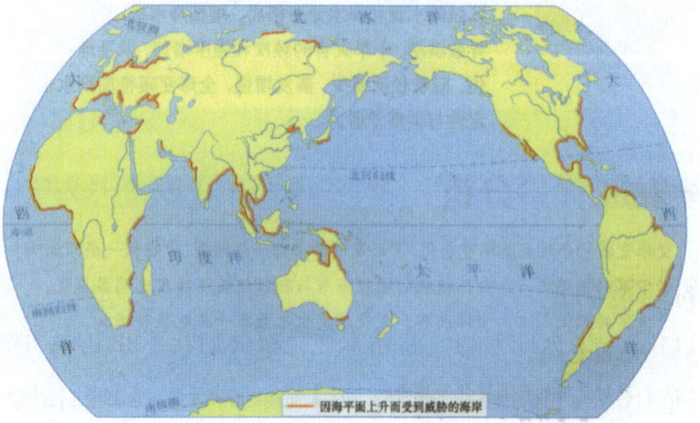

图3　海拔较低的沿海地区将会面临被淹没或局部被淹没的危险

资料来源：Center for Internationl Earth Science Information Network , http://www.relifweb.int/wapc/world/wgppycpd.html

图3所标明的沿海区域都是受到海平面上升威胁的区域，这些地区最近几十年极端气温的变化对城市建设，尤其是城市基础建设的冲击非常大。从国际情况来看，位于太平洋的岛国——图瓦卢，由于国土内有许多低洼的岛屿，在全球气温变化带来的海平面上升的影响下，已经考虑举国搬迁。

全球气温变化将会影响到更多的岛屿国家，如位于印度洋的马尔代夫，它是由1300个珊瑚岛屿组成，由于马尔代夫的大部分国土仅比海平面高出1.5m，海平面的上升将令整个国家岌岌可危。

在2004年的印度洋大海啸中，马尔代夫一度有2/3国土被淹没。出于对未来气候变暖导致海平面上升的恐惧，马尔代夫政府表示，将开始从每年10多亿美元的旅游收入中拨出一部分，纳入一笔“主权财富基金”，用来购买新国土。据报道，目前该政府已经与斯里兰卡和印度有所接触，准备从这些国家购买部分国土作为自己将来搬迁的国土选址。

从国内的情况看，我们研究过珠三角、长三角、黄河三角洲及蓬莱湾地区的类似情况（表1）。珠江三角洲，如果海平面上升30cm，它所遭受的损失可能是136亿，如果海平面上升60cm，被淹没的面积为3453km^2，经济损失达到416亿。长江三角洲及苏北沿海岸，如果海平面上升30cm，被淹没的面积为898km^2，经济损失为13亿，当海平面继续上升到60cm，被淹没的面积将成倍增长，达到27241km^2，经济损失达到417亿。黄河三角洲及蓬莱湾所面临的情况和珠江三角洲、长江三角洲一样，当海平面上升30cm，被淹没的面积为21010km^2，经济损失为589亿，当海平面上升60cm，被淹没的面积为23100km^2，经济损失为618亿。

海平面上升对三角洲地区的可能影响　表1

	上升30cm		上升60cm	
	淹没面积(km^2)	损失（元）	淹没面积(km^2)	损失（元）
珠江三角洲	1153	136亿	3453	416亿
长江三角洲及苏北沿海岸	898	13亿	27241	417亿
黄河三角洲及蓬莱湾	21010	589亿	23100	618亿

气候变化对海岸带将会带来巨大影响。目前，全球有50%~70%的人口分布在海岸带，60%的中国人口集中在距海岸线60km的范围内，全球受风暴潮影响的人口有4600万。海平面上升50cm将使受灾(淹没和风暴潮)人口增加到9200万；上升100cm，受灾人口将达到11800万(未考虑人口增长的因素)。

全球的气候变化给生态系统带来影响，除前面所提到的雪线在不断上升外，位于天山的乌鲁木齐河源1号冰川也在退缩，从1962年以来连续退缩变化，在1994年造成河源1号冰川的断开。

近100年来全球降水量变化由于全球气候变化，存在着时空分布不均性。可能对中高纬度、东中西部地区带来不同的影响，从图4上可以看出，蓝色圈的区域降水有可能增加，红色圈的区域降水将会减少，中低纬度区域的降水可能还会减少。

从图4中还可以看出，北半球中高纬度地区降水明显增加，亚热带地区，尤其非洲降水明显减少。自20世纪70年代以来，全球大范围地区发生了更为严重和持久的干旱，特别是热带和亚热带地区。干旱将影响到作物减产。

全球气候变化将进一步影响到产业、林业、渔业、旅游业、交通运输业、金融保

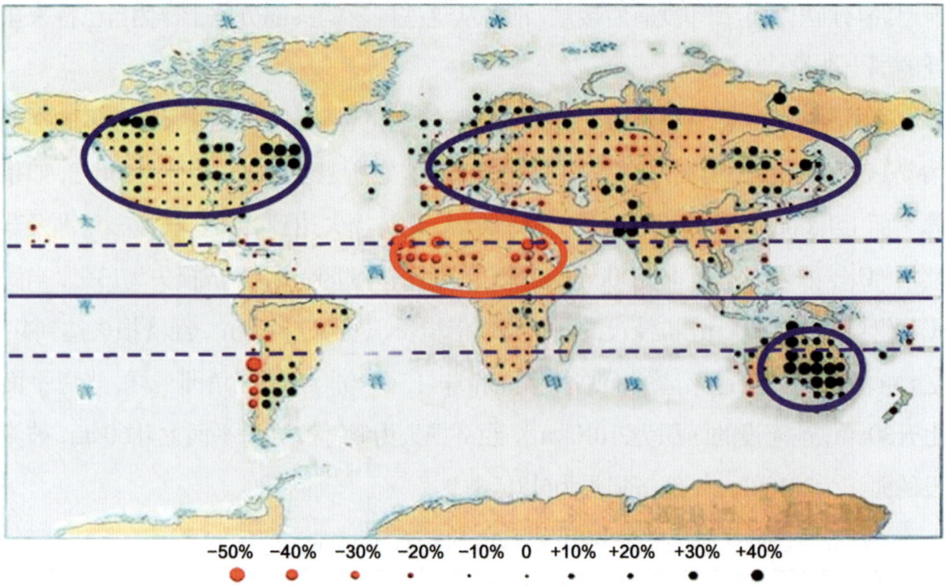

图4 1900—2000年全球年降水量的变化趋势
资料来源：www.meto.gov.uk/sec5/CR-div/Brochure97/

险业和工业，对区域和人居也会带来较大的影响，如造成房屋倒塌、居住地被淹没、护堤被冲垮、海岸工程受损、道路损毁、城市人类的健康受到影响，它还会带来一系列的环境变化。

(1) 土地利用/土地覆被的变化

1) 城市扩张：尽管城市面积只占到全球总面积约1%，但是城市的发展非常迅速，从1700年至1980年，全球的自然生态系统占地从95%减少到65%，人工生态系统占地从5%增加到35%。中国的变化也说明该方面的挑战越来越明显，东北、西北和华北区域的气温变化最为明显（图5）。

2) 农田扩张：农业文明约有1万年的历史，但耕地增长速度缓慢。耕地的扩张主要发生在1850年以来的140年间，其中最近90年来全球耕地面积增加了一倍。

3) 林地减少：过去140年间，拉丁美洲林地面积减少了28%；南亚和东南亚减少了34%~38%。

(2) 气候突变

有资料表明，中国已经连续经历了16个暖冬。

1) 气候变化未来趋势。即使温室气体保持在2000年的浓度水平，未来百年全球平均地表温度将上升约0.6℃。21世纪在全球大范围地区，尤其是北半球，平均海平

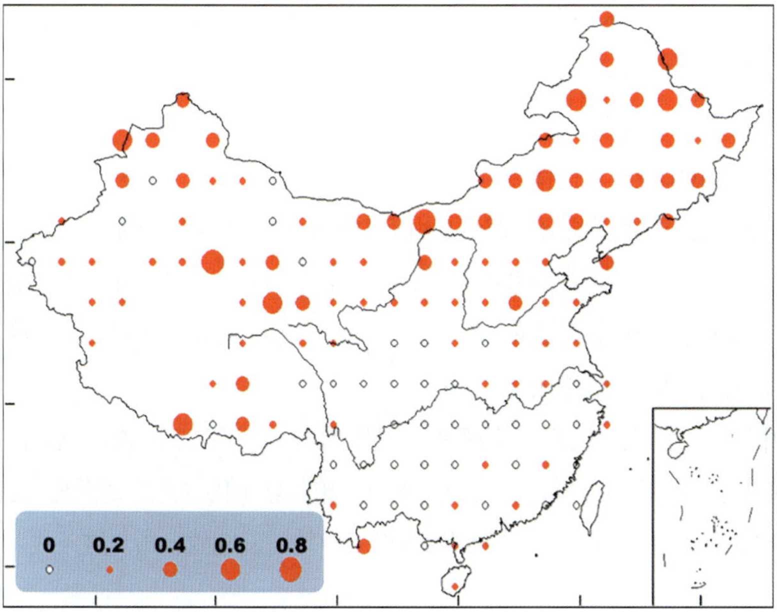

图5 我国东北、西北和华北区域的气温变化最为明显

资料来源：李秀彬，全球环境变化，中国科学院地理科学与资源研究所，全国地理教学研究会学术年会，成都，2005.11

面上升仍将继续，并且很可能持续上升数百年甚至上千年。

2）气候变化对人类的影响。海平面上升将可能影响到居住环境恶化，物种变化加剧，水资源短缺，极端气候事件增加，人类健康受到威胁，经济损失加剧。新疆属于干旱区，生态系统较脆弱，需注意全球气候变化对新疆水资源、人居环境带来的影响。

世界自然保护对策（World Conservation Strategy）提出：近几十年来，人类空前的创造力和对环境的冲击与破坏力与日俱增；其影响程度、规模和速度是如此巨大，人类活动具有全球性的相互关系，全球应为之承担共同后果与责任。

2009年哥本哈根会议以后，CO_2减排已成为国际通用的道德准则，所有的政策、规划、建设、发展模式等都应符合此准则的要求，地球村呼唤生态规划与低碳城市的建设。

（二）城市化的生态环境效应

在工业革命前的1800年，城市化非常低下，随着工业革命的开始，城市化最先在英国启动，然后进一步发展、扩大规模，到如今世界的城市化水平已经超过53%。中国的城市化水平在横向比较中还不是很高，但是它的纵向发展非常快。从建国以来，经历了缓慢发展期、停止发展期、快速发展期以及最近的加速发展期。据资料表明，中国的城市化水平分布非常不均衡。以新疆为例，在1990年，新疆的城市化水平在全国的32个省市自治区中的排位为17位，2006年上升为第16位，16年来新疆上升了一位。所以，从城市化的进程来看，怎样落实科学发展观，积极地推进城市化，带动社会经济的全面发展是我们应考虑的重要问题。

我国城市化发展的空间分布是不均衡的，由于中国960万km^2土地资源的环境承载状况先天条件的不同，从西到东，我国有三大地理台阶。同时，我们的资源条件的空间配置非常不均衡。在我国东部沿海，人口密度、建筑密度、经济密度和发展速度都非常快，但是我国的中部、西部却相对较弱。

20世纪中，中国著名的人口地理学家胡焕庸先生提出了从黑龙江的漠河到云南腾冲的斜向分割线（胡焕庸线），以此作为我国人口分布与城市化水平的分界线。这条线以东的城市数量、城市化水平、人口的数量和密度、基础设施的分布与这条线以西截然不同。

此外，图6中，中国的城市化发展曲线用粉红色来表示，工业化曲线用蓝色的曲线表示。可以看出，从1952年到2000年间，中国的工业化水平远远领先于中国的城市化水平；事实上，与此同时，我们面临的现状就是较大的资源环境压力：环境的污染，资源的耗竭等等，如果这两条线拟合得非常好，就是一条健康的城市化道路；但是，如果工业化远远领先于城市化，就会造成一种城市化严重的滞后，带来环境的污染、资源的压力。如果城市化发展的曲线领先于工业化曲线，这就是虚城市化。过度的空虚的城市化，会带来许多城市的弊病。如经济发展跟不上去，城市的基础设施也不合理，

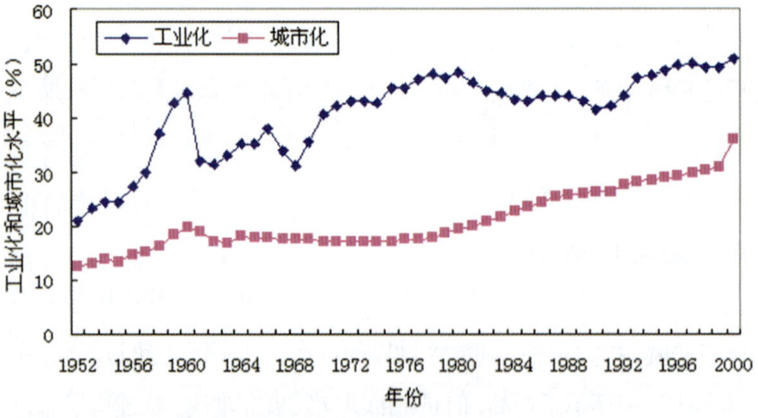

图6　中国城市化与工业化发展的比较（1952-2000）
资料来源：State Statistics Bureau，《National Statistics Yearbook》（1993-2000）

最后导致城市化不能带动工业化和经济的进一步发展。目前，这种状况在中国城市非常普遍，这对城乡规划工作提出了新的要求和挑战。在目前我国的人均GDP达到3000美元的背景下，我们正好处在资源环境挑战比较严峻的状态，城市化发展道路需要转型，经济增长方式需要转型，我们亟待探索健康的城市化道路。

我们需要对城市化（Urbanization）的概念进行简单的概括。在以往几十年中，我们基本上沿用西方对城市化水平概念的理解，是以城市人口占总人口的比例来作为城市化水平的衡量，尽管城市建成区的面积、人均GDP水平等也可能作为其中考量的因素，但是并没有认真地纳入城市化水平的核算中，这也就造成单一化的城市化水平衡量。实际上，城市化应该是一个复杂的空间形态变化和社会经济发展水平的测度，它应该包括由传统的乡村社会转变为现代先进的城市社会的历史过程，同时也是城市景观逐渐向乡村地区推进或乡村景观向城市景观转变的过程。

健康的城市化应该具有以下4个标志：

一是空间上城市规模的扩大；二是数量上农业人口转变为非农业人口；三是经济上非农经济代替农业经济；四是质量上居民生活方式现代化。

城市化也是一把双刃剑，具有以下效应：

1.城市化的积极效应

内向式吸引：人口集聚、资金集聚、科技集聚、服务集聚、信息集聚。

外向式扩散：城市影响、城市传播、城市带动。

城市化推动了社会的进步；促进了生产力的提高和经济效益的增长；促进了城市功能和城市体系的完善。

正是由于城市化有以上积极的效应，所以在全球范围内出现了越来越多的大城市、特大城市，甚至是大都市连绵带，越来越多的城市都希望提升自己的能级和规模，虽然这点可以理解，但是我们一定要考虑资源环境的秉赋及承载力、对内对外的辐射力。

2.城市化的负面效应

由于过去我们非常重视提升城市的能级，扩大它的规模，可能重视了它的积极效应，却忽视了它的负面效应。事实上，近年来由于城市化的过快发展，我们已经深刻体会到了它的负面效应，如果我们没有科学的规划，过快地推进城市化，没有合理地布局好它的基础设施，则会带来以下负面效应：

⑴ 环境污染效应

主要包括：空气污染、热岛效应；水资源、水环境、水安全问题；土地占用、土壤退化、景观破坏；生物多样性减退；交通阻塞，人居环境恶；农业生产蒙受损失。

国际上有一种观点，将因为不健康发展的城市带来的负面效应称为PREED-"城市综合失调症"，这个由5个英文单词的首字母组成的，P代表人口，R代表资源，2个E分别代表环境和经济，D代表可持续发展。如果对人口、资源、环境、经济和可持续发展中的任何一个问题没有把握好，都会带来规划与管理上的失误。

在城乡规划工作中，如何与生态安全协调是非常重要的方面之一。在国内外的城市发展中都有相应的教训，如美国新奥尔良市，它位于墨西哥湾，是密西西比河河口的城市，2005年夏天的"卡特里娜"飓风灾难所带来的影响，暴露了这个城市在城市规划和建设中缺乏生态安全的意识。主要表现在以下几个方面：

第一，忽视城市生态安全，将50%以上的湿地排干或填没，不能吸收和减少洪水侵袭。

第二，密西西比河挟带的泥沙本可沉积在入海口以增加对城市的缓冲，但在城市建设中由于航道部门的建议，需要通航和深水港，所有的泥沙被引入管道加速冲走，就当风暴潮来袭时，没有办法缓冲。

第三，这也是最致命的问题。当地石化企业在近港口的海滨建设了大量炼油厂、原油仓库、化学品仓库等，当飓风来袭时造成工厂和仓库被风暴淹没，使袭向城市的洪水变成了污水和毒水，加重了危害，造成经济损失高达几千亿美金，同时让1000多人失去生命。因此也被称为美国历史上最严重的自然灾害之一。虽然媒体上称之为最严重的自然灾害之一，我本人以为这是三分天灾，七分人祸。天灾为"卡特里娜"飓风，而人祸却是规划建设不当造成的。

其实这类情况在国内也存在，近年来连续报道在松花江上游，化工厂连续的爆炸，有毒有害的化工物质倾泄到松花江里，严重影响到水环境安全。这是一条跨国境的河流，引起了我国和俄罗斯的环境外交纠纷。事实上，经过许多专家考察，当地的很多化工厂根本就没有设置保障松花江岸线的安全距离，最近的距离为50m，远的距离也不超过100m，这种情况在长三角地区也存在。因此，我们非常担心类似美国新奥尔良市的惨剧在此发生。规划如何去衔接生态安全非常重要。这类案例对新疆的产业布局、生态安全的调控应有一定的启发。

(2) 城市化对人群的健康负效应

主要包括城市热岛、雾岛、干岛效应等，影响到人体的健康和人们生活方式的改变，这种影响是长期的、潜在的。城市规模过大，人口过份集中，使得许多城市“文明病”或“公害病”相继产生，如呼吸系统疾病、心血管病、高血压病、肥胖病、癌症等。世界卫生组织于1996年4月4日发表的公报指出：从目前看，世界大城市的空气、水源和食品污染已对数亿居民的健康造成不良影响。

(3) 城市化的建筑丘陵化效应

城市化加速，造成了高层建筑和超高层建筑的大量产生和集聚，使世界上不少城市呈丘陵状建筑群，如纽约、香港、重庆、上海等。建筑的“峡谷”，建筑的“低山丘陵”现象非常明显。从这些情况来看，我们也对中国城市的未来发展产生近忧和远虑。

现在，我国正在实施积极推进城市化战略，小汽车也正在快速进入家庭。这对我们的城市发展、资源环境将是严峻的挑战。美国学者莱斯特·R·布朗谈过，以汽车为例，如果中国的每个家庭都希望拥有1~2辆汽车，每辆汽车汽油消耗量与美国相当，中国则每天需要8000多万桶油，目前世界每天产油7400万桶；道路和停车场需要1600万hm^2土地，相当于中国稻田的一半。大家都知道，18亿亩的基本农田的红线是绝对不可以动的，所以还是应该走公交优先发展的战略。另外，能源也将面临重大挑战，从2003年夏天起，我国南方19个省市开始拉闸限电，以应对能源紧张的状况。在出现电荒的同时，煤炭、油类同样告急(来自2004年中国经济10大新闻)。因此，如何在目前全球推进低碳经济的大背景下开发新的能源，建设低碳城市，走生态城市可持续发展的道路应该是我们城乡规划工作中的新任务。除了能源，还有环境方面的问题。

(4) 城市热岛效应

从1900－2000年，这100年间，城市的热岛效应增加了4~5倍，一些著名的国际大都市如纽约、东京、大阪和中国的北京、上海的数据都非常高。在2001年，上海的热岛效应导致城市中心区和郊区的温差达到2.9度，而如今的夏天城郊温差达到4~5度。我们的科研成果表明，土地利用、容积率和环境的变化、人口密度的变化成正比，这给城市发展带来一定的风险。如上海的热岛效应状况到2004年进一步扩展，到2008年城市的热岛变成一种多中心的形式，分布的范围越来越广，而且，它和氮氧化物、硫氧化物形成一种耦合。

目前城市地区的人口超过世界总数的50%，尽管它创造的GDP占90%，但消耗的辅助能源占80%；城市地区物质能量高度集聚、人类活动密集、环境变化剧烈。生态城市的规划与设计已成为当今国际生态学、环境科学、规划与设计学科研究的热点和紧迫任务。

二、生态城市规划与管理对策

（一）生态城市的概念与内涵

1.概念

生态城市是指社会、经济、文化和自然高度协同和谐的城市，它是一个复合生态系统，其内部的物质循环、能量流动和信息传递构成环环相扣、协同共生的网络，具有实现物质循环再生、能量充分利用、信息反馈调节、经济高效、社会和谐、人与自然协同共生的机能。建立生态城市是为了向自然学习，人与自然之间可以互惠共生，人与环境可以协同共生。

在城市发展史上，从手工业城市→工业城市→后工业城市→生态城市，已成为国际上城市发展的趋势。

2.科学内涵

主要体现在高质量的环保系统、高效能的运转系统、高水平的管理系统、完善的绿地生态系统、高度的社会文明和生态环境意识等方面.

⑴ 高质量的环保系统:对区域和城市的大气污染物、废水、废渣以及饮食业、屠宰业、农副市场、娱乐场所等系统排出的各种废弃物，都要按照各自的特点及时处理和处置，同时加强对噪声的管理，各项环境质量指标均应达到国家先进城市的最高标准，使城市生态环境洁净、舒适。

⑵ 高效能的运转系统:包括通畅的道路交通系统，充足的能流、物流和客流运输系统，快速有序的信息传递系统，相应配套的有保障的物资供应系统(主副食品、蔬菜、材料、水电、燃料等)和城郊生态支持圈，完善的专业服务系统和污水废物的排放和处理系统等。

⑶ 高水平的管理系统:包括人口控制、资源利用、社会服务、医疗保险、劳动就业、治安防火、城市建设、环境整治等都应有高水平的管理，以保证水、土等资源的

合理开发利用和适度的人口规模，促进人与自然、人与环境的和谐。

(4) 完善的绿地生态系统：不仅应有较高的绿地指标，如绿化覆盖率、人均绿地面积和人均公共绿地面积，而且还应布局合理，点、线、面有机结合，有较高的生物多样性，组成完善的复合绿地系统。

(5) 高度的社会文明和生态环境意识：应具有较高的人口素质、优良的社会风气、井然有序的社会秩序，丰富多彩的精神生活和高度的生态环境意识，这是城市生态建设非常重要的基础和智力条件。

（二）生态城市规划与设计原则

美国规划师兼学者J.Smyth带领他的项目组在进行南加州地区生态规划设计中提出了8项原则：自然环境的保护、保存与恢复；建立实价体系作为活力基础；支持地方农业及地方工商业、服务业；发展聚落状、综合功能的、步行系统的生态社区；利用先进的交通、通讯及生产系统；保护与发展可再生性资源；建立循环计划和可循环材料工业；支持参与管理的普及教育。

俄罗斯专家Yanistky在进行莫斯科城市生态规划设计时，提出了具体原则与行动步骤（图8）：三种知识层次：时空、社会与功能、文化与历史。这对于新疆这个多元文化地区的生态提升和建设有一定的启示。五种行动阶段：基础研究、应用研究、设计、规划、建设和有机组织机构的形成。这也对规划建设实施后的后评估有所启示。我国的法规已经确定，城市规划一定要进行战略环境影响评价。

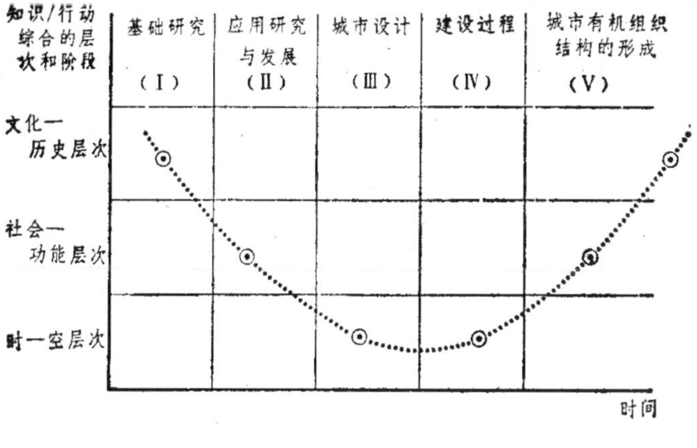

图8 俄罗斯专家Yanistky提出的生态城市设计原则与行动步骤

（三）生态城市规划与设计框架

1.生态城市规划与设计框架的三方面内容

(1) 生态环境：要研究资源的承载力和保护利用的有效途径，研究环境污染的防控，要进行景观建设和生物多样性的保护。

(2) 生态产业：包括生态工业、生态农业、生态交通、生态旅游、生态建筑、生态城镇，或许有许多地方政府领导和个别规划专家会觉得太过强调生态会对发展造成一种制约。如在“十五”期间，中央和上海政府都要求崇明岛按照国际生态岛发展这样一个思路和目标，当时有部分人就觉得会不会因为过多地强调生态而制约了产业的发展？事实上，我们放眼世界，无论是欧美城市，还是我国的许多城市，生态的产业、生态的建筑、生态的城镇、生态的城市都向我们展示了一条资源节约、环境友好的发展的有效途径，从而达到事半功倍的效果。美国摩托罗拉、通用，包括日本在美国投资的跨国产业都按照生态产业的思路在进行。如摩托罗拉、通用、AT&T在进行生态产业设计后资源大大节约，环境变得很好。在欧洲的很多城市也是如此。因此，我们要正确地理解生态优先，这对我们不是一种制约，而是一种盈利。

(3) 生态文明：包括政策体制、政策法规、教育宣传、公众参与等。

2.生态城市规划设计可概括为4个方面、12项特征

(1) 能充分利用可持续供给的清洁能源

生态城市的可持续发展在于它的能量运转系统具有三大特征：一是能量来源是可持续供给的；二是能源本身是清洁的，在生产和利用中不对环境产生污染；三是能逐层充分利用，能把废热污染减到最低。

(2) 能充分利用可持续供给的清洁材料

生态城市的可持续发展，在于它的物质运转系统的三大特征：一是材料本身是高性能和清洁安全的，不含有害毒素；二是有完善的材料循环再生利用系统，最终的废弃物可降解或对环境无污染；三是材料的替代研发和应用能实现材料的可持续供给。

(3) 城市经济、社会、自然复合生态系统形成全面的协调共生网络

这个共生网络系统也具有三大特征：一是网络运转的趋向是系统功能的不断完善，而不仅是某个组成部分的优化；二是网络所提供的产品有不断增进人类身心健康和生态平衡的功效，而不是数量的盲目增长；三是网络系统在演替中不断促进经

济、社会、文化、生态等多样性的发展，达到生态学上持续力最强的稳态，而不是多样性衰减的系统脆弱平衡。

(4) 在城市的长期发展中始终具有最佳的生态位和最强的自组织能力

三大特征：一是整个生态城市系统与各种承载力和限制因素的上下限保持足够的距离，风险始终处于最小；二是有在一定范围内自我调节、自我完善、自我强化系统的功能；三是有不断增强的承受冲击力、利用外力、同化异力的转换融合功能。

三、低碳城市的理论与实践

从2003年国际上提出“低碳城市”相应的概念后，在不足10年的时间内，它已经变成风靡全球并得到越来越多的城市共识，并作为城市发展的策略。我国住建部近年也连续推出了相应的策略。

“低碳城市”是指以低碳经济为发展模式及方向、市民以低碳生活为理念和行为特征、政府公务管理层以低碳社会为建设标本和蓝图的城市。在经济高速发展的前提下，要求城市保持低水平的能源消耗和CO_2排放。

低碳城市的核心是低碳经济，而低碳经济的实质是提高能源效率和建立清洁能源结构，核心是能源技术创新，在本质上与目前国内落实科学发展观、建设资源节约型和环境友好型社会、转变经济增长方式的指导思想是一致的。

按照IPCC和联合国的相关研究,低碳城市是指城市发展或城市经济增长与CO_2排放趋于脱钩的城市。这种脱钩有两种表现：

(1) CO_2排放与能源消耗和经济增长绝对脱钩，即CO_2排放随经济增长表现为零增长或负增长，这是当今发达国家应当采取的低碳城市方案（IPCC报告与巴厘岛路线图要求：发达国家到2020年时的CO_2排放量相比较1990年减少25%~40%，到2050年减少80%~95%）；

(2) CO_2排放仍是正增长，但是增长的速率低于经济增长或所谓基准情景（BAV），这是相对脱钩的低碳城市。

未来3至5年内，中国计划发展15~20个“低碳城市”，探索并建立低碳经济发展模式，以推动降低CO_2排放，应对气候变化。

四、案例分析

（一）国际案例

国际案例包括，纽约长岛，波士顿，印度班加罗尔，巴西库里蒂巴和桑托斯市，澳大利亚怀阿拉市、阿德兰德市，新西兰Waitakere市，丹麦哥本哈根，瑞典斯德哥尔摩，美国的克利夫兰和波特兰大都市区，日本北九州市，新加坡，毕尔巴鄂等。

（二）国内案例

从国内来看，宜春、马鞍山、香港、天津、长沙、北京、深圳、广州、上海、南宁、厦门、青岛、日照、潍坊、大连、南京、镇江、扬州、常州、海宁、常熟、张家港、广州、绍兴、盘锦、绵阳等110余个地级城市提出了建设生态城市的目标，开展了生态规划。如果加上县级市，应该有550个；另外，海南、福建、浙江、江苏、吉林、黑龙江、山东、安徽、江西、四川等14个省相继提出了生态省的建设目标。

1.EU短距城市（City of Short Distance）生态规划

这是复旦大学前5年和EU合作的项目，我们派出研究人员和联合培养的博士研究生同奥地利的规划专家、大学开展相应的合作。EU短距城市项目是一个综合计划，它在奥地利选了7个城市，我们重点探讨了其中的2个城市。

(1) 短距城市概念

短距城市概念的提出是与城市扩张、以小汽车为主导以及“远距离”为特征的不良的城市发展模式相对应的、是实现城市可持续发展的一种理想发展模式。“短距城市”宏观（区域、城市尺度）上指自然环抱城市的，由交通系统组织贯通的多中心城市结构（Polycentric Urban Structure）；中观（城区、邻里单元）上指适宜发展“可持续出行”的城市结构，即以功能复合（Mixed Use）、结构紧凑（Compact Structure）和优美的城市景观（Urban Landscape）为三大特征要素的城市功能单元或若干功能单元的组合。其特点是：自然包围城市而非城市扩张；交通系统贯通的网状或线性，多中心结构；紧凑的城市结构；单元内自主而完善的社会功能；优美的城市景观。

(2) 短距城市的规划特点

1) 突出自然涵构特色。线性发展的谷地地形，在一定的程度上和乌鲁木齐市的线形城市模式和谷地地形有类似的地方。他们在规划初期非常重视非建设用地的控制，

低碳城市规划建设实践案例 表2

城市		开始时间	主要内容	支持机构
上海	低碳城市发展项目试点	2008年	在建筑节能、可再生能源和节能产品制造与应用等领域，寻求低碳发展的解决方案，并总结可行模式，陆续向全国推广。	国家发改委和世界自然基金会共同选定
保定				
保定	《产业集群与资本运作方案国际试点项目》	2008年	新能源与城市发展	联合国工业发展组织中国投资促进
廊坊				
贵阳		2009年1月	未来3至5年内，在中国发展15至20个“低碳城市”，探索并建立低碳经济发展模式，以推动降低CO_2排放，应对气候变化。贵阳市将与气候组织合作，在市内开展5个LED节能照明试点项目。	气候组织
北京、上海、天津等大城市				
其他一些二三线城市				
珠海、吉林		2008年	率先申建低碳经济示范区	
杭州		2008年	表示要在全国率先建设低碳城市	
布里斯托尔 利兹 曼切斯特		2008年1月至2008年6月底	清洁城市–广义碳减排策略流程 http://www.lowcarboncities.co.uk/cms/	
墨西哥城			低碳城市交通廊道项目	世界银行
多伦多			获得2005年低碳城市先锋项目	气候变化研究组

或者叫非建设用地优先的规划思想，首先将森林、农田、草地、水系控制起来。

2) 强化规划区域控制。

3) 优化整体方案。对城市里的交通体系、景观体系、建筑的高度作出明确的规定，对建筑的功能也作出明确的规定。

4) 注重紧凑结构——城市肌理比较。对城市的肌理进行分析，发现其街区具有紧凑特征。

5) 强化多功能设计。对于高层怎么进行功能设计，对于低层怎么进行设计都进行相应的规划。

6) 构建绿地生态安全格局。对于开敞空间里的森林、半开放的绿地、社区的绿化，包括私人的庭院，以及受保护的生境等如何去建设一个生态格局都进行相应的规划。

7) 区域公共交通系统优先。对于轨道交通，城际巴士的线路，主要的交通节点在规划中都进行了详细的考虑。

8) 分期实施，一共6期。

2.2010上海绿色世博、低碳世博

2010年上海世博会口号是“城市，让生活更美好”，这里面包含了许多低碳、生态的技术。绿色世博与低碳世博的内涵体现在5G概念和特色上，即：

1G：Green Landscape （绿色景观）

2G：Green Energy Source （绿色能源）

3G：Green Transportation （绿色交通）

4G：Green Building （绿色建筑）

5G：Green Consumption （绿色消费）

1G (Green Landscape)，绿色景观与环境技术，保障碧水蓝天，整个世博园区的绿化面积达到1/5，有很高的绿化覆盖率和水面，有1000种以上的植物和多样化的世界园林景观。世博园的绿地系统规划里非常强调两条滨江的绿带串联起世博园各个展馆的组团绿化与垂直于黄浦江的楔形绿带，让江面的景观和滨江的绿带渗透到园区的内部。在世博园区与城市相交的重要部位设置大型的绿化带，加强环境内外的协调。同时，结合现状，利用沿江地形，做足绿文章，妥善处理防汛标高和自然标高的落差，营造高低起伏的滨江绿坡，形成中心城内自然、生态的滨江景观。在景观格局上，实现了上海城市跨越浦江、拥抱浦江的空间整合，并将与老城厢、外滩和陆家嘴一起，塑造体现上海各个发展时期的城市意象。在外滩我们可以看到上海近现代史上建筑文化交汇的成果，万国建筑博览会的展示。沿江而下，到长江口地区，也可以进一步看到在上海的长江口汇集了重要的生态资产和生态服务功能的长江口三岛区域，再加上新浮出水面的九段沙区域，到黄浦江上游的淀山湖、佘山、松江的大的片区，形成一个合理的生态安全格局。

充分地把握世博园区的场址特点，以黄浦江作为世博会环境景观空间组织的重要载体，做好水文章。沿江建设滨江绿洲，形成以江为景、两岸呼应的效果，打开全新的视角。在空间格局上，积极建造标志性空间、建筑景观，让世博会成为上海城市和世博事业发展的永恒记忆。经过精心设计和建造，中国国家馆、主题馆、文化中心等都已成为世博会的标志性建筑，并与优秀历史建筑、滨江绿洲等大型绿化环境共同组成标志性景观群体。

2G (Green Energy Source)：绿色能源—太阳能的应用（阳光谷），减少碳排放。

3G (Green Transportation)：绿色交通，实现碳的零排放，油电混合车，太阳能电瓶车以及轨道交通在园区的使用。

4G (Green Building)：绿色生态建筑，促进人与自然和谐。在世博会，90%以上的场馆都体现生态建筑的特点或内涵。如西班牙国家馆的环保元素，瑞士国家馆体现可持续发展，英国国家馆"种子殿堂—创意之馆"，卢森堡国家馆的生态设计，体现"欧洲绿色心脏"的芬兰国家馆等。

5G (Green Consumption)：宣传和推广绿色消费，倡导生态文明，杜绝一次性餐具，强调垃圾分类和回收等。

3.中新天津生态城规划

中新天津生态城规划是中国和新加坡两国政府应对全球气候变化，加强环境保护、节约资源和能源，构建和谐社会的战略性合作项目（2007）。探索资源约束条件下城市可持续发展的模式，成为中国其他城市发展的样板。

突出生态城的重点构建，包括循环低碳的新型产业体系；紧凑有效的城市布局；安全健康的生态环境体系；优美自然的城市景观体系；方便快捷的绿色交通体系；循环高效的资源能源利用体系；宜居友好的生态社区模式；积极探索新型城市化和新型产业化道路。

生态城规划面积约为30km^2，建设用地约为25km^2。规划常住人口控制在35万人。计划用10~15年时间建成。

4.厦门马峦湾生态规划

由于厦门过去是海岛型城市，在它的城市发展中资源环境条件面临很大的限制，尤其是土地资源。马峦湾是厦门由海岛型城市向海湾型城市发展的重要组成部分和关键区域。马峦湾是20世纪50年代以来受到严重环境污染的封闭海域，约150km^2。我们的规划理念包括以下五个方面：完善城市形态；丰富滨水岸线；建设景观架构；优化开放空间；控制高度分区。

重点开展了以下工作：

(1) 功能定位

由海岛型城市向海湾型城市转型的重要城市功能片区，包括：高科技的研发—中试—制造综合体；以中高档住宅为主体的房地产；以生态和滨水环境为基础的大型（休闲、游乐、运动、教育）设施；面向闽西南区域的专业市场。

(2) 生态环境本底评价

自然环境：水生生态环境；湿地生态环境；山体生态环境；溪流生态环境；耕地、鱼塘、果林生态环境。

建成环境：乡村建成环境；城市建成环境。

(3) 生态环境概念规划："一核、二环、三带、多廊"

一核：水生生态改造区；二环：城市发展区、山体生态保护区；三带：生态缓冲带、湿地生态保育带、林地生态保育带；多廊：水域生态廊道、陆域生态廊道。

(4) 生态环境功能区划：保护措施和环境标准

1) 重点保护区：山体生态保护区、湿地生态保护区；2) 一般保护区：城市发展区、果林生态保护区；3) 重点治理区：水生生态改造区、海堤生态改造区、水陆生态缓冲带。

(5) 功能结构：七大片区

包括：研发—中试—制造综合体；居住片区；大型（游乐、运动、教育）设施；区域性专业市场；大型绿地；地区中心；铁路客站。

(6) 用地规划

四项主导功能用地占38.2%，绿地和水域分别占23.9%和24.0%。要求高效率的功能发展、高标准的生态环境、高品质的景观形象。

绿地体系，包括公共绿地、防护绿地、大型主题公园和旷野绿地。

1) 公共绿地

住区公园（点状：社交、景观、游憩）；滨水公园（带状：景观、游憩、生态）；主干道路两侧绿带（带状：景观、交通、市政）。

2) 防护绿地

快速道路两侧绿带（带状：环保）。

3) 大型主题公园

湿地公园（面状：生态、游憩、科普）；果林公园（面状：生态、游憩、历史保护）。

4) 旷野绿地（面状：生态）

(7) 城市设计

包括：城市形态；滨水岸线；景观架构；开放空间；高度分区。

(8) 城市设计概念

1) 以水为中心的城市形态

功能布局和路网结构采取面向水体的布置方式，人工岛和大型公建突入水体，形成“城在海上、海在城中”格局。

2) 富有魅力的滨水岸线

岸线形态：自然流畅、突出海湾形态特征；岸线处理：人工软质岸线、人工硬质岸线、自然岸线；滨水景观：突入水体的人工岛、突入或挖入式的游艇码头；滨水建筑：各个区段的建筑形态和风格各具特色。

3) 完整有序的景观构架

景观节点：地标性建筑位于人工岛和岸线突出部位，形成对景视线网络。地区中心岛成为厦门整体城市设计架构中的重要节点。

景观轴线：正对、贯穿、串连景观节点，路网和节点之间的明确对位关系。

4) 生态为本的开放空间

面：湿地公园和果林主题公园作为生态保育区；线：滨水绿带作为生态缓冲区道路绿带和溪流绿带作为生态廊道；点：住区公园和广场绿地作为交往场所。

5) 层次明确的高度分区

多层区（限高为20m）：绝大部分区域，形成地区的基准高度；底层区（限高为10m）：别墅区、科技岛、住区中心；中高层区（限高为60m）：中心岛的大部分区；高层区（居间为75~100m）：中心岛北端作为整个地区最为突出的部位和空间制高点。

应对全球变化、建设低碳生态城市、促进城市可持续发展是一项长期的任务，需要全社会共同努力。

赵　民

上海市援疆规划专家顾问组成员，新疆维吾尔自治区人民政府城乡规划工作顾问。同济大学建筑与城市规划学院教授、博士生导师，国家级教学团队主持人。兼任全国高等学校城市规划专业评估委员会主任委员，《城市规划》、《城市规划学刊》、《国际城市规划》杂志编委。

多年来致力于城市经济、城市开发、城市发展战略及规划行政等领域的研究，并长期关注城乡社区发展与规划；主持过多项重大研究工作，出版过多部专著及教材，曾获多项科研、教学和规划设计奖。

战略性规划与实施性规划

战略性规划与实施性规划是城乡规划工作的两大层次。区域性的城镇体系规划和城市总体规划等高层级的城乡规划均属于战略性规划，其制定需要基于系统的研究，要着眼于谋求战略选择的确定性；城市发展战略的制定，还必须要基于正确的理念和方法的创新。文中有针对性地介绍了国内外的战略规划实践。另一方面，战略规划并不能解决所有的问题，所以还必须关注实施层面的规划问题。文中讨论了《城乡规划法》的“控权”精神及实质性安排，论述了《城乡规划法》条件下的“控规”制度能否最终落实，取决于对“控规”本质的把握。需要认真研究和改进“控规”的编制方法，以增强“控规”在城乡建设管理中的实效。文中还介绍了各地“控规”编制创新的相关经验。

一、战略性规划

我国《城乡规划法》明确规定：“经依法批准的城乡规划，是城乡建设和规划管理的依据，未经法定程序不得修改。”同时，《城乡规划法》也明确定义了什么是“城乡规划”，即“本法所称城乡规划法，包括省域城镇体系规划、城市规划、镇规划、乡规划和村庄规划。城市规划、镇规划分为总体规划和详细规划。详细规划分为控制性详细规划和修建性详细规划。”大体上，省域城镇体系规划（自治区城镇体系规划）、城市总体规划以及县城所在镇的总体规划，都要涉及城镇发展目标、空间布局、规模控制、交通等基础设施体系等关系全局和长远发展的重大问题，基本都属于战略层面的规划。所以，编制自治区城镇体系规划、编制地州市城镇体系规划、制定城市和县城总体规划，主要是解决战略层面的问题；尔后才是如何实施操作的问题。

（一）问题和对策

城市总体规划原本就是要解决城市发展的长远方向性及全局性的问题，亦是战略性问题。但是现行的总体规划制度有很多缺陷——编制的内容繁多、编制时间冗长、审批程序复杂，可能几年都搞不完。这样一来，时效性、实效性就差了。由此带来的另一问题是规划编制不得不注重“可批性”，因为有很多条条框框要去满足，很多程序都要过，所以地方政府及编制单位往往很困惑，最后是“怎么能批就怎么改”。由此，反而对战略性问题的关注和研究很不足。基于现行的制度，城市总体规划在实践中面临着很多悖论。

目前较常见的是，城市总体规划编制审批完成后，往往实施五、六年就要面临修编。其原因，或是因为城市的主要领导换了，发展思路因而也变了；或是上级提出了什么新要求，诸如要求搞“产业聚集区”、要求“加快城镇化发展”等等。在这样的情势下，既有的城市总体规划无论编制得怎样合理，最后均难免“短命”的下场。另一种情况是，即便城市总体规划的实施早已突破了既定框架，但就是不进入修改程序；反正有批复过的总体规划，想怎么干就怎么干。还有是，城市总体规划编制评审后上报数年未能获批复，但城市的建设发展一天都不能停，部委不同意或上级政府不批，总规以下的规划城市政府自己批，该怎么干还是怎么干。由此可见，实践中确实存在着种种悖论，“法定”的城市总体规划似乎处在“可有可无”的境地。

应该分两个方面来看待目前所存在的问题。一是外部环境，既是涉及政治体制，是制度因素造成的困境；同时也有外部的客观条件，因为我国的经济社会及城市建设处在快速发展期，所以变化特别快也是可以理解的。二是自身原因，在既定的外部环境及制度因素背景下，城市总体规划工作的理念和方法很不适应，尤其过多拘泥于细节，缺乏具有战略眼光的宏观把握及应有的适应性和灵活性。

就第一个方面分析，显然首先是人的因素——发展的随意性太大，甚至“一届领导一轮规划”。这需要由高层级政府去制约，取决于其政治意愿。对于这样的问题，规划工作者可以研究，可以呼吁；但这不是规划部门自己能解决的。规划多变等现象的背后是发展理念和政绩观问题，有很多规划被抛弃以及较快修编就是为了要突破规模，或是追求短期利益。例如一些中西部城市，现状市区人口可能仅30、40万，原本远期规划人口60万应是合理的，但新的领导来了若要求规划人口规模达到100万以上，由此城市总体规划势必要修改。发展的指导思想有问题，不顾实际条件而强调大发展导致了行政行为的“异常”，但我们的制度恰恰不能约束这样的行为。这里有深层次的原因，是目前国内行政法治化程度尚不高的一种反映。在这种情形下，并不是规划错了，也不能说总体规划没用。有的时候规划是很有用的，如果督察和处罚动真格的，总体规划也还是可以显示出其“刚性”的一面。尽管这不取决于规划部门自身，但规划部门也仍可以有所作为——既要适应和服务于发展，也要强调规划的严肃性；规划过程的透明及与社会互动，利于达成社会的共识或“合意”，并进而形成社会舆论和对政府决策的制衡。

就第二方面而言，现行的城市总体规划工作基本仍是因循计划经济时期的思维方式，是试图对城市的发展做出全面部署。国际比较而言，我国的城市总体规划非常有特色，但无疑是计划经济的特色，集中体现为欲在一个规划中要解决从战略性到策略性的诸多问题。基于这样的方法论，在“新城建设”或是“灾后重建”中，这样的规划往往可以展现出高效率，但对于大部分城市的持续发展管理而言则是很难适应。可见需要从方法论上做检讨。

由此看来，解决的出路还是要回到城市总体规划的本质功能——主要是为了解决城市空间发展的全局性、系统性指引，即谋求战略上的确定性；而具体发展及技术问题则可在后面跟进。同时，还需明确区分高层级政府与下级政府的各自“利益”内涵以及管辖边界，进而提高规划审批和实施的效率。城市发展中大量的是地方政府的事务，高层级政府既不该管，也管不了。其实管得多了反而管不好。

在规划形式上也有很多问题可探讨。如大中城市、特别是特大城市总体规划的“土地使用图”的制定，要花很多工夫，看似精细，实际作用仅是示意。考察欧美国家的城市规划，总体层面上的用地规划，较多已摒弃了功能性分类，而是采用政策性分类，或是政策性与功能性分类相结合；还有甚至已经放弃了“图纸（Maps）”概念，改为了“图示(Diagrams)”；以凸出总体规划的政策性，强调战略的确定性以及具体功能安排的适应性。指导开发建设的直接规划依据主要是区划法（Zoning by-law），在我国则是控制性详细规划。大城市总体规划的用地图如果很细，且采用排他性、自我闭合的功能性用地分类，必然会导致后续详细规划编制不断突破总体规划的“违法”表象。

另外，关于总体规划的文本（如果是对应于英文Ordinance，则是指法律条文），在国外仅用在区划法这样的需要有较多确定性的微观规划层面。而总体规划的本子

(不称为Ordinance) 则不是条文写法，它要表述战略意图和体现政策性内涵，且追求良好的公共界面——具有可读性，让社会大众都看得懂。反观我们的总规文本则是太“技术”；既不好看，也看不懂，其后果之一是不利于公众参与。而公众的理解和参与恰恰最能够制约行政的随意性。

所以，我们要根据《城乡规划法》的精神，改革和创新规划制度。现行的城镇体系规划、城市总体规划等，从理念、内涵到形式都要有变革。其关键是基于战略性研究，处理好发展战略的确定性与实施的灵活性、适应性之间的关系。在这个变革过程中，首先要树立科学的发展理念，要有正确的导向；其次应持开放的态度去认真研究和借鉴国内外的经验和做法。

（二） 发展理念和战略导向

在地区和城市的发展战略制定中，首先要解决理念和导向问题。现在普遍的趋势是，一旦编制总体规划，就是要做大——人口规模和用地规模都要大。很多情况下确是需要做大的，但不能大而不当。历史上，北美、澳大利亚的一些城市都曾经历过城市蔓延，即郊区不断外拓，郊区都城市化了，而城市也都变得像郊区了。这种发展即使在美国这样的经济条件下，也承受不起。所以，美国人也在反思，也在谋求变革。近些年提得比较多的是“精明增长”和“新城市主义”等，即认为原来的那种发展方式太“不精明”了。美国等搞城市蔓延，土地是有的，但是若拓展过大，基础设施和公共服务的投入必定极其巨大，政府支撑不了。所以，发展的战略导向要转变，要从粗放走向精明，要从低密度的蔓延发展重新回到传统的“紧凑”城市模式。这种变化也值得我们深思。

基于国情，我们在谋划区域和城市发展战略时需要更多地考虑环境资源条件的制约。我国的环境资源压力很大，这与一些西方国家很不同，特别是与美国、加拿大、澳大利亚等土地资源充沛的国家不能相比。从现在到未来很长一段时间，我们仍将需要外延式发展，但是外延式发展终究是有限度的，不可能永远走外延式发展道路。这里既有资源的原因，包括国家确定的18亿亩耕地的红线；也有具体城市的原因，比如有些城市已经没有多少土地了。即使在地大物博的新疆，某些地区的人均耕地资源也极有限；城市发展若过于粗放，建设和运营成本将难以承受。总体而言，现在各地的发展都还太粗放，基本是以供应为导向。所以要调整规划理念，不仅仅是要讲发展，更重要的是以什么方式来发展。

在环境资源约束下谋求大发展，可有以下几个方面的考虑及对策。

第一是优化要素组合，土地仅是发展的一种要素，资金、技术等也是要素。通过要素的合理组合，可以提高空间资源开发的绩效，例如适当提高开发容量，就可以提高土地开发的效率。目前一些新区的开发容量太低，其成因是工业区的地价太低，导致粗放利用土地。有些工业可以上楼，多投入建造成本、搞多层厂房，就可以少用土地；所以工业用地出让既要规定容积率上限，也要控制下限，从而驱使建设单位优化投入要素组合。

第二是提高空间资源利用的效率，使既有的空间资源能充分发挥作用。对很多城市，如果做一张城市剖面图，往往中心城区的密度很大，而城市近郊、远郊区的密度非常小。由此看来，中心城区的密度非常高、房价也非常高，土地资源很稀缺，但是这并不是城市建设用地供应总量不足造成的，事实是高强度开发和低密度开发并存。这就揭示了是城市开发方式出了问题，是城市交通体系及各项设施的配套未能匹配土地供应和开发。乌鲁木齐目前就有这种状况，核心区的开发强度过大，但是城市外围，包括开发区、高新区，总体上显得较粗放。提升建成区的空间资源利用绩效，这是城市集约发展的潜力所在。

第三是需求管理。诚然我国是在搞市场经济，但是为了实现可持续发展，空间资源的配置不能完全由市场来决定。不能是市场有需求就要充分供应，包括房地产市场。国际上早就提出过“需求管理”这个概念，这里涉及了价值观的改变。我国正在强调生态文明，要建设“两型社会”，走可持续的发展道路。这就需要制定适应于环境资源制约的发展战略，从而能合理选择建设项目，合理配置土地资源。对不符合国情的项目要坚决加以控制，国家严控别墅供地、冻结高尔夫球场建设体现了这个精神。上海搞F1赛场，投资和耗地均是十分巨大，使用率极低，恐怕是个大失误。我们要吸取这样的教训，切实加强需求管理。不要被所谓的“生态城”、“国际城”等名目所迷惑。

总之，发展战略是有价值判断的，要在正确的价值导向前提下来制定发展战略，以外延、持续增量拓展为导向的发展模式亟需改变。尽管我国绝大部分城市还要发展，需要解决外延、增量发展的规划问题，但是我们的基本立足点是“资源约束条件下的发展”，所以要转变发展方式。相应的，现行总体规划的理念和方法也需要调整。

可以对比一下香港的发展。内地城市人均100m^{2}用地好像很小了，很多地方都在突破；但对香港来说这么大就太奢侈了。香港总面积只有约1100km^2，700多万人口，迄今建设用地只占了约270km^2。其实香港可供开发的土地并没有穷尽，但因需要兼顾生态和环境保育，并考虑长远的需求，所以一直非常坚持集约化发展。当然香港和内地情况很不一样，但它的发展方式仍值得我们借鉴。内地确实有部分城市的建筑和人口密度已经较高，同时也带来了一些负面后果，但是总的来讲，我们城市的集约化发展潜力还是有的。如何节约利用土地，使城市更加集约、高效地发展，还有很多文章可以做。

关于香港的规划体系，也有值得借鉴之处。它有全港层面的战略性规划，在微观层面则是法定图则。还有一个很明确的定期规划检讨制度，每隔几年就要检讨一次发展战略，以便优化规划策略，比如《1996全港发展策略检讨》以及《香港2030》等。具体来说，香港的规划编制体系由针对全域的《全港发展战略》、针对各大片区的《次领域规划指引》和操作层面的《法定图则》所组成。其中《全港发展战略》、《次领域规划指引》和《发展策略检讨》都是发展战略层面的工作，旨在确定战略导向。

（三）战略规划的实践

自2000年广州市开展城市总体发展战略规划工作以来，国内许多城市组织过战略规划或概念规划的研究工作。

1.城市发展战略规划的缘起

城市发展战略规划这项工作"热"得很快，一定有它的原因。有的称为"战略规划"，也有称为"概念规划"，其实都是在战略层面的工作，主要是为了获得明确的发展概念，并形成一些共识。其兴起与出现了新的发展条件和需求有关；国家或者省、自治区对一个城市的要求变了，地方领导就要去研究，去重新认识城市的功能定位，以便把握住发展的机会。例如，新疆要实现"跨越式发展"和"长治久安"，在这个背景下，对各地州市的发展目标和战略就需要重新认识。此外，很多城市搞战略规划研究，往往是由于行政区划有了调整，因而需要及时研究新的空间发展战略。国内"撤县建市"和"撤市建区"的情况很多，国家批准行政区划调整往往也是为了适应一个地区的发展诉求。因为行政区划变了，对城市和区域的空间组织也就可能要做相应的优化调整。

与传统的总体规划编制不同，战略规划研究往往是着眼于对重大问题进行较为抽象的辨析。如果考虑太多的制约因素和细节问题，就可能难以抓住本质问题，并可能难以形成共识。所以战略性的研究要摆脱一些细节问题，形成一个讨论的平台，并聚焦于关键问题，在达成共识基础上，再去讨究具体的实施问题。

另一方面，战略规划的兴起也与现行城市总体规划编制、审批存在的缺陷有关。目前的规划编制内容太繁杂，审批程序也太复杂，所以很多城市转向先搞战略规划以应对现实中的迫切需求。其实，战略规划和总体规划本来就是一回事，有其内在的共同性。城市总体规划本来就是关于城市发展的战略性部署，城市总体规划的编制本来就应关注于城市发展重大问题的研究。城市总体规划成果应该是政策性文件——落实高层级政府的目标和体现本级政府的发展意图。应当为专项规划和下层次规划的编制提供原则依据和技术指引，而不是直接针对具体的开发，或者指引具体的土地出让。另外，城市总体规划应当是一项滚动性的工作。形势变了，规划当然要调整。但是如果规划编制涉及的内容太多，面面俱到，就要进行很多协调。如果太麻烦，一些地方就索性不及时编制或修改“法定”的总体规划了。由此看来，改革和优化城市空间规划编制体系已是势在必行。

2.战略性规划研究的制度化

现在许多地方做的所谓“战略规划”，可以说都是属于发展战略研究。其正确的技术路线，应是在现有的城市总体规划编制工作框架内，加强前期研究，并以相对开放的方式来组织研究。比如请几家研究机构（可包括境内外公司）同时开展研究。对各方研究中所提出的规划概念加以比较、甄别和整合，并与经济社会发展规划相协调，继而采纳并纳入城市发展战略，用以指导城市总体规划的编制及城市建设。

现在还有一个发展趋势，就是从城市空间的发展战略转向区域的发展战略。就城市来论城市发展战略，往往是看不清的，所以一定要放在大的区域中来谋划。新疆尽管城镇密度比较低，但也还是有区域的问题，城市发展诉求与区域整体战略不可脱离，需要在区域层面讨论许多关联问题。

十多年来的战略规划实践，客观上构成了对既有规划编制体系改革完善的积极尝试，已经积累了丰富的经验。国家主管部门注意到了这些进展，并已将有关做法纳入了新版《城市规划编制办法》（2006年4月1日起施行）。新版《城市规划编制办法》第十二条规定：“城市人民政府提出编制城市总体规划前，应当对现行城市总体规划以及各专项规划的实施情况进行总结，对基础设施的支撑能力和建设条件做出评价；针对存在问题和出现的新情况，从土地、水、能源和环境等城市长期的发展保障出发，依据全国城镇体系规划和省域城镇体系规划，着眼区域统筹和城乡统筹，对城市的定位、发展目标、城市功能和空间布局等战略问题进行前瞻性研究，作为城市总体规划编制的工作基础。”其中的“区域统筹和城乡统筹”，“城市的定位、发展目标、城市功能和空间布局”等，都是战略性问题。所谓的“前瞻性研究”，就是“战略性研究”。由此可以认为，战略性规划研究已经是一项“制度化”的工作。开展城市规划的战略性研究，既是客观需要，同时也是“法定”要求。

3.战略规划的实践

案例1 上海城市发展战略研究：《迈向21世纪的上海》

其实2000年之前国内就已有过城市发展战略研究的实践。在20世纪90年代初，上海也曾面临着与新疆目前相似的情况。当时中央宣布了开放开发浦东，上海迎来了跨越式发展的历史机会。浦东开放开发是国家战略，但浦东开放开发到底怎么搞？浦东发展与上海的整体发展是什么关系？这是一个很大的战略问题。一种设想是把浦东定位为一个自由港，与国际接轨，高度开放，封闭管理。这是一种模式，但是隔了黄浦江，搞“一市两制”将很难操作。讨论的另一设想是以“上海浦东”为旗帜，先把浦西搞好，所谓“声东击西”。当然，最为明智的是“浦东”、“浦西”联动发展，由浦东政策来带动上海的整体发展。当时中央关于浦东开发的总体战略目标是明确的，但是中央各部委的具体政策制定需要有个过程。那么具体要哪些政策？从产业到空间到底怎么发展？诸如此类问题必须要想清楚。不想清楚，不能得以落实，开放开发和跨越式发展就只能是一个空洞的口号。

当时的上海，在市委市政府主要领导的直接关注下，开展了以“迈向21世纪的上海”为命题的城市发展战略研究。这个重大课题是上海市经济社会长远计划及新一轮城市总体规划的先导，由市政府组织各方面的数百名专家，历时两年而完成。基于这一课题即《迈向21世纪的上海》所形成的城市发展战略，对其后上海市的经济、社会发展规划和城市总体规划的制定起了重要作用；可以说为上海市在20世纪90年代的全面发展奠定了理论和策略思想的基础，起到了对全局发展的引领作用。

案例2 深圳市的空间发展战略：《深圳2030》

深圳市至2030年的战略性发展导向，基本上是推进集约化发展，包括进一步提升中心、两翼生长。向东是生态保护，向西是进一步融入珠三角的发展之中，更进一步地形成与珠三角整体发展的态势。要对产业空间、生态空间和区域整合有一个前瞻性安排，就需要进行前瞻性研究。

据称深圳已经开始着手研究《深圳2040》。特区成立已30年，建成了一个1000多万人口的特大城市和全国第四大城市经济体，但是也出现了一些负面问题。第二个30年怎么发展，显然不能再延续空间增量拓展的路径，只能是依靠转型和优化，实现质的提升。在经济发展的同时，要更加强调生态和民生问题，还要谋划进一步融入港珠澳的整体发展。显然，深圳适时开展2040年指向的战略研究十分必要。城市总体规划的修编需要有这样高瞻远瞩的研究支撑。

案例3 克拉玛依市“克白城镇群”远景空间发展战略

2010年4月，我们应邀参与了克拉玛依市“克白城镇群”远景空间发展战略的研究工作。一开始，课题组并不是很理解为什么要制定这个战略，但是深入调研后觉得很有意义。克拉玛依现在已经有了很强的石油开采能力，下一步要实现油气并重。依托油气开采和国际能源合作，一座世界级的石油和石化工业城市正在崛起。据此，克拉玛依市领导提出了要打造“世界石油城”。所以就需要研究城市如何提升功能，如何提升品质。也就是要回答克拉玛依未来应建设成为怎么样的城市。

这项战略性研究课题的主报告内容如下：

第一是城市发展历史评述，包括克拉玛依市概况、城市经济社会发展、“克–白城镇组群”经济社会发展指标、规划编制以及发展存在的问题等。

第二是城市发展的外部条件解析，包括世界及中亚地区的能源格局、中国的国家战略、新疆的区域发展以及对克拉玛依城镇发展机会的认识等。

第三是城市发展的远景目标，包括市委市政府的发展构想、“世界石油城”的内涵及远景目标等。

第四是空间发展战略，包括6个方面的战略：联通区域，巩固北疆中心城市的地位；完善中心城空间结构，加快用地的优化置换；合理选择空间拓展方向，集中建设，提升城市形象；产居和谐，突出生态品牌，打造中国宜居城市；多元化发展及积极的城市营销；谋划石油商务新城，发展石油相关的商务活动等。总体要求则是夯实基础、有序推进、寻求突破。

第五是空间结构与发展定位，包括总体空间结构、中心城区以及各个片区的定位等。

第六是空间布局规划，包括适宜建设用地的估算、综合交通规划、绿地与生态系统规划、城市旅游及重要景观节点规划、城市环境保护规划以及重大设施或项目选址规划。

第七是行动策略，包括完善相关制度、政企协作；多元融资，增强财力；内涵发展、外延拓展。

上述几方面构成了整体战略，在战略构想的表达上还采用了一些图纸，并辅以空间意象，这些当然是示意的。通过这些示意，能更好地激发大家对未来城市发展的憧憬（图1）。

4.战略规划的国际经验

国外也有不少值得借鉴的战略规划案例和经验。以下介绍大温哥华都市发展战略规划。

大温哥华都市发展战略规划的制定经历了4年的研究、公众咨询及政府间的协商，并按法定程序批准，由不列颠哥伦比亚省政府正式颁布为大温哥华发展战略。这一战略规划的成果非常简约，主要就是确立了4项基本规划策略。

一是保护绿色地带（Protect Green Zone)。北美城市较多存在无序蔓延，温哥华不希望走老路，这是共识。

图1　克拉玛依城市意象

二是建立完善的社区（Build Complete Communities)。看上去这不像是战略问题，但是在温哥华恰恰对此要有战略思维。温哥华在上个世纪80、90年代是移民流入最为集中的城市，因此面临着不同国家和民族背景的市民的融合问题，所以强调要有完善的社区。这既是一个社会发展问题，同时也与空间和设施配置相关联。

三是建立一个紧凑型的大都市(Achieve A Compact Metropolitan Region)。既要保护，也要紧凑；要提高土地开发的绩效，适当地提高开发密度。

四是增加交通选择性（鼓励公交）(Increase Transportation Choice)。虽然在西方的选举政治语境下政府很难直接提出控制小汽车；但可以反过来若能加强公共投入、建设公共交通系统，使大家觉得选择公交比使用小汽车更合适，这样就有了可选择性。如果公交不完善，除了开车就别无他法，那就没有了选择性。

这个战略规划做了4年，经过公众咨询，最后确定了极为有限的几条策略，但条条都切中要害。规划的图示（而非图纸）也是对应于战略规划的内涵，仅是战略意图的表达，而不是像一般的城市总体规划那样偏重于对用地功能分区等的详细表达。图面示意了土地使用方向、轨道交通、生态廊道、室外游憩场所等等；标示了区域性的快速道路系统、高等级道路系统。当然仅是规划选线，而不是工程选线，不需要用工程图的方式来表达。政府首先要规划好、控制好这些公共性、系统性的要素。而具体的商业用地、商业开发则可在操作层面的规划中去处理。

（四）小结

城市总体规划及区域层面的等高层级规划均属于战略性的规划，其制定需要基于系统的研究；要着眼于谋求战略选择的确定性，而非具体实施的详细安排。

在这个层面的工作中，一是要把握好《城乡规划法》的精神实质，以“创新”主导城市规划工作；二是要认识到，城市总体规划是公共政策的载体，是城市空间发展的战略性安排；三是在战略性的规划中，要重视对空间发展作结构性表述，而不是制定详尽的“土地使用规划图”；四是新一轮城市总体规划要解决长远的产业、居住、生态等空间的布局，同时也要注重城市空间组织和城市运营的绩效。其中非常重要的是处理好交通模式和用地规划的关系。很多时候，交通决定了用地的使用方式，交通和用地是相辅相成、互相支持的。

附录：城市—区域发展战略专题研究

城市网络中的新疆城市

在现代网络化经济时代中，城市之间形成了公路、网络、信息以及企业等多样化的网络联系。研究全国城市网络的区域差异、新疆各城市与国内主要城市的链接关系，以及自治区的城市（地州市）网络，有助于清楚地认识疆内城市在各层级网络中的地位及其网络特征。

1. 我国城市网络的区域差异

本研究基于跨区域的企业数据，把全国的331个地级以上城市（含地、州、市、盟政区单元，下同）按照东、中、西大致进行划分（东部沿海115个城市，中部119个城市，西部97个城市），在城市间分企业数量联系的阈值定为8（最大联系度上海—北京值4102的2‰为8.2），分析东中西三大区域的经济网络特征，并以网络节点性计算各省区城市体系的规模位序特征（图1）。

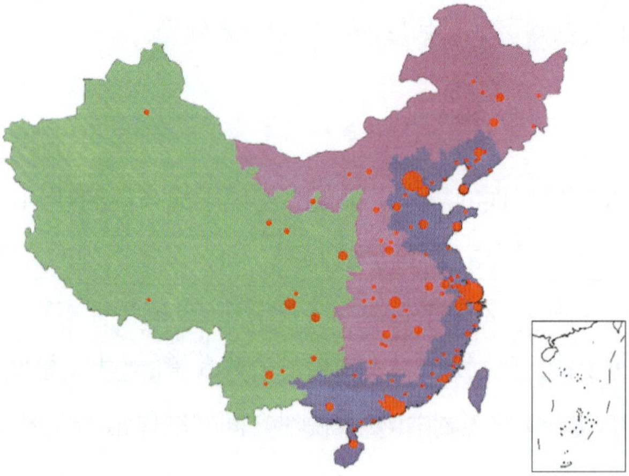

图1　我国东中西部城市网络的节点规模位序示意

(1) 东中西部地区各省城市规模位序特征

具体采用2009年各类企业分支机构的分布数据，以网络节点性计算各省区城市体系的规模位序特征，分析首位城市与二、三、四位城市之和的比值：P1/（P2+P3+P4）。从表1

可以看出，东、中、西部省会城市的首位度存在较大差异。其中，东部沿海地区省份首位度都在1以下，中部地区大部分都在1以上，而西部地区普遍比较高，云南、新疆的首位特征最为明显。这表明东部沿海地区呈现出多中心的网络化格局，中西部地区的首位特征则较为明显。

我国各省（自治区）及若干经济区首位城市的首位度比较 表1

西部地区		中部地区		东部沿海地区	
省区	P1/(P2+P3+P4)	省区	P1/(P2+P3+P4)	省区	P1/(P2+P3+P4)
甘肃	1.257	安徽	1.423	长三角	0.880
贵阳	1.038	黑龙江	1.139	福建	0.667
宁夏	0.857	湖北	1.445	广西	0.798
青海	1.063	河南	1.669	广东	0.672
陕西	1.350	江西	1.308	辽宁	0.954
新疆	1.831	湖南	1.712	山东	0.697
云南	2.219	吉林	1.035	京津冀	0.872
成渝	1.207	山西	1.227	海南	0.500
西藏	1.000	内蒙古	0.581		
平均值	1.313		1.282		0.755

附注：1、尽管西藏城市区域尚未发育，内蒙古属于狭长形的地带，海南仅有海口、三亚纳入计算，但并不影响整体的计算结果。2、长三角纳入了江浙沪两省一市。

(2) 东中西部地区地级以上城市企业联系度分析

从东部沿海省区115个地级以上城市的企业联系度，可以看出东部地区城市之间高度联系，一方面省会城市和下一级城市紧密联系，另一方面各个地级市之间是一种网络拓扑的联系方式。这种网络拓扑状的城市网络呈现了联系密度大的特征，是经济发达的一种表现（图2）。

中部省区119个地级以上城市，基本上是节点加网络的联系方式，呈现簇状的城市网络特征（图3）。

西部省区97个地级以上城市之间的联系方式呈现树枝状的城市网络特征（图4）。

(3) 我国城市网络的区域差异的基本解读

我国城市体系的网络层级存在明显的区域差异，西部区域呈现出强烈的首位型特征，而沿海地区的城市体系则呈现出网络化的格局。

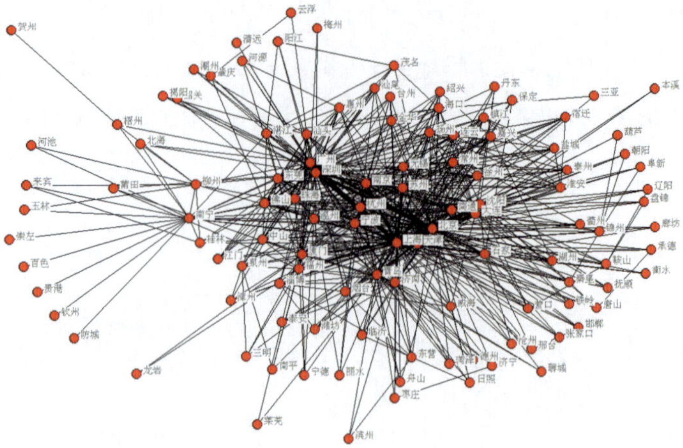

图2 东部地区城市网络

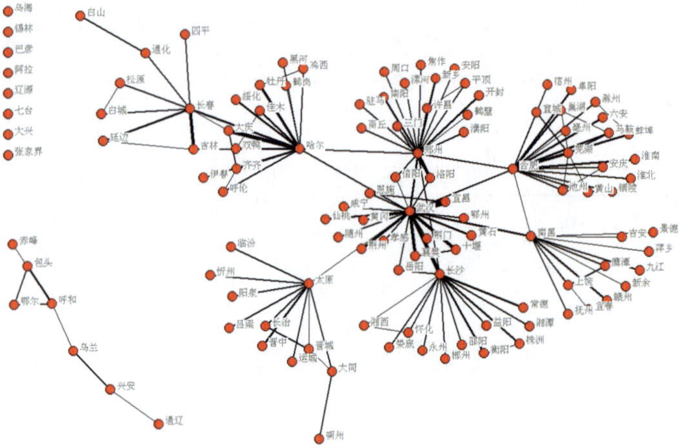

图3 中部地区城市网络

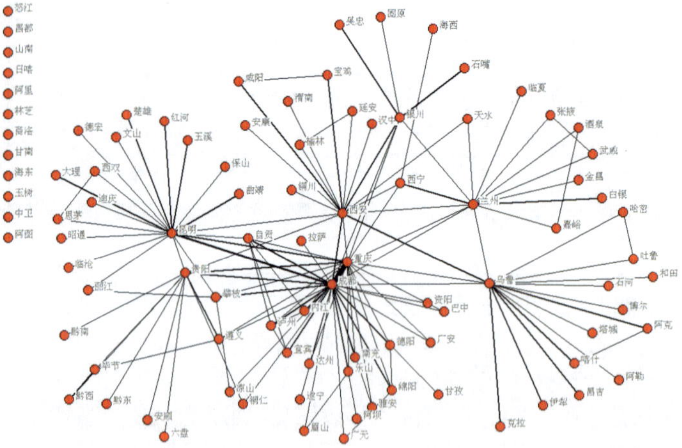

图4 西部地区城市网络

就新疆而言，乌鲁木齐市的首位度极高。然而从资源配置效率的角度而言，首位型的城市体系往往过于强烈地依赖于核心城市的门户功能；公共服务功能过于集中，客观上会削弱非核心城市的竞争力。

根据国外学者的研究，多中心的网络型城市体系具有开敞的内、外联系，能最大限度地发挥城市网络的外部性，并可能在一定程度上避开城市规模的门槛限制，以多中心、网络化的模式实现城市功能的互补（Batten，1995；Meijers，2010）。因此适当的多中心将会有利于有关省区的全面发展。

2. 新疆各城市与国内主要城市的链接

为研究新疆各城市与国内主要城市的联系，同样采用2009年企业分支机构数据，对新疆各城市（地州市）与内地省会城市（及副省级以上城市，下同）的网络链接进行直观分析，分析占国土面积1/6的自治区的对外链接模式。其次，以乌鲁木齐市为观察视角分析其与国内主要城市的网络链接，判断其在全国网络层级中的地位，并辅以历年的航空数据进行演化分析。

（1）新疆城市与内地城市的联系

全疆与内地城市的联系呈现出强烈依赖于首府的网络联系特征，乌鲁木齐作为联系内外的门户作用非常明显。除了巴州以外，其他自治区城市都是通过乌鲁木齐与内地省会等大城市进行联系的。因此，新疆库尔勒市的城市网络与全国的城市网络是非常分离的，仅仅通过乌鲁木齐产生联系，这也从一个角度说明了新疆首位城市的首位度极高的原因（图5）。

（2）乌鲁木齐与内地城市的网络链接

以乌鲁木齐为观察视角分析其在国内省会级城市的网络链接来看，乌鲁木齐在全国网络层级中的地位属于"第三集团"，排位较为靠后（图6）。

新疆城市网络与内地主要城市链接，民用航空有着重要支撑作用。从1980到2010年乌鲁木齐在全国航空网络中的地位变化看，基本处于下降趋势。到2010年，乌鲁木齐在全国航空网络中排位16，处于全国主要城市中的中游水平。因为近年内地航空事业整体发展较快，因此虽然位次上有所下降，但从航空事业发展的绝对水平上来看，乌鲁木齐的航空客运事业仍取得了很大发展。

（3）新疆各城市与内地城市链接的基本解读

通过前述分析可以发现，相对于区域链接全国城市体系的模式而言，新疆城市体系属

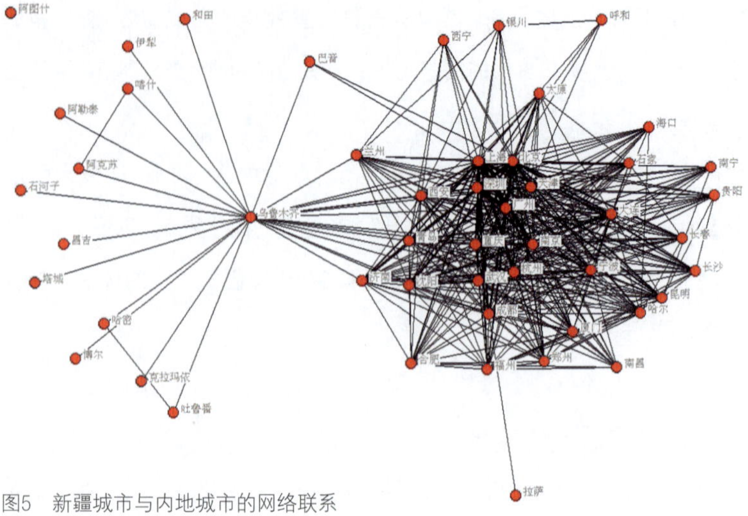

图5　新疆城市与内地城市的网络联系

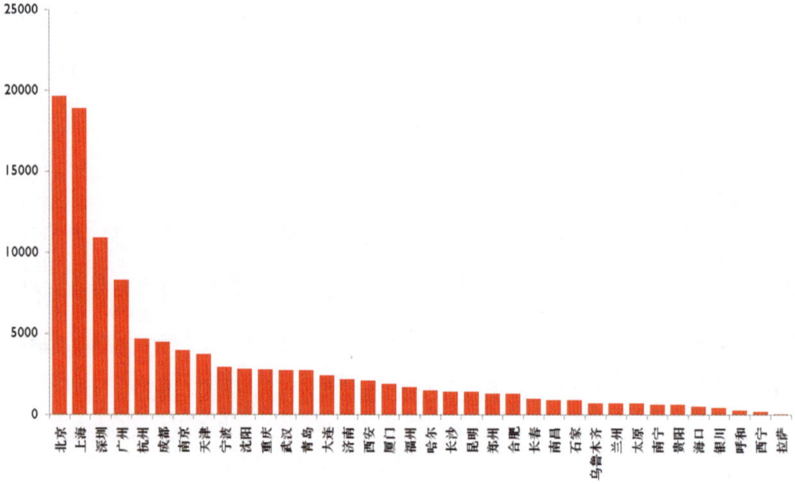

图6　乌鲁木齐在全国省会（及副省级以上）城市的网络层级地位

于典型的中心地模式，在地域范围辽阔的天山南北区域中，强烈地依靠首府城市的公共服务功能。而这种首位型、门户城市特征突出的区域，其下一层级城市的功能往往发育不够。

在全国城市网络的层级分布中，乌鲁木齐排名尚不高。目前这种空间分布松散、指向联系集中的城市体系显然与新疆自身的自然地理条件和人文历史有关。

3. 自治区的城市（地州市）网络

对新疆维吾尔自治区内的各个城市进行城市网络分析，可以得到这样的基本解读：总体上，以乌鲁木齐为指向的中心地特征非常突出，次一级的网络回路主要为：北疆的乌鲁木齐—石河子—伊犁—昌吉—克拉玛依；南疆的乌鲁木齐—喀什—阿克苏—阿图什；新疆东部地区的乌鲁木齐—哈密—吐鲁番（图7、图8）。

在整个网络中，乌鲁木齐具有极高首位度，独占第一集团。第二集团是喀什、阿克苏、昌吉、伊犁、巴音、克拉玛依；第三集团是石河子、哈密、吐鲁番、塔城、博尔塔拉、和田、阿勒泰和阿图什。

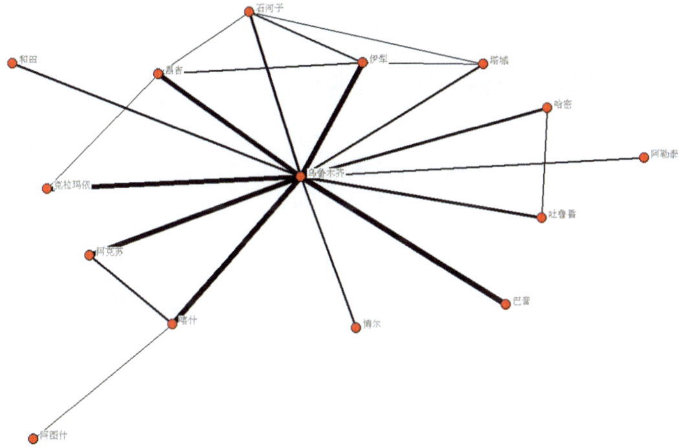

图7　新疆区内城市网络示意

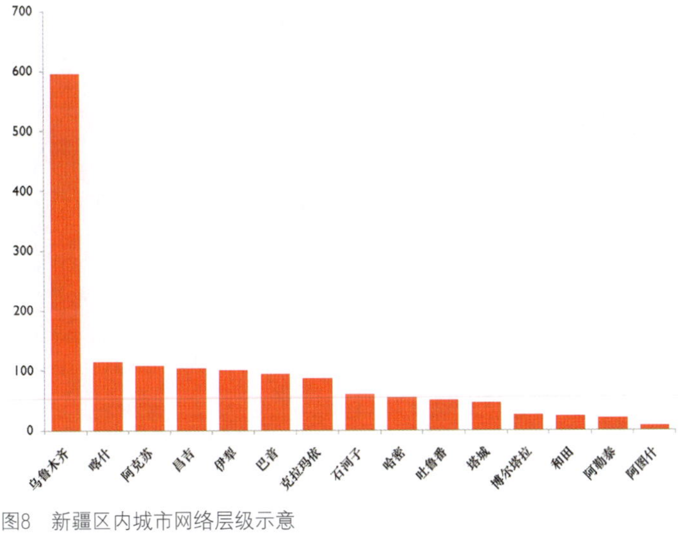

图8　新疆区内城市网络层级示意

4. 初步探讨

新疆地域辽阔，其城市体系有自身的特殊性。

第一，乌鲁木齐在全疆具有极其重要的地位，如果再加上与中西亚的联系，这个地位将会进一步提升。因此，乌鲁木齐市的战略取向应为：大力发挥和提升门户及服务功能；进一步做优、做精、做强；重在提升城市功能，而不是进一步提升人口规模及首位度。

第二个层面，自治区城镇体系发展的宏观战略指向应为：依托现有的城市簇群，注重发展次一级城市区域，力求各大区域的相对均衡发展；注意培育地区性中心城市，完善其城市功能，改变对首位城市的过度依赖。在民用航空发展上，应逐步开通各支线机场之间的直通航班；并将库尔勒市培育为自治区联系内地的次级空中门户，从而减轻乌鲁木齐的压力。

（本文由华南理工大学赵渺希博士帮助完成基本分析）

二、实施性规划——控制性详细规划的讨论

按照《城乡规划法》的规定："经依法批准的城乡规划，是城乡建设和规划管理的依据，未经法定程序不得修改。"在开发建设层面，城乡规划的实施主要是与控制性详细规划相联系。法律明文规定要依据控制性详细规划来施行各项建设管理，这是我国规划法制的一大进步。

（一）从战略到实施

战略性城市规划解决的是城市总体发展的思路和方向等问题，但规划最终是要落地实施的。所以，有了好的规划战略，还要有好的规划实施机制。在一定意义上，细节决定成败。对城乡建设的多方面考察可发现，微观层面的低效建设及空间品质问题基本都与规划有关——或者因为没有规划研究和编制，导致规划滞后或空白；或是由于规划水平低，城市设计水平低；或可能是规划实施走样；也可能因为规划实施管理的力度不够，导致违章建筑多发，规划建设控制条件被突破等等。

新版《城市规划编制办法》（2006年）提出，"城市规划是政府调控城市空间资源、指导城乡发展与建设、维护社会公平、保障公共安全和公众利益的重要公共政策之一。"规划要体现政策性，前面讨论的战略性规划中的公共性、系统性等问题，其实都是公共政策问题。但是不同等级的规划与公共政策的关系是不一样的。高层级的规划，具有很明确的公共政策属性，表达公共政策的意图，包括承接中央政府的政策指引，形成和承载地方政府的城市发展战略和相应的政策体系。而低层级的实施性规划，主要是将发展战略的内涵具体化，落实公共政策的要求，并演化为规划行政管理的依据。

（二）《城乡规划法》背景下的规划实施

1990年版的《城市规划法》中的"城市规划"是个抽象的概念。《城市规划法》规定了"城市规划区内的土地利用和各项建设必须符合城市规划，服从规划管理。"但是对什么是"城市规划"却并没有定义。对城市规划建设实施"许可"管理是非常明确的，没有取得或不遵循"一书两证"就是违法建设；但并没有规定"颁发规划许可"与"经依法批准的规划"之间应有羁束关系。所以，实施层面的规划管理

实际是基于城市规划法的宽泛授权，地方各级人民政府和其规划主管部门拥有很大的自由裁量权限。这种过渡性的制度安排，既无法保证经济发展和规划管理的效率，也导致了很大的社会成本。

《城乡规划法》一大突破，就是将城乡规划建设的许可程序置于“控制性详细规划”的控制之下。例如，对于出让方式提供土地使用权的，“城市、县人民政府城乡规划主管部门应当依据控制性详细规划，提出出让地块的位置、使用性质、开发强度等规划条件，作为国有土地使用权出让合同的组成部分。未确定规划条件的地块，不得出让国有土地使用权。”在申请和核发建设工程规划许可证阶段，“对符合控制性详细规划和规划条件的，由城市、县人民政府城乡规划主管部门或者省、自治区、直辖市人民政府确定的镇人民政府核发建设工程规划许可证。(第四十条)”对建设单位变更规划条件的申请办理，如“变更内容不符合控制性详细规划的，城乡规划主管部门不得批准。(第四十三条)”从上述条款可得出，对于规划建设管理所涉及到的行政行为，包括确定“建设用地规划条件”、核发“建设工程规划许可证”、批准“变更规划条件”等，均要以依法批准的“控制性详细规划”为依据。可见“控制性详细规划”对于“规划建设管理”具有法定的羁束性作用。

（三）《城乡规划法》赋予控制性详细规划的地位

1.《城乡规划法》的立法背景与立法基础

我国实行改革开放政策已经多年，社会主义市场经济体制已经基本建立，法制建设也日趋完善，社会生活的各方面都发生了翻天覆地的变化；同时，新的矛盾也在不断涌现。针对快速发展所引发的各种社会问题，国家适时提出了要以科学发展观统领全局，构建社会主义和谐社会。

作为政府行为及公共政策的城乡规划，历来都涉及经济社会发展中的复杂利益关系。而行政立法如果太抽象、且赋予管理主体的自由裁量权限过于宽泛，难免会产生种种不利的社会后果。顺应经济社会发展的新形势，中央政府适时启动城乡规划的新立法工作。1999年开始针对《城市规划法》的修订开展调研和讨论；遵循城乡统筹的原则，提出了城乡规划统一立法的目标，于2001年7月完成了《城乡规划法》的征求意见稿。经过多次修改后，2007年10月全国人大常委会审议通过了《城乡规划法》，于2008年1月1日起施行。

《城乡规划法》坚持贯彻社会主义法制原则，体现“有法可依、有法必依、执法必严、违法必究”的精神，突出强调了行政依据、行政程序、行政管理部门的法律责任，引入了法律对规划主管部门的约束以及公众参与机制，从而更好地保障行政相对人的合法利益，并体现社会公正。

总体而言，从《城市规划法》到《城乡规划法》，其立法的价值基础有了显著变化，在一定程度上实现了从“管理法”向“控权法”的转变。与《城市规划法》相比较，《城乡规划法》的立法具有明显的“控权”价值取向，即强调对行政权力的法律控制，明确了“经依法批准的城乡规划，是城乡建设和管理的依据”。另一方面，相对于种种技术性条款，对各管理环节的“控权”规定也更为反映行政法律的本质。

2.“控规”在城乡规划编制与管理体系中的重要地位

《城乡规划法》明文定义：“城市规划、镇规划划分为总体规划和详细规划。详细规划分为控制性详细规划和修建性详细规划。”从而在国家法律层面上首次肯定了“控规”的法定地位；并规定城市和镇都必须编制“控规”，这也就意味着扩大了“控规”的适用范围。同时，《城乡规划法》明确规定城乡规划主管部门必须依据“控规”确定国有土地划拨和出让的规划设计条件，此外还规定了“修建性详细规划应当符合控制性详细规划”。

解读《城乡规划法》，在城乡规划编制体系中，将“控规”位列总体规划与修建性详细规划之间，一方面可分解落实总体规划确定的宏观要求，另一方面可引导修建性详细规划的编制，发挥承上启下的关键作用。而在城乡规划管理体系中，“控规”的作用更为显现：“控规”要对各类控制要求进行整合，为规划许可审批提供法定依据。至此，“控规”已经从可有可无的“自选动作”发展为必须执行的“指定动作”，否则将导致行政违法的后果。

显然，《城乡规划法》施行后，“控规”事实上已成为了城乡规划编制与管理体系中的核心环节。

3.“控规”是规划许可审批的明文法定依据

审批规划许可的法定依据主要包括法律规范依据，经批准的“成文”城乡规划依据，以及相关的技术规范以及政策文件。在《城市规划法》框架下，规划管理部门主要依据国家法律的授权而行使其行政权力。在行政管理过程中，各类强制性技术规范构成了约束条件，但城市规划编制所形成的文件则并非具有明文的拘束力，包括

“控规”在内的规划实际上仅仅具有技术参考意义。

而《城乡规划法》则既明确定义了什么是“城乡规划”，又明文规定了“经依法批准的城乡规划，是城乡建设和规划管理的依据”；并具体规定城乡规划主管部门必须依据“控规”确定出让地块的位置、面积、使用性质、开发强度等规划条件，依据“控规”核发建设用地规划许可证、建设工程规划许可证。其措辞具体，要件刚性，这与《城市规划法》中“符合城市规划”、“根据城市规划提出的规划设计要求”等抽象规定形成鲜明对比。《城乡规划法》还对批后调整做出了详细规定，包括“变更内容不符合控制性详细规划的，城乡规划主管部门不得批准”。

《城乡规划法》构建了以“控规”为核心的规划建设管理机制，其有关规定大大约束了规划许可管理过程中的自由裁量权限。在规划许可审批时，要以经依法批准的“控规”为依据，规划主管部门在确立规划设计条件方面实际上已经不再享有以往那种个案审定的定夺权，即已从“自由裁量”转为“羁束裁量”。

从而，“控规”从原先的技术参考文件嬗变为规划行政的明文法定依据，“控规”将成为公权使用的一道“界限”，在规范建设行为的同时亦将限制公权力的滥用。

4.强化对“控规”本身的法律规制

当“控规”成为一项法律拘束力很高的行政计划后，对其编制的要求也必然相应提高，因而《城乡规划法》在明文赋予“控规”法律地位的同时，也明显加强了对“控规”本身的法律规制，主要是程序性规制。其中包括：对“控规”的编制与审批主体的规定，将“控规”的审批权限收拢，城市的“控规”由城市人民政府审批，镇的“控规”由其上一级人民政府审批。规划管理部门不再享有“控规”的审批权限。

程序性规制还涉及审批程序、修改程序以及公开程序。《城乡规划法》在此方面的进步符合现代行政的正当程序精神。基于新的立法，“控规”的审批与修改将变得很“困难”，调整规划将耗费大量的时间、资金及人力成本。这一“制度成本”的存在可望能促使地方政府正视“控规”工作，改变以往的随意性。

至于“控规”编制的内容，《城乡规划法》则未做出具体规定。因而中央政府主管部门及地方立法机构需要及时制定配套的实施性法规和规章，以确保“控规”的定位转型及功效发挥。

（四）《城乡规划法》施行后的控制性详细规划实践

《城乡规划法》确定的“控规”制度富有理性及具有现实针对性，这是我国改革规划编制和建设管理制度的重大发展。但从《城乡规划法》施行后各地的情况来看，改革的路程不会平坦，或可以说是任重而道远。较普遍的看法是，在现行“控规”编制技术的基础上，要想严格按照《城乡规划法》的规定来执行是非常困难的，亦即既有的“控规”编制成果的操作性有问题。

近年来，一些城市全力展开了“控规”的全覆盖工作，包括制定“控规”全覆盖的时间表，广泛招标，以及不断投入大量财力和人力。显然，各界对于“控规”应具法律效力是普遍认可的，这与多年来“控规”立法的呼声是一致的。而最大的争议在于“什么是‘控规’”、“什么是‘控规’编制的法定内容”。由于《城乡规划法》对“控规”编制的内容未作实体性规定，而相应的解释性规章或实施办法尚未出台，于是许多省市围绕“控规”的编制和公示程序等展开了各具特色的地方演绎。比如，有的城市将“控规”分成两个层次来分别编制和审批，有的城市将土地细分从“控规”中剥离，有的城市不将容积率纳入“控规”的法定文件，有的城市甚至编“控规”而不批“控规”。可见地方意义上的“控规”已与传统“控规”的内涵相距甚远。究其本质，有的是力图落实《城乡规划法》的要求，有的则是在尽力规避法律的规制，甚至有意、无意地走向了“愚弄”社会大众的危险境地。

在自由裁量权限大小的问题上，基本的趋势是：那些市场经济发展较成熟的城市，那些曾经“东窗事发”的地方政府及规划局，似乎更愿意放弃手中的自由裁量权限。这些城市的分管领导及规划管理人员较“害怕”拥有自由定夺的权力——希望许可审批的依据要“确定”而非基于自由裁量权。有的城市甚至制定了比《城乡规划法》所要求的更为严格的地方管理制度。比如成都市通过地方立法，对“控规”编制的依据等进行严格的控制，以“裁量基准”的形式来严格控制许可管理中的自由裁量空间，从而使规划管理部门实现自我拘束。

在“控规”编制与修改的法定程序方面，各地的贯彻情况相对较好，包括依据《城乡规划法》的要求调整本地的规划审批和修改等程序性安排，如延长公示时间等。但围绕“什么是‘控规’修改”这一问题，各地按照自己的理解进行了解读，典型做法是细分“控规”修改的类型，设置简化程序或变通程序，诸如对于地块边界线微调、两个公共设施位置互换等情况，只需要通过规划管理部门内部的简化程序即可审批。

总体而言，尽管一些城市的某些做法有悖于《城乡规划法》的立法本意，但却也反映出了操作中存在的困惑与无奈。究其原因，主要在于既有的"控规"编制技术及惯例的做法的不适用性，导致畏惧将"控规"法定化；在"审批难、修改难"的成本制约下，地方规划管理机构趋于以"规避"和"变通"之道来提高行政效率，以应对上级要求及顺应经济发展和城市建设的需求。

（五）完善控制性详细规划的若干讨论

1.认清"控规"主要控制谁

加强法制建设，实行依法治国是我国建设社会主义市场经济的必然要求。城乡规划管理部门的所有行政权力都来自法律的授权，"法无授权不得行、法有授权必须行"。从纵向看，《城市规划法》的颁布设定了"服从城市规划，服从规划管理"的社会义务，确立了只有获得"一书两证"才能开展建设的许可管理制度，其立法的主旨是"管住"社会的多元"建设主体"。

而《城乡规划法》则在保持对"建设主体"的许可管理的同时，建立了以"控规"为核心的制约机制，进而强化了法律对规划行政的控制，藉以提高规划管理的确定性，以及最大程度地消除权力滥用的基础。由此可见，新的立法的本质是"控权"——使规划许可行政行为不但要遵循法定的程序性依据，也要遵循"控规"这一实体性依据；所以，"控规"主要是控制"规划管理方"——政府及其规划主管部门。

认清这一点对于正确贯彻执行《城乡规划法》具有决定性意义。现在的任务是要在既定的法律框架下去完善"控规"编制与管理制度；在具体制度设计上，要力求体现法律精神，而不是试图规避"控权"而背离立法原则。

2.辨析"严格"与"宽松"

法制必然是有代价的，法律的制定与实施必须考虑到制度成本。同样，考虑到快速发展时期的规划管理效率与成本，"控规"的"控权"也并不是越严厉越好，必须的"严格"与合理的"宽松"要相结合。从制度变迁的角度看，本轮规划立法中的"控规"及"控权"的制度变革属于"强制性制度变迁"，是通过法律强制推进和实施的，强制执行必然增加制度实施的成本，而技术条件的不成熟则会进一步增加制度成本。

具体而言，在《城乡规划法》的制度背景下，如果直接延用传统的“控规”编制技术，必然耗费大量的财力和人力，并会导致行政效率的降低而可能丧失良好的发展机会。因此，必须对现行“控规”编制方法加以检讨，做出适应性调整和完善，以降低“控规”编制与实施的制度成本。比如，对普遍性的问题似可通过制定通则的方式来减少“控规”编制的工作量，包括将建筑退界、出入口设置、功能兼容等要求纳入通则文件，同时保留在特殊情况下的调整可能性。这样既可降低成本，又可限制自由裁量权。

对“控规”编制中的许多认识需要重新辨析，如果说作为“技术参考文件”其内容是“多多益善”，那么作为“法定的羁束依据”其规定则要力求严密。归纳起来，“控规”的完善必须坚持“技术理性”、“行政效率”及“社会公正”的统一。

3.提倡分类指导，以增强“控规”的“控权”适用性

既有的“控规”编制基本是一个模式，即对所有地段采用近乎于标准化的编制方式，控制的内容及指标等基本同一，忽视空间对象的多元特性。缺乏针对性的“控规”在面向具体的开发活动时必然会有诸多不适。设想可对“控规”编制分类指导，即针对不同功能地域（如工业区、商务区、居住区）、不同的特性地域（如新城区、老城区、历史街区）及发展的不同阶段（如确定性开发、不确定性开发），采用差别化的策略——控制要素的选择及“严格”与“宽松”不一概而论。只有保证了“控规”的“控权”适用性，才能真正有助于严格执行规划。

在这一方面，香港的实践具有一定借鉴意义。首先，香港的多种规划图则之间是相互平行的关系，比如“分区规划大纲图”和“发展审批地区图”都是开发控制的依据；其次，图则之间在空间上可以是相互叠加的，比如土地发展公司/市区重建局的“发展规划图”覆盖的地区一般都是“分区规划大纲图”覆盖的地段；另外，同一地段在不同发展阶段可以由不同的图则所控制，在发展初期由“发展审批地区图”控制，随着发展成熟改由更为详细的“分区规划大纲图”所替代，需要更新改造时再由土地发展公司/市区重建局的“发展规划图”来覆盖。

总之，开发控制层面所需的规划编制依据各有不同，“控规”本身也应该是多元化的，不应拘泥于一种固定的模式，由于应对的主要问题有所不同，该严则严，该松则松，且可各有各的方法论基础。比如，对于中心区、滨水地区等特定地区，完全可以先开展城市设计再编制“控规”，甚至直接将城市设计与“控规”相结合，实行一体化编制；对于工业园区，核心问题是路网格局及基础设施建设，而对于开发强度、建筑高度等则可以结合产业或行业标准引入通则性规定。

根据上述思路，我国当前“控规”编制体系的革新应当从构架层面入手，在深入研究和论证的基础上，可以针对不同地段先行制定和试行分类编制的标准。

4.积极推进配套制度的建设

《城乡规划法》为“控规”制度的进一步发展指明了方向，同时也为“控规”的效能提供了法律强制力的保障。限于国家主干法律的层级和抽象性，新的立法未能对“控规”编制与管理中的具体问题做出详尽规定；为了确保《城乡规划法》的实施，亟需中央政府及省市立法和行政主体制定相应的配套法规和部门规章。中央层面制定的配套文件，既要具有明确的、关键性的约束力，同时也要为地方规则的制定留有空间。

另一方面，即使在《城乡规划法》的“控权”原则下，我国现阶段及未来相当长时期内，规划建设实行许可管理（而非赋权管理）、且保留一定幅度的自由裁量权限仍是很有必要的。这是由我国城市发展速度、发展规模、发展的不确定性及整个社会的法治程度所决定的。国际经验证明，许可制度及适度的自由裁量权限并不必然导致“腐败”；关键在于对权力要有严密的程序性制约或“控权”。以此推论，单纯的“控规”编制完善并不一定能收到预期效果。只有各项配套制度建设（诸如规划公开、公众参与、听证和聆讯、规划行政争议的申诉与裁决等制度）的系统推进才有可能实现预定的目标。

（六）小结

相对于《城市规划法》的“管理法”及“赋权”取向，《城乡规划法》更多体现了“控权”的立法精神及实质性安排。相应的，《城乡规划法》条件下的“控规”已从政府内部的“技术参考文件”变成了规划行政管理的“法定羁束依据”。这一嬗变后的“控规”制度能否最终落实，取决于对“控规”本质的把握，即认清“控规”主要是控制“规划管理方”。在此基础上，还需要认真研究和改进“控规”的编制方法，以增强“控规”的“控权”适应性。“控规”已经有20多年的历史了，但以往基本上是技术文件，是作为参考用的，现在则是赋予了法律地位。如果说过去的“控规”编制可以很随意，内容很多，搞十项、二十项指标都可以，而具有法定地位的“控规”则不是指标越多越好。内容繁多，准确性不够，没有必要的灵活性，反而不利于增强规划法制。

总之，微观层面的规划实施与控制性详细规划的关系极为密切。作为领导干部，本身并不需要去编制和运作控规，但对于《城乡规划法》施行后的“控规”应做到心中有数，能把握住其在规划和建设管理中的地位和作用。对今后工作的建议：一是要清晰认识《城乡规划法》赋予“控规”的性质和作用；二是既要坚定不移地推进规划法制，同时也要考虑行政成本和实施可行性；三是要针对城镇的具体条件，创新“控规”编制技术，在一定意义上技术细节决定成败。

夏丽卿

上海市援疆规划专家顾问组成员，新疆维吾尔自治区人民政府城乡规划工作顾问。上海市规划委员会专业委员会成员，上海市城市规划行业协会名誉会长，教授级高级工程师。

曾任上海市城市规划设计研究院副院长、院长，上海市城市规划管理局党委书记、局长，上海市决策咨询委员会专职委员，建设部专家组专家，中国城市规划协会副会长、中国城市规划学会常务理事，上海市城市规划行业协会会长。

城乡规划实际案例讲解

本文以隆昌市发展战略规划为实例，以加深对战略性规划的理解，内容包括三个部分。第一部分是解读城市发展条件；第二部分是探索的问题，这是战略研究的重要组成，通常以专题研究为支撑；第三部分是行动方案。

在发展战略规划中需要明确城市定位、产业发展的引导以及空间发展战略，还包括布局结构、土地使用、道路交通、历史文化、风貌特色和空间景观等内容。

非常感谢自治区人民政府邀请我来参加这次城乡规划以及服务型政府的培训班。这两天和大家一起学习，收益颇多。今天下午安排我和赵民教授共同来讲战略性规划和实施性规划，我想我会尽我努力讲好。

这个时期，跨越式发展出现的频率是很高的。各地政府在编制“十二五”规划，在谋划新一轮发展的时候，都会想到跨越式发展。我来到新疆之后，感受到跨越式发展的目标更加迫切了。在机遇来到的时候，如何抓住机遇，切实可行地实施跨越式发展很重要。但是，同时也需要做全方位的准备，其中城乡规划工作是必不可少的准备之一。根据上海城市发展的历程，可以说，如果有一个科学的、合理的规划方案，可以达到事半功倍的作用。反过来，就是事倍功半了，甚至留下遗憾。规划的失误要付出的代价是很沉重的，规划虽然有编制的年限，近期是2015年，远期是2020年或者2030年，但是它的影响远远不止这些年，所以我们说“规划是百年大计”。

在20世纪90年代初，上海迎来了改革开放的机遇，上海的经济在那段时间急速发展，城市同样也在巨变。现在看来，我们当时的准备还是不够充分，我们城乡规

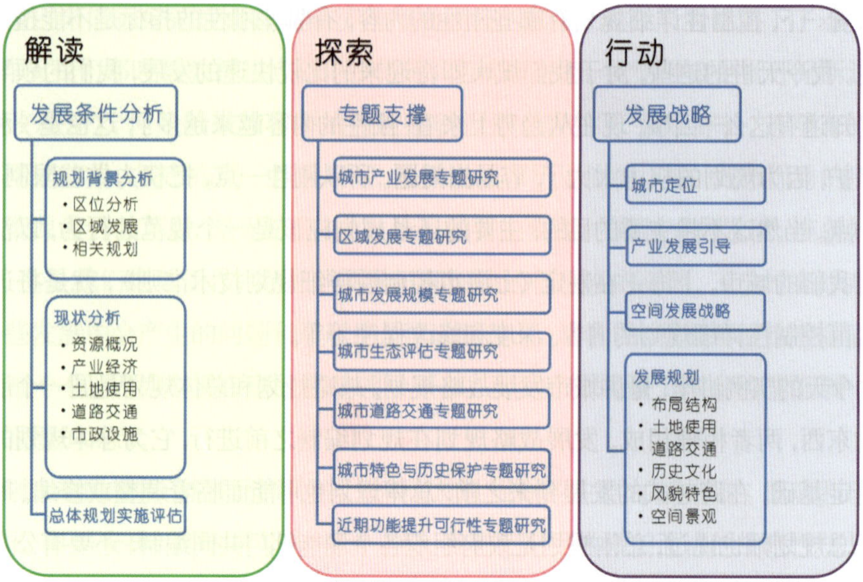

图1　城市发展战略规划的三个组成部分

位、分析区域发展的背景，以及相关规划的衔接；第二个现状方面的分析，要分析它的资源、产业经济、土地使用、道路交通和市政基础设施的情况；第三是发展条件分析，同时必须要对现在实施的城市总体规划做一个实施的评估。

第二部分是发展战略探索的问题。通过专题研究作为战略研究的重要支撑，隆昌发展战略规划中对于探索，主要选择了七个方面的支撑研究，即产业发展专题研究、区域发展专题研究、城市发展规模专题研究、城市生态评估专题研究、道路交通专题研究、城市特色和历史保护专题研究，以及近期功能提升可行性专题研究。

最后在解读和探索的基础上，形成行动方案，制定了发展战略。在发展战略中，首先明确城市定位，然后是产业发展的引导，以及空间发展战略。在整个发展战略规划中，还包括了布局结构、土地使用、道路交通、历史文化、风貌特色和空间景观等内容。这是整个战略规划的框架。

一、解读篇

就是发展条件的分析，首先是区位，隆昌位于四川盆地中部偏南。在重庆市建立直辖市后，它又为川东门户，是一个交通枢纽和物质集散地。总面积是760km^2。

（一）区域发展

对于区域发展，主要分析了六个转变：一是西部大开发，区域政策的转变；二是产业的转移，对于发展机遇的转变；三是地处城乡统筹综合配套试验区，带来发展模式的转变；四是作为川南城镇群建设，有发展重点的转变；五是成渝经济区建设，战略地位发生了转变；六是从隆昌的自身发展，城市的战略目标发生了转变。从区域发展来看它的六大转变并进行分析，这样可以对它的定位更加准确些。

（二）现状分析

现状分析包括三大类：一是资源的概况，包括土地资源、水资源，这是最重要的发展要素。现在讲到资源约束型的城市，主要是受到土地资源和水资源的约束。所以这两个是很重要的。另外，隆昌也有很多矿产资源，以及特产资源和旅游资源，对这些资源都要进行非常清晰的调查研究。二是产业经济方面的现状，包括总体情况、发展阶段、产业结构以及发展动力等等。第三是建成区的概况，包括土地利用、道路交通、公共服务和市政设施等方面的分析。

（三）实施评估

对于现版总体规划的实施情况进行评估是必须的，这个评估大概包括三方面的内容，一是规划实施取得的成绩，比如隆昌县城市发展取得的主要成就是：(1) 在现版总体规划的指导下，城市经济增速不断加快；(2) 城市建设用地集约化水平提高，老城区用地结构逐步优化；(3) 以区域交通网络为支撑，城市综合交通体系初见端倪。但是为下面的战略研究，我们要更加注重城市发展存在的主要问题，包括六个方面：(1) 城市经济规模偏小，产业结构有待进一步优化调整；(2) 城区规模较小，"一心两廊三组团" 的空间结构尚未成形；(3) 市政基础设施呈现需求的高速增长和供给能力的相对滞后；(4) 公共服务设施建设发展缓慢；(5) 过境道路对城市空间切割严重，阻碍了城区向外拓展；(6) 城区风貌景观建设滞后，城市特色无法得到很好体现。

通过这样的评估，还需要形成一个结论与建议。这个战略研究，对于现版城市总体规划进行了评估，总结了成绩和问题以后，形成了七个方面的建议。一是在深化改革、开发开放方面；二是融入成渝、联动发展方面；三是在统筹城乡、加快转型方面；四是在优化布局、集约发展方面；五是在整合交通、强化枢纽作用方面；六是生态优先、环境约束方面；七是挖掘特色、提升形象方面。在评估以后，对这七个方面提出了建议，这些建议是战略规划的重要依据。

二、探索篇

探索篇，其实就是专题的支撑。我在这里想讲一下，专题支撑不一定是专题做得越多越好，刚才赵民教授也说了，要根据城市的具体情况，在发展过程中产生的主要瓶颈和问题，对战略研究中那些不可回避的问题，做一些专题研究。比如乌鲁木齐的总体规划。乌鲁木齐在修编总体规划纲要时做了6个版块、17个专题研究。这17个专题研究为今天的乌鲁木齐总规纲要奠定了基础。五家渠市在编制总规纲要时，也进行了8个专题研究，针对一些瓶颈和必须要解决的问题。隆昌进行了七个专题，这里具体介绍一下。

（一）产业发展专题研究

1.产业发展的主要特点

第一发展速度较快，但是经济总量较小，这里提到财政收入2.45亿元，GDP102亿元。尽管和周边相比已经排到第一了，但是总体来说还是属于小的。第二是经济发展处于四川省内中等水平，从人均GDP等方面进行了数据分析。第三民营经济比较活跃，但是经济的对外依存度较小，说明它的发展是很封闭的，不是外向型的。第四是农业增长缓慢，在国民经济中的比重持续下降，但是它还是以第一产业为主的城市。第五是“二、三、一”结构明显，工业成为经济发展的主要动力，工业还是处于主导地位。第六是从现有的产业分析，初步形成机械汽配、纺织服装和食品医药三大工业支柱。第七是服务业层次较低，发展速度较慢。旅游业处于起步阶段，旅游服务水平有待提高。以上是产业发展的主要特点。

2.产业发展阶段

目前，产业发展处于工业化的初级阶段。这是从人均GDP水平、三次产业结构来判断的。

3.产业发展SWOT分析

产业发展专题需要对产业发展的优势、劣势、机遇和挑战进行分析（图2）。

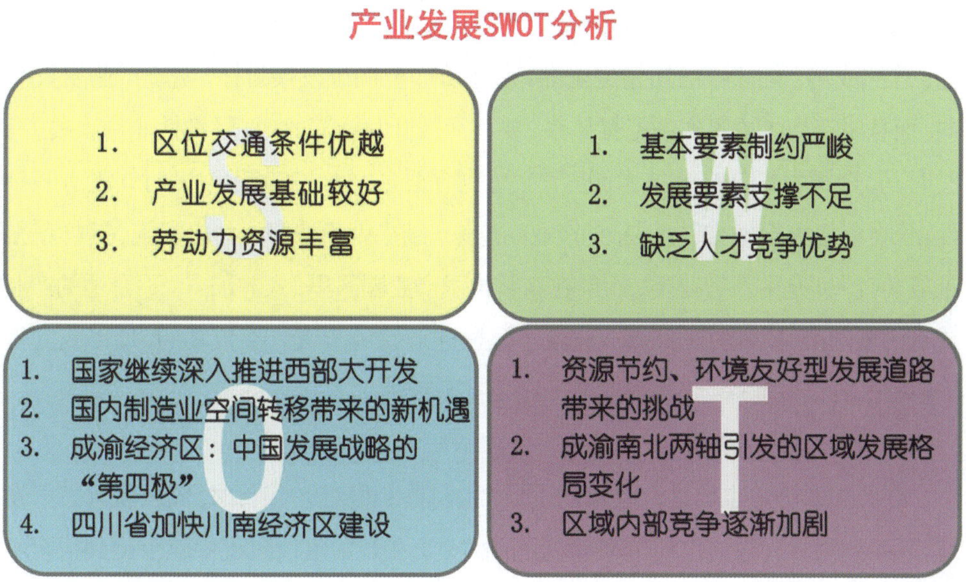

产业发展SWOT分析
S
1. 区位交通条件优越
2. 产业发展基础较好
3. 劳动力资源丰富
W
1. 基本要素制约严峻
2. 发展要素支撑不足
3. 缺乏人才竞争优势
O
1. 国家继续深入推进西部大开发
2. 国内制造业空间转移带来的新机遇
3. 成渝经济区：中国发展战略的“第四极”
4. 四川省加快川南经济区建设
T
1. 资源节约、环境友好型发展道路带来的挑战
2. 成渝南北两轴引发的区域发展格局变化
3. 区域内部竞争逐渐加剧

图2　产业发展SWOT分析图示

4.主导产业

对于主导产业进行了分析，根据现有产业的优势，其他产业和地方进行的比较优势，以及产业的带动性，增长的潜力、科技的进步和可持续发展，提出它的主导产业为“3+2+1”的结构。其中“3”是指机械汽配、纺织服装和食品医药三大优势主导产业。“2”是指电子信息业和现代物流业两大战略新兴产业。“1”是把旅游业作为一大重点扶持产业。

5.发展目标

发展目标，首先是总体目标。隆昌产业发展研究，提出的总体目标是把隆昌建成川南地区的工业强县、旅游大县，区域性物流中心和商贸中心。此外还有近期、中期和远景的目标。这些都为后面的空间布局进行了有效的铺垫。

6.产业空间布局

产业空间布局也是专题重要内容之一。主要原则是环境友好、统筹协调、比较优势、集约利用。经过多年来的努力，通过旧城改造和土地置换等一系列措施，隆昌县的产业逐步步入园区化发展的道路。所以，未来产业空间布局应以现有工业园区为基础，走工业集中化道路。

在这里，我想讲一下园区。产业园区的规划是非常重要的，它不但要有总体规划、总的战略，同时详细规划也是非常严格的。要明确发展目标，明确产业发展导向，而且要有具体的落实的指标体系。要使园区开发能够成功，坚韧性非常重要。有段时间，全国很喜欢高新技术园区，上海也有很多，但是实际上很多时候没有坚韧性，管委会急着把地推销出去，把产业招进来，结果就不按照规划去实施。这样就很难成功，特别是高新产业类。如果在高新技术产业园区里，入驻了一个不合适的产业或者污染的产业，那其他高新产业就不愿意进来了，这样是不会成功的。所以我觉得产业园区要很好地规划。规划实施一定要有坚韧性。

7.产业发展政策引导

在产业经济中也要进行政策的引导，我们在20世纪90年代时，园区就开始开发建设了。如果没有很好地研究政策层面的内容，在开发建设过程中就会碰到很多问题。在政策引导方面，要研究的有土地政策、金融政策、产业引导、节能减排、产业组织、配套服务、人力资源等方面。这样才是完整的产业发展专题研究。

（二）区域发展专题研究

1.区域发展背景

第一是国内外产业转移，带来了发展机遇的转变。认为全球性的产业转移是不可避免的规律和趋势。对广大中西部地区而言，是难得的发展机遇，对于隆昌来说应在这波产业转移的浪潮中抓住机遇，实现跨越式发展。这是对于产业转移的一个判断。

第二是国家发展战略，带来了区域政策的转变。“十一五”期间国家区域规划战略的密集出台，传达出区域均衡发展的信息导向。新一轮的西部大开发成为“十二五”期间国家发展战略的重点之一。在新一轮的西部大开发中，明确了“三区一极”的发展格局，成渝地区将与东北方向的关中-天水经济区和西南方向的北部湾经济区共同构成西部的“黄金三角”，引领新一轮的西部大开发。成渝经济区区域规划即将上升为国家战略，其有望成为“黄金三角”的核心增长极。处于成渝两大都市区之间的隆昌，作为成渝经济区迈向一体化发展的门户和桥头堡，应率先成为成渝经济合作的先导区和示范区。

第三是在城乡统筹综合配套试验区中，发展模式的转变。主要发展模式是：推进工业向集中发展区集中，走新型工业化道路；推进土地向规模经营集中，走农业产业化道路；引导农民向城镇集中，走新型城镇化道路。这一思路为中小城市特别是县域社会经济发展提供了示范，也带来了契机。

第四是省域城镇体系规划，发生了发展重点的转变。在《四川省城镇体系规划（2001–2020）》中明确全省城镇发展以成都市为核心，以宝成、成昆、成渝、成达四条交通干线为轴线，以成都平原城镇连绵区、川南城镇密集区和攀西、川东城镇发展区为战略重点。隆昌也是处于川南城镇群之中。

第五是成渝经济区建设，使得战略地位转变和提升了。成渝经济区要成为全国重要的经济增长极；西部地区重要的产业集聚区；深化内陆开放的试验区；统筹城乡发展的示范区和长江上游生态安全保障区。而隆昌地处成渝经济区的中心位置（图3）。

第六从隆昌发展来看，也需要战略目标的转变。从隆昌自身的快速发展出发，如何使隆昌进一步融入区域一体化发展、提升综合竞争力，形成一个发展战略的框架是十分必要的。

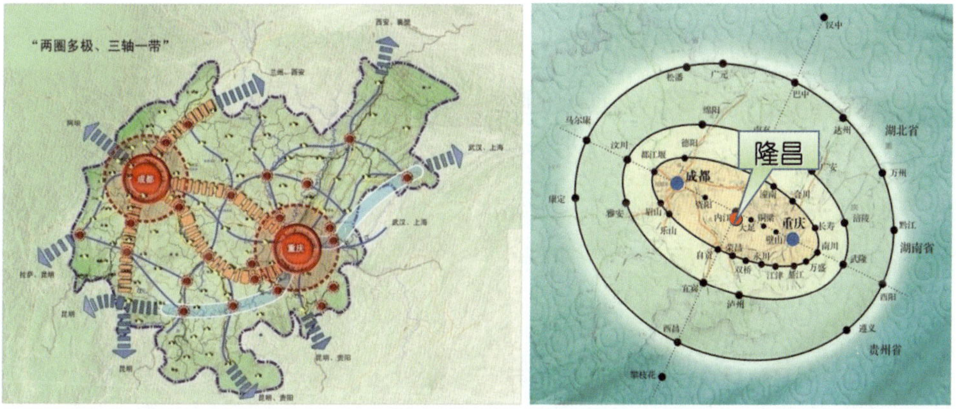

图3　隆昌在区域发展中的地位

2.隆昌在成渝地区的位势分析

对于位势分析，从人口、国内生产总值、非农化率（城市化率）、固定资产投资、人均GDP 5 项来进行分析。并对上述5项指标进行加权叠加，可以得到隆昌在区域中的综合排名。

3.隆昌在成渝经济区的定位

隆昌在成渝经济区的定位是：成渝经济区环渝腹地区块南段的中心城市，成渝通道发展轴上的重要门户枢纽、综合性节点城市，川南城镇群的副中心城市，以工贸旅游为支撑、牌坊文化为特色的新兴经典旅游城市。

4.区域协调发展策略

研究制定了区域协调发展策略。

一是区域协调发展的基本原则，包括整体性原则，权利、义务统一原则和协商一致、互惠互利的原则。

二是空间发展策略，要强化东西城市功能带，优化南北向产业发展带。

三是产业协同发展策略，要实施走出去战略，扩大对外开放。提高为成渝产业服务配套的能力，与周边区县分工合作。

四是交通发展策略，要建设纵横交织的交通网络，成为区域重要的交通枢纽；要与成渝经济区内的机场、内河航运港口等枢纽建立多通道、快速交通联系。

（三）城市发展规模专题研究

这是所有城市在进行战略研究中所要做的。

1.人口现状情况

(1) 人口增速慢，属于人口迁出地区。2009年末，全县户籍人口78.01万人，其中农业人口59.81万人，非农业人口18.19万人，常住人口69.17万人。中心城区的人口只有近19万，城市化率是非常低的。县域人口密度为983人/km^2，不到1000人。自2007年后，隆昌县每年外出人员均在11万以上，其中85%以上是外出务工人员。主要流出方向是广东、四川、浙江、新疆等地。

(2) 老龄化严重。2010年，60岁以上老人比例达到了16.2%，远高于联合国60岁及以上人口占总人口比重达到10%的老龄社会标准。

(3) 人口产业结构与产值结构的调整并不同步。第一产业从业人口的比重始终居高不下，有待进一步解放农村的剩余劳动力，而第二产业从业人员的比重不升反降，与这几年工业蓬勃发展的势头并不吻合，反应出隆昌的工业企业在吸纳人口就业方面比较薄弱。

2.县域人口规模预测

规划运用了综合增长率法、指数增长模型法来预测户籍人口，2015年隆昌县人口规模约为80万人，2020年约为85万人，2030年约为92万人。

暂住人口预测。预计2015年隆昌县的实际暂住人口为3万人，2020年为5万人，2030年为8万人。

综合考虑户籍人口和暂住人口，预计2015年隆昌县人口规模约为85万人，2020年约为90万人，2030年约为100万人。

隆昌是一个小城市，还不是资源约束型城市，所以没有做环境容量的分析。但是新疆的绿洲特征很清晰，水资源很紧张，城市出去一点就是沙漠了，城市拓展空间并不是很大，土地资源的供给也不是很宽松。所以新疆的城市在做人口预测的时候，一定要做环境容量的评估和分析。水资源和土地资源能支撑多大的规模？不能盲目扩大规模。这很重要。

上午王祥荣教授在讲到城市化的时候，讲到了城市规模、城市化率增长过量存在的问题。赵民教授也说到了，人口规模上去一点，城市土地规模可以大一点，可以多要点土地。在人口规模预测时，要理性地思考过度化会带来的一系列问题。人口规模、城市规模不仅仅是资源承载力的问题，还有社会承受力的问题，包括基础设施的容量、公共服务设施的容量，以及社会保障等问题，这就需要理性的思考。可以那么说，如果超越了资源承载力来确定城市规模，你将不可持续发展，如果超越了社会承载力的规模，将形成很多的社会不稳定因素，所以理性的思考非常重要。

3.县域城镇化水平、县城城镇人口预测以及建设用地规模论证

在县域人口总量预测以后，还要考虑城镇化的水平。规划用人口转移法、联合国法和弹性系数法来进行综合预测，结论是到2020年该县城镇化水平达56%，2030年是64%。

根据2030年县域总人口是100万，城镇化水平64%，即全县城镇人口约64万，预测县城人口是50万。这样我们在城市发展和空间的配置上有了一定的依据，也就有了城市需要的用地规模，所以规划确定到2015年隆昌县城用地规模约为27km^2；2020年县城用地规模约36.5km^2；2030年县城用地规模约50km^2。

（四）城市生态评估专题研究

城市生态评估专题研究包括生态系统保护、文物景观保护、资源合理利用和自然灾害预防四个方面。在此基础上进行开发区域布局、开发类型选择和开发强度控制等规划。此项研究的思路，借鉴了“反规划”的思路，即强调通过优先进行不建设区域的控制来开展城市空间规划的方法。一般来说，我们是先确定城市发展目标，接着是人口，然后是用地，剩下的是生态用地和不开发用地。但是，"反规划"的思路是先考虑生态基础设施用地和不开发用地，在充分考虑这些要素以后，再来考虑用地布局、用地性质以及人口目标、开发类型，最后再来研究城镇发展目标。这种研究方法对于资源约束型城市来说，是非常有用、更为合适的。这样也有利于生态安全的保障，有利于科学、合理确定城市规模。这是战略规划中的一个特点。

对于生态，主要评价因子包括生态因子、灾害因子和资源环境因子（图4）。

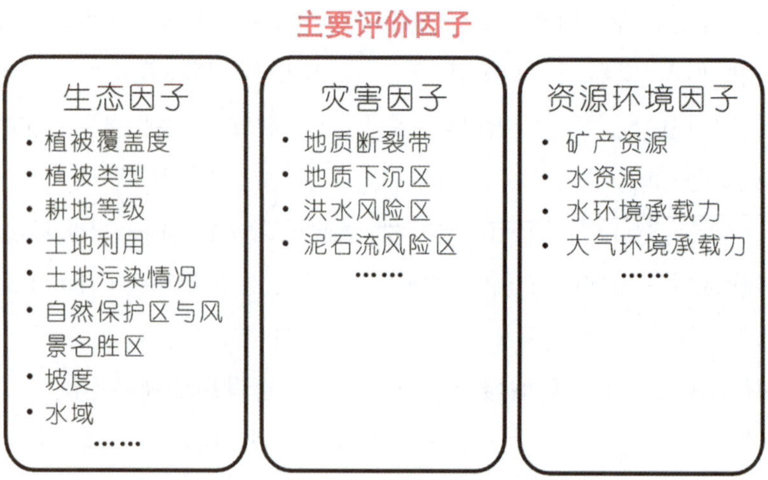
主要评价因子
生态因子
• 植被覆盖度
• 植被类型
• 耕地等级
• 土地利用
• 土地污染情况
• 自然保护区与风景名胜区
• 坡度
• 水域
……
灾害因子
• 地质断裂带
• 地质下沉区
• 洪水风险区
• 泥石流风险区
……
资源环境因子
• 矿产资源
• 水资源
• 水环境承载力
• 大气环境承载力
……

图4　生态评估专题的主要评价因子

区域生态评估初步成果，包括区域概况、矿产资源和环境状况，以及不同开发类型对生态产生影响的分析。比如制造业类开发能耗较高、污染较大，受资源环境要素制约较为严重；商住生活类开发规划的城市核心区域，开发面积较大，建成后人类活动对周边生态系统干扰较大，需重点考虑灾害防治范围；低生态影响类开发（如旅游开发）对生态影响相对较小。最终形成了一个区域生态评估初步结论：该县适宜综合性开发，分区如下：

县城缓冲区：拥有较好的土地利用条件，生态敏感度较低，适合制造业与商住开发。

西部发展带：具备较好的资源与环境承载力，土地利用的生态价值也相对较低，缺点是坡度因子的限制，适合商住开发与低污染的制造业开发。

南部发展区：具备较适宜开发的土地利用与坡度条件，生态敏感度相对较低，适合制造业开发。

北部发展区：具备较好的开发条件，但区域较小。

（五）城市道路交通专题研究

它的交通发展目标是，构建成渝发展轴线上的综合交通节点城市。具体为：建构可持续生态交通体系、对接区域综合交通、高畅达客运骨干网络、集约化公交主导运输以及和谐的交通网络环境。

同时对于区域交通的机场、港口、高速公路、铁路究竟如何对接做了研究；对于交通廊道与节点进行分析，明确要做哪些工作。另外也提出了城市核心交通发展战略，比如综合交通节点战略、交通引导发展（TOD）战略、实施公交优先战略、交通需求管理战略等（图5）。

城市核心交通发展战略

- 综合交通节点战略
  进一步发挥区域交通辐射带动作用
  充分利用城际铁路站点辐射作用
  建设综合交通枢纽，发挥其对城市空间结构的正向作用
- 交通引导发展（TOD）战略
  吸引城市开发沿组团联系道路发展
  提供快速、准时的交通服务将有效疏散中心区交通压力
  机动车交通与慢行交通高效衔接，重组城市交通出行模式
- 实施公交优先战略
  重新确立公共交通行业的公益属性，理顺公交运营体制
  保障公共交通在城市交通发展中的优先和主体地位
  构建多层次公交网络
  保障公交设施用地和公交优先系统组织
  实施常规公共交通系统发展的升级策略
- 交通需求管理战略
  停车需求管理
  交通组织管理

图5　城市核心交通发展战略内容

（六）城市特色与历史保护专题研究

这个研究也是其中很有特色的。大城市有大城市的特色，小城市有小城市的特色。小城市往往会有很好很有魅力的特色。

隆昌城市特色主要包括两个内容，一是历史人文，二是空间环境。其中包括很多要素，比如历史文化方面，包括牌坊文化、客家文化，还有名人故里以及一些民俗。空间环境方面，包括整体格局、城市风貌分区、绿地景观、建筑风貌、城市色彩以及标识系统等。以此，研究了主题文化定位设想和风貌景观的定位。隆昌虽小，但是梳理了自己的特色。在主题定位上，提出“融客家文化之精华，塑中国牌坊之名都”。其中客家文化还有美食文化、夏布工艺。

那么主题文化如何体现？就需要策划一些活动。

策划一：大型事件，仪式、表演，承接心灵洗礼。

策划二：观光度假，可以度假旅游，享受自然文化熏陶。

策划三：休闲娱乐、文化艺术，可以闲情逸致，演绎乐活人生。

通过策划，把地域特征和文化挖掘出来。

风貌景观定位设想：“依湖筑城，古今共荣”。充分围绕“古湖、古牌坊、古寨”，将现代城市建设与传统风貌资源有机结合，实现古今共荣。“研究”建议县域划分为三个特色风貌区：传统特色风貌区、古湖特色风貌区和现代产业特色风貌区。并在建筑风格、色彩、公共空间等方面对不同的风貌区提出不同的原则和要求。

同时对于现状历史资源进行了很好的梳理。包括文物单位、革命纪念地、非物质文化遗产等等，并形成了有针对性的保护原则。包括整体性原则、原真性原则、可持续性原则、分类保护原则以及修旧如旧原则（图6）。

此外，提出了保护措施，比如分级保护，分成一、二、三级；划定保护区，保护和旅游相结合。

上述在历史文化上的战略研究，也展示了自己的特征和个性。

三、行动篇

在战略规划中，多方案比较是需要的。隆昌做了两个方案。第一个方案是环湖发展，总体形成“一核、一心、一轴、多组团”的规划结构。第二个方案，是“十字轴线、

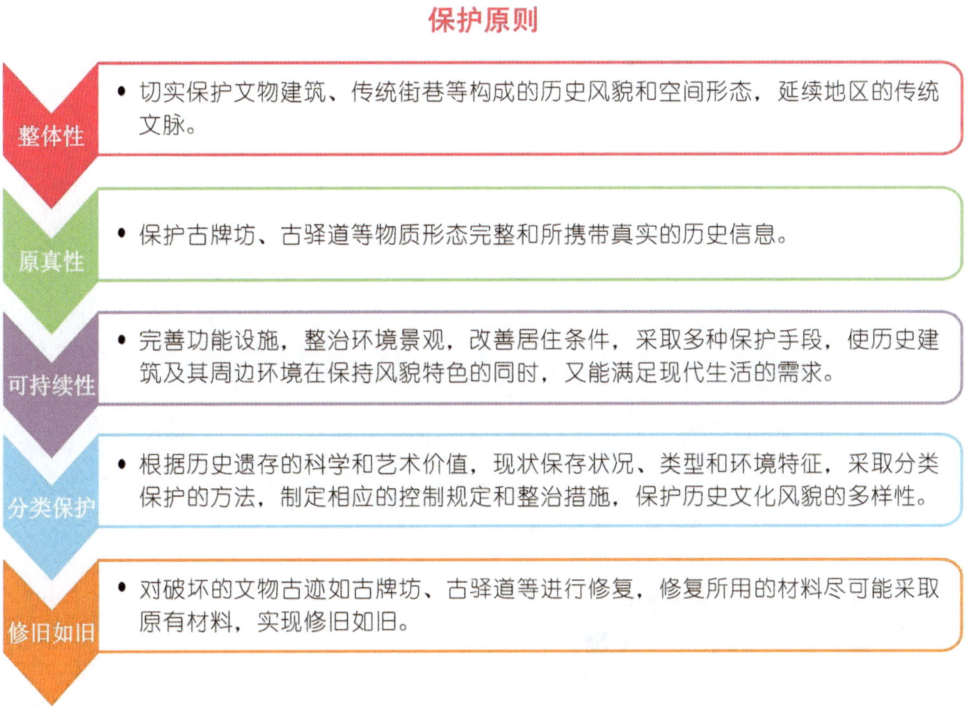

保护原则
整体性
• 切实保护文物建筑、传统街巷等构成的历史风貌和空间形态，延续地区的传统文脉。
原真性
• 保护古牌坊、古驿道等物质形态完整和所携带真实的历史信息。
可持续性
• 完善功能设施，整治环境景观，改善居住条件，采取多种保护手段，使历史建筑及其周边环境在保持风貌特色的同时，又能满足现代生活的需求。
分类保护
• 根据历史遗存的科学和艺术价值，现状保存状况、类型和环境特征，采取分类保护的方法，制定相应的控制规定和整治措施，保护历史文化风貌的多样性。
修旧如旧
• 对破坏的文物古迹如古牌坊、古驿道等进行修复，修复所用的材料尽可能采取原有材料，实现修旧如旧。

图6　历史保护的五大原则

七星连珠”的方案，与环湖方案完全不一样。就两个方案在功能布局、道路系统、城市设计框架以及特点、劣势等方面进行了全面分析、比较，提出倾向性意见。

今天讲的隆昌城市发展战略规划是一个现在进行时的规划。并不是说有了两个规划方案就稳妥了，也许会出现第三个、第四个方案，那么就需要我们统筹考虑这些方案，既要符合客观发展实际，也要有可行性、可操作性，另外还要符合可持续发展、有利于建设和谐城市的原则。哪个方案更加符合这些要求，就确定哪个方案。至于和谐城市，主要包括三方面的和谐，人与自然的和谐、人与人的和谐、历史与未来的和谐，我想在刚才的战略规划中都已体现了这些内容。

2011年

12月

城乡规划专题讲座

新形势下对新疆城乡规划的思考
——正确处理八个方面关系

毛佳樑

在新疆快速发展的进程中，我们每次到新疆都十分惊喜和感动。特别是自中央新疆工作会议以来，自治区和各地州领导都非常重视城乡规划，在全国19个省市援疆工作的全力支持下，新疆跨越式发展和长治久安有了一个良好的开局。

2010年10月底以来，在自治区住房和城乡建设厅的安排下，我们作为自治区政府规划专家顾问组，已经到6个地、州的25个市县进行了学习、调研，很受启发和教育。今天，结合这一年在新疆各地的学习实践和规划顾问工作，围绕正确处理八个方面的关系，谈一些对新疆城乡规划工作的思考和体会，与大家进行交流。不妥之处，请各位领导和同仁批评指正。

一、正确处理项目建设与城乡规划的关系

（一）从项目建设说起

项目建设是新疆当地城乡建设和各地援疆工作的重要内容。对项目建设来说，大家总是希望早规划、早启动，尽快落实土地和资金，促进项目的开工建设。在这个过程中，建设项目必须按照城乡规划的要求合理编制规划，处理好项目规划与上位法定规划的关系，包括市、县总体规划和控制性详细规划。

国家《城乡规划法》明确要求，控制性详细规划是土地出让、项目审批的法律依据。

（二）自治区城乡规划体系

为进一步加强城乡规划管理，协调城乡空间布局，在规划区范围内进行建设活动，必须制定和实施城乡规划。

城乡规划包括城镇体系规划、城市规划、镇规划、乡规划和村庄规划。新疆各地、州国土面积很大，自治区下设有几个层次的行政管辖区，要按照"一级政府、一级规划、一级事权"的原则，组织编制规划。

1.自治区城乡规划编制体系

建议分为五个层面（图1）。

第一个层面：自治区城镇体系规划。

第二个层面：地、州城镇体系规划。

第三个层面：城市总体规划和县总体规划。城市总体规划主要包括市域城镇体系规划、中心城区规划两部分内容。县总体规划，包括县域城镇体系规划和县城区规划。城市总体规划和县总体规划还应包括一些专项规划，如产业发展、生态环境保护、防灾减灾等。

第四个层面：镇总体规划和乡规划。

第五个层面：村庄规划。

2.自治区城乡规划体系构成及其相互关系

自治区城镇体系规划，是自治区政府对区域经济社会发展实行宏观调控与规划引导的重要手段，要发挥六大功能。一是发挥上下衔接的功能；二是发挥重大基础

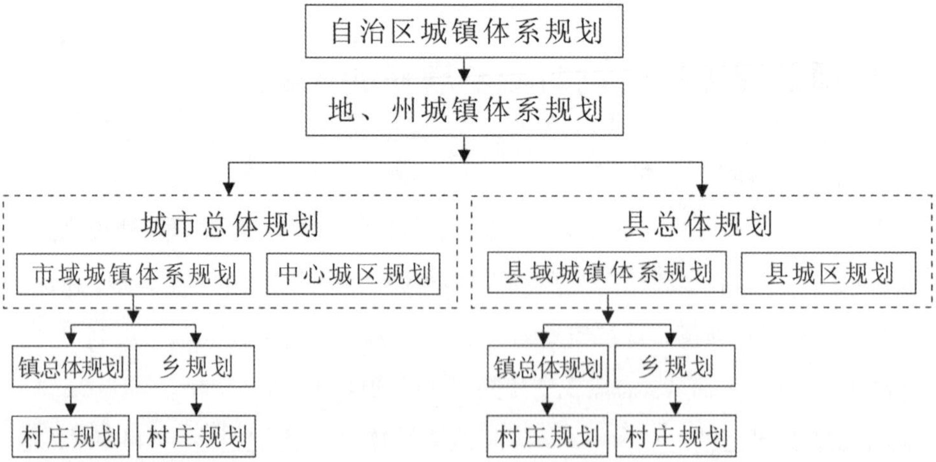

图1　自治区城乡规划编制体系框图

设施布局的综合指导功能；三是发挥协调重点镇、专业镇和一般镇布局的功能；四是发挥资源保护和利用的统筹功能；五是发挥重大开发建设项目定点的功能；六是发挥协调城市之间竞争与合作关系的功能。

自治区城镇体系规划具有双重属性，衔接了区域城乡总体规划和国土规划，对于全区的城乡建设具有重大的指导意义，按程序需上报国务院审批。

自治区城镇体系规划指导地、州城镇体系规划的编制，引导城镇合理布局和城乡协调发展。地、州城镇体系规划要对行政管辖范围内的市、县提出编制要求，并为城市总体规划的编制提供依据。在城市总体规划中，无论中心城区、县城区还是镇区，都要制定总体规划和控制性详细规划。

上述规划之间的关系，下位规划必须按照上位规划的规定要求进行编制。

（三）各个层面规划的主要内容

1.自治区城镇体系规划

主要内容包括：明确城乡统筹发展的总体要求、城镇空间布局、规模控制标准和强制性内容，提出区域重大基础设施、公共服务设施布局，资源和生态环境保护的要求。制定城镇化和城市发展的战略等等。

目前，自治区城镇体系规划已基本编制完成。2008年1月1日国家《城乡规划法》实施以后，自治区发布的《实施办法》也明确要求各地州编制城镇体系规划。各地、州城镇体系规划，既是自治区城镇体系规划的深化和细化，也是对行政区内各市、县总体规划编制的指导。各地、州城镇体系规划的主要内容构成，基本上与自治区城镇体系规划相类似，需要报自治区政府审批。

2.城市总体规划

城市总体规划包括市域城镇体系规划和中心城区规划（图2）。

主要内容包括：明确一定时期内城市性质、发展目标、布局结构、人口规模、综合交通布局，禁止、限制和适宜建设的地域范围，各类专项规划等。确定规划区范围、用地规模，以及产业发展、公共服务设施、市政基础设施、资源利用、生态环境保护、基本农田和绿化用地、自然与历史文化遗产保护以及防灾减灾、近期建设规划等内容。

一般城市总体规划的期限是20年，近期建设规划的期限为5年，通过编制近期建设规划，进一步集聚、有序开展建设。

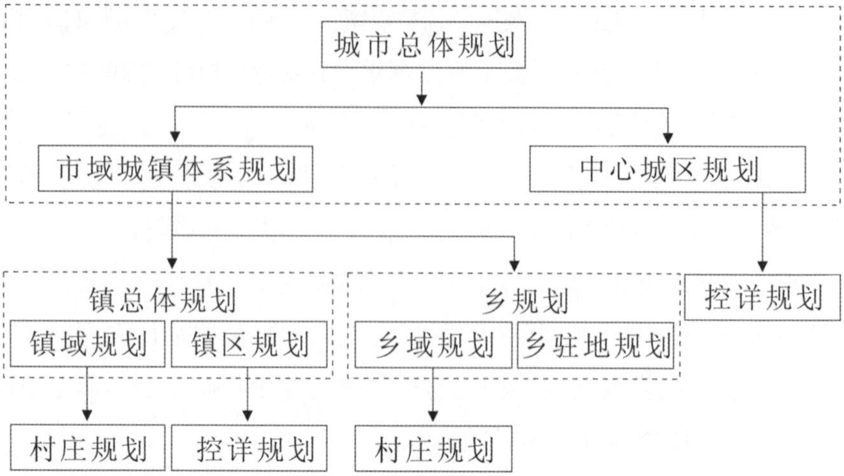

图2　城市总体规划编制体系框图

县总体规划可参照城市总体规划进行编制。县域城镇体系规划和县城区规划，也可作为两个相对独立的规划上报审批。

3.镇总体规划

镇总体规划包括镇域规划和镇区规划两个方面的内容。

主要内容包括：镇的发展战略和发展目标，产业发展布局，镇域人口规模，空间管制分区。镇区性质、规模，村庄发展布局，统筹配置道路、交通、供水、供电、排水等市政基础设施和公共服务设施，历史文化保护和传统特色保护内容和要求等。

乡规划可参照镇规划编制，应当包括本行政区域内的村庄发展布局。

4.村庄规划

主要内容包括：规划区范围，住宅、道路、供电、给排水、垃圾收集、畜禽养殖场所等农村生产、生活服务设施、公益事业等各项建设的用地布局、建设要求，以及对耕地等自然资源和历史文化遗产保护、防灾减灾等具体安排。

乡、村规划，一定要坚持从农村实际出发，尊重村民意愿，体现地方和农村特色。通过村庄规划的编制，改变以往乡、村庄没有规划或者原有规划已不适应农村发展需要的状况。

5.制定和实施城乡规划必须遵循的基本原则

制定和实施城乡规划，要坚持五项原则：(1) 城乡统筹原则；(2) 合理布局原则；(3) 节约土地原则；(4) 集约发展原则；(5) 先规划后建设原则。

自治区提出，五年内完善全疆地州城镇体系规划，两年完成乡镇、村庄规划的编制工作。应该说，工作量大、时间紧、任务重。据了解，自治区建制镇有180多个，其中没有编制规划的43个，需要修编规划的113个，共占总数的85%。需要编制规划的乡一共有650个左右，其中没有规划的和需要修编规划的各有270多个，也占总数的85%。村庄有将近8000个，没有编制规划约5700多个，需要修编的1600多个，共占总数的92%。

规划的编制重在质量。因此，建议各市、县选择若干个重点镇、专业镇和一般镇作为典型案例，开展规划编制工作。同时结合在自治区层面开展的“规划导则”的研究和制定，以点带面，更好地指导面上乡镇和村庄规划的编制工作，以利保质保量完成任务。

二、正确处理城市发展与功能定位的关系

城乡规划是政府指导城乡建设与发展，调控城乡资源合理配置的重要公共政策之一。城市的性质和功能定位，要体现城市的发展目标，决定城市的发展路径，它是城市规划要研究和确定的首要内容。

（一）全面分析城市各类要素，合理确定城市的性质和定位

阜康市作为乌昌都市圈的重要城市之一，拥有宝贵的天山、天池等自然资源，以及丰富的煤炭资源。在城市发展过程中如何定位呢？阜康市领导和我们顾问组一起沟通和探讨，是把旅游业还是煤化工产业作为主导产业？最后他们明确了要以旅游业作为城市发展的主导功能，创建“天池文化旅游名城”。

我们认为，天池不仅仅是阜康的，也是乌昌地区的，更是新疆的一张名片，应该通过旅游文化名城的建设来带动阜康城市的发展。如果把旅游业作为主导产业，城市布局就要为这个定位来服务。通过更好的公共设施建设、生态环境保护和合适的交通运输系统，为旅游业发展提供重要支撑。城市的性质和功能定位决定了今后城市的发展方向，城市规划要为实现城市的发展目标做好各类要素的布局和调整。

（二）积极发挥中心城市在区域发展中的重要功能

伊宁市是伊犁州的首府城市、伊犁地区的经济中心城市。在区域内，既要为伊犁

州服务，也要为霍尔果斯口岸服务，一定要考虑如何提高伊宁市的综合服务能力。城市既要加快公共服务设施和基础设施建设，也要努力提升传统服务业，大力发展现代服务业，如信息、金融、现代物流、中介服务等，还要为地区和口岸经济发展所需的人才、文化、教育、住房等方面做好服务工作。这样，才能对城市的性质和功能有一个清晰的定位。

（三）以城市发展为引领，继续推进新型城镇化建设

昨天，黄卫副主席特别提到，要非常重视城市的发展，能不能就城市这方面问题进行一些讨论。我在想，快速发展中的新疆，地大物博，既有乌鲁木齐作为首府城市，还有很多中小型城市，如何发挥各类城市的作用，有些不成熟的想法。

1.着力提升城市群的综合竞争力，充分发挥示范引领作用

城市是先进生产力集聚的地方。比如以乌鲁木齐市为核心的都市圈，人口规模大、经济实力强、发展速度快，在新疆城镇化进程中要起到“龙头”作用。在北疆和南疆地区，还有一些中心城市，如伊宁、喀什、库尔勒等，也要起到区域的引领作用。

特大型城市和区域中心城市，要努力增强综合服务功能，充分发挥其集聚和辐射的特定作用。例如，大城市往往和外界有着广泛的联络性，对一定范围内的各类资源配置，能起到支配和协调的作用。要利用大城市搭建大平台，吸引大机构，产生大流量。特别是国内的一些产业大机构、地区总部，在中心城市集聚，就有利于使人才、资源、信息、资金加速流动，推动区域社会经济发展，这是一般城市难以企及的。

2.充分发挥地、州中心城市的集聚和辐射能力

新疆有许多地、州的首府城市，都有这么一个功能。它不是孤立地自我发展，而是在地、州的经济发展中起到集聚和辐射作用。特别是在新疆地区，除乌鲁木齐市外，其他城市的首位度还不高，辐射力和吸引力还不强。现在东部沿海地区已在同步推进城、镇发展，从新疆实际情况来看，近阶段还是要重点推进大、中城市的发展。提高中心城市的经济主导功能和综合服务功能，这也是区域中心城市发展的着力点。

3.城市发展要协调产业、人口和交通要素的相互促进和同步提升

城市发展需要有三个要素的支撑：一是产业的支撑，二是人口的集聚，三是便捷

的交通。要在城市发展的过程中，相互促进和提升。产业是城市发展的经济基础，人口体现城市的承载能力，交通是增强城市集聚力和辐射力的直接途径。这三者是密切相关、互相影响的。产业发展会带来人口结构的调整和人才的集聚，便捷的交通会促进产业的发展，人口规模的扩张也会对交通提出新的需求，所以城市的交通发展方式要有序引导城市的发展规模。近期可能发展公路、铁路，中远期能否发展高铁和轨道交通。

4.努力打造适宜发展创业、生态宜居的特色城市

我们认为，在新疆未必每个城市都要去求大、求全，但应该要有自己的个性和特色，有很好的生态环境，有完善的公共服务和市政基础设施，有便捷的交通，可以依托自身的优势，建设适宜发展创业和生活居住的特色城市。

5.城市发展要促进周边城镇发展，增强城市的带动力

乡、镇是农村地区最基层的政权。要通过城市的发展带动周边城镇、乡村的发展，让农牧民享受到城市发展的更多实惠。

在新疆新型城镇化发展进程中，大中小城市都应该找到各自的位置，明确城市功能和定位，促进协调、有序发展。

三、正确处理城镇建设与产业发展的关系

我国城镇化是与工业化、现代化同行的。城镇化为工业化提供了发展平台，工业化促进了城镇化进程，所以城镇建设与产业发展两者的关系，是相辅相成、互相促进的。

一方面，城镇建设要以产业发展为支撑。有了产业，就有了发展实力和就业岗位，就有了经济活力；有了人口集聚，促进了城市公共服务设施，包括教育、文化、医疗、娱乐等方面的建设和发展，有利于社会和谐稳定。

另一方面，城镇建设为产业发展提供了社会服务条件。没有城镇的服务和支撑，产业提升和转型发展也是困难的。比如，产业园区发展到了一定的程度，必然需要依靠人才、科技和教育。各类领军人才、技术业务骨干，如果没有很好的生活环境、教育培训、信息和文化设施服务，是很难留得住的。

从发展的角度来看，工业化也好，城镇化也好，包括农牧业现代化的发展，都要靠现代化的理念、技术和管理，进一步提高自身的发展水平。

（一）加强产业发展的研究和规划，合理利用各类资源

新疆各地、州具有丰富的矿产资源和自然资源，如何合理利用这些资源，需要根据区域内各市县的区位特点、资源优势和环境承载力，进行综合研究、权衡利弊。在规划上，要统筹区域内各类产业用地的布局，合理确定用地规模，编制好相关的专项规划。只有做好各类资源的合理利用和有效保护工作，才能推进社会经济和生态环境的协调发展。

我们应邀到伊犁河谷调研，各市县对利用当地矿产资源发展经济的积极性都很高。我们希望伊犁河谷地区要做好发展战略研究，能够对城镇体系、产业发展，包括口岸经济、生态环境、兵团建设等内容进行梳理分析，在区域层面统筹考虑，促进资源的合理使用。同时，也避免各市县产业同质化竞争的趋势。

另外，在环境容量方面，也要统筹考虑。如伊宁县的发展必然需要一些资源型产业，但伊宁县在伊宁市的上风向，如何减少对伊宁市的环境影响，这就需要在地州层面统筹产业发展思路，优化城市空间布局，处理好经济发展与生态环境保护的关系。在伊犁州领导的关心下，目前已由州建设局会同江苏省规划院开展了相关规划的研究和编制工作。

（二）优化产业结构，努力促进产业提升和转型发展

要加强对当地传统产业的梳理和发展新兴产业的研究，分析当地发展优势和制约条件。依托现有产业基础，根据国家和地区的产业发展导向，进一步明确需要引导发展的产业、限制发展的产业和需要转型发展的产业，优化产业结构，提升产业能级。比如，塔城市最近在加快发展进出口贸易，利用口岸的区位优势，对农副产品进行精加工和深加工，提高产品附加值，积极朝外向型经济转型。尽管现在的贸易总量还不大，但这是一个发展方向。

（三）重点推进特殊经济开发区的规划和建设

国家十分重视新疆的经济发展，要根据国务院下发的《支持喀什霍尔果斯经济开发区建设的若干意见》，进一步研究政策内容。要深刻领会国家的政策内涵和具体规定，在现有建设的基础上，积极推进已设立的国家级经济技术开发区的发展。

从全国来看，国家各部委的优惠政策主要聚焦在综合保税区，而综合保税区必

须在经济技术开发区的基础上才能设立。目前全国各地已获批准设立的综合保税区共有二十多个。喀什、霍尔果斯要力求用好综合保税区所具有的免税、保税和退税等政策，搭建好国内外产品的展示和贸易平台，同步推进国内、国外两个大市场的发展。同时，要分门别类、扬长避短，积极做好经济开发区和综合保税区的招商引资工作，这是当前做实做强开发区的关键所在。

要进一步整合各类资源优势，推进陆上（公路、铁路）与空港口岸的联动发展。在城市规划的空间布局中，要重点分析研究伊宁–霍尔果斯和喀什"特殊经济开发区"对整个地区，以及中心城市伊宁市、喀什市和周边市县的内在联系和互动发展。

（四）产业园区布局要与城镇发展有机衔接

产业园区是城镇规划中的一个功能区，是城镇发展的有机组成部分，产业园区布局要综合考虑与城镇发展的关系：产业是否有污染，通勤交通是否便捷，享用城镇公共服务和市政基础设施是否方便，要将产业园区纳入到城市总体规划之中，做到"产城融合"发展。我们看到三个案例。

案例1：叶城县城东南的一个以加工业为主的产业园区，靠近县城的教育园区、居民社区和一些公共服务设施，较好地做到了产、城融合。规划还考虑了毗邻产业园区的发展备用地，为今后发展留有余地。我们认为，如果产业园区没有污染，尽量要做到产业和城区融合，这样有利于解决就业、居住和交通等问题。

案例2：某县有一个产业园区，原先的规划是建材产业和城区连在一起，而农副产品的深加工产业却远离城市。后来，我们和当地政府领导交流时提出，能不能换一换：把一些没有污染的、加工型或是劳动密集型的产业，和城市紧密结合；将建材类的资源型产业和有一定污染的产业，以一定宽度的绿化带和城市隔离。通过规划调整，尽量减少对城市发展的不利影响，这样有利于居住环境优化和水资源的保护和利用。

案例3：某县有一个产业园区建在戈壁滩上，面积很大，有160km^2。这个大型的产业园区没有纳入县域总体规划，游离于县城之外。日常的通勤，要经过长距离的道路和城市联系。我们建议，对产业园区的选址，在分析经济效益的时候，不仅仅考虑土地价格问题。在一些荒地、戈壁上建设产业园区，当然是好事情，但是还要考虑今后市政基础设施建设，比如给水、污水排放和必要的公共服务设施，以及日常的运行成本、交通成本，应当综合考量土地的投入和使用效益，以利于产业园区的可持续发展。

当然，产业园区必须纳入城市总体规划之中，只有这样，才能更好地发挥城市总体规划对产业布局的引领和调控作用。

四、正确处理城市发展与综合交通的关系

所谓综合交通是指交通方式的多样性。不论城市的对外交通还是城市的内部交通，其交通方式都是多样的。综合交通对城市的发展至关重要，城市规划需要统筹谋划、系统研究，充分发挥综合交通的整体效能，促进城市健康、有序发展。

（一）综合交通是城市有序发展的重要支撑

这次大家到哈密开会，有的是乘飞机，有的是坐火车，有的通过公路来。当地政府有可能通过不同的交通方式，来主动引导和增加客流。那么，对综合交通如何规划，就要做一些梳理和分析。而且，综合交通对城市跨越式发展和推进城镇化进程非常重要。要通过合理、科学的交通网络，引导城市合理、有序发展。

南疆地区有一位县领导告诉我们，当地的国道已是第三次向城外移位了，为什么？过去国道是穿城而过，在国道两侧建了饭店和各种商业服务设施，这是马路经济一步步走过来的轨迹。现在不行了。因为随着经济发展和城市建设，原有国道已成了城市的主干道，两侧的建筑更多了，不仅影响了交通运输，也会给行人带来不安全因素。国道移位后，应当从外围绕城而过，这是对的，快速交通嘛。这种情况是因为城市规划与更大区域内的交通规划没有很好衔接而造成的，说明综合交通综合研究非常重要。

（二）城市对外交通

机场、铁路、公路是城市对外交通设施，也是需要从更大范围进行统筹规划的区域性重大基础设施。自治区交通运输厅编制的综合交通运输体系发展规划，是针对全疆大交通的发展规划，落实这个规划对于促进城市发展和城镇化进程意义重大。

1.机场

机场对城市远程交通很重要。因此，要在区域层面做好对现有机场未来发展的相关论证研究，近期要控制好现有机场的周边用地，为发展留有一定余地。比如我们到了伊宁，感觉伊宁机场对伊宁市、霍尔果斯口岸的发展十分重要。如果说霍尔果斯没有伊宁机场的话，可能只是陆上口岸；有了机场，空中口岸就能够建立起来。伊宁机场为整个伊犁地区经济发展、旅游事业、市民生活，包括口岸经济是有很大作用的。但是，历史上机场周边的城市建设又制约了机场的发展。在这种情况下，就要会同民航管理部门研究，是立足伊宁机场本身的扩建，还是要抓紧做好新机场的选址工作。如果选址，就要全面分析投资规模、用地条件、服务城市的范围、与机场配套的公路建设，还有多方案的比选等等。这些问题就是经济社会发展规划和城乡规划需要研究的重要内容。

又如，自治区编制的《新型城镇化行动计划》，明年上半年就要推进这项工作。《行动计划》中有一句话，“要做好莎车机场周边道路的规划和建设”。看上去这只是一项建设任务，其实工作量是很大的，为什么？莎车机场的周边道路，今后既要为莎车县服务，还要为泽普县服务，更远的还要连接到叶城县。里面涉及了国道、省道、县道，还要做好与多个县城区道路的衔接工作。这些公路、道路规划就涉及到很多协调工作：国道、省道，是自治区交通运输厅在规划和协调；县道是地区建设局在协调和推进；此外，还需要与各县、乡镇进行协调。所以，《行动计划》里看上去是一句话，其实在规划和建设上有大量的协调工作要落实。

一个城市的总体规划，必须包括相关的专项规划。其中综合交通规划，既要与上位的地区城镇体系规划相衔接，又要指导市域范围内的城镇道路的规划和建设。

2.铁路

铁路承载着数量巨大的交通运输任务，对一个城市经济、社会的发展十分重要。铁路站点、线路布局要与城市功能布局、对外公路和城市内部交通统筹考虑。如果规划考虑不周，很有可能对城市造成分割。

比如喀什市，现在城市是向东发展。我们认为，发展方向是正确的，但是现有的铁路线已经造成了对城市的影响。如何把老城和新城结合好，对原有的线路，包括新的线路怎么确定站点，铁路东站和周边的关系，客货流的分流，就需要做很多研究和协调工作。

我们到过一些城市，火车站和城市的关系有的处理得比较好，有的与城市的关系存在着矛盾，因为这件事情受到多方面因素的制约。我们看了一些市、县，车站和城市之间往往有高速公路穿行，甚至还有不少道路分割的情况，这就需要通过规划，使车站和城市有一个合理和便捷的联系。比如乌鲁木齐市，最近结合高铁片区建设的契机，把交通、商务、办公、物流作为片区发展的重要功能，成为乌鲁木齐今后发展的引擎之一，这就是把综合交通和城市规划结合得比较好了。

3.公路（高速公路、普通公路）

公路是城市之间联系最普遍的交通工程。有了高速公路，城市之间的时空距离就大大缩小了。新疆是绿洲经济，城市之间往往是几十公里，甚至上百公里。从新疆实际情况来说，高速公路是很需要的。要加强公路网络、交通节点与城市发展的统筹考虑，特别是进一步完善整个地区的道路网建设，加强区域道路与城市布局的联系。铁路站点、高速公路出入口、道路节点等都要统筹布局。

看到一些市、县在编制规划的时候，往往注重于中心城区规划或县城区规划，对市域或县域的规划，重视还不够。可能一个县，县域面积有一、二万平方公里，管理部门只是对县城四、五十平方公里的道路网格研究得很深入，而对县域层面没有很深入的研究。比如，一些高速公路，包括国道穿越了城市，对道路两侧用地和建筑都应该梳理。在调研过程中，我们看到存在不少隐患。比如有个乡在改造的时候，原先把乡的一些公共服务设施、旅游设施，如乡政府、旅游饭店、商店全部放在快速道路的“十字”交叉口，这就不妥当，后来他们把规划作了改进。

快速道路，国道也好，省道也好，通行的车速很快，尤其是要注意交通安全，要避免或尽可能减少行人穿越，不能把生活性道路两侧的建筑设施放在快速道路交叉口，这是混淆了不同道路的使用功能。道路建设，是造福子孙后代的，我们的规划要慎之又慎。

（三）城市内部交通

城市道路是城市内部综合交通的主要载体，也是城市的骨架。随着城市规模的扩大，城市空间将向外拓展，这就需要有规划的合理引导。

1.完善道路交通网络，形成合理的路网格局

要坚持“以人为本”，按照道路使用性质和交通流量，完善主干路、次干路、支路的路网格局，同时要把道路和绿化、水系、生态环境结合好。

2.把握合适的道路和广场尺度

老城区改造、新城区建设都需要把握好一个“度”。在规划中要注重营造合理的城市尺度，避免过度的“大广场”、“大马路”，把有利于人的使用与宜人的环境体验结合起来。

比如，我们到了一个县城，城区不大，人口也不多，但准备建设的道路宽度有80~100m，我们认为太宽了。又比如，我们看了一个县城火车站，面积不算大，一天只有几班列车，但规划的站前广场面积太大，有8万m^2。当时我们提出要去看一看县城中最大的广场，后来去看了，也就是2万m^2，众多市民在广场活动，很适宜。如果想一想，把这个广场扩大4倍，放在火车站前，就不是很合适了。因此我们建议把握好站前广场的定位：一是交通集散功能，广场要有社会车辆、公共车辆的停车场地；二是服务功能，广场外围要有为旅客服务的餐饮、农副产品商店等；三是门户功能，旅客到了以后，给人一种赏心悦目的感受。要把握好广场大小、建筑的尺度，使人留下美好的印象。后来，县领导很重视专家顾问组的意见，把广场适度减小，周边规划建设配套服务设施。这样，既有利于土地的节约和集约利用，同时利用土地有偿出让的收益，也能进一步完善站前广场的功能。

3.重视城市慢行交通规划

慢行交通就是行人和自行车交通。建立和完善城市内部的公共交通体系和慢行交通十分必要。慢行交通要与绿地系统、河流水系、生态网络相结合，形成具有特色的慢行交通系统，体现生态、宜居城市特色。新疆有一些城市不大，环境很好，走一走，可能也就二十分钟左右。我们到了塔城，感到慢行交通系统处理得不错，一些广场、道路和水系结合得也很好，给人一种宜居城市的感觉。

五、正确处理经济发展与生态环境保护、资源合理利用的关系

新疆具有丰富的自然资源和良好的生态条件，这是地区发展的重要基础。同时我们必须看到，随着经济发展和城市拓展，必然占用土地，增加用水，可能就会干扰原有的自然生态系统。土地资源是不能再生的，水资源是有限的，生态环境一旦被破

坏，修复是困难的。我们要把科学发展观渗透到规划理念之中，进一步转变经济增长方式和城市发展模式，建设环境友好型和资源节约型城市。因此，新疆在经济快速发展过程中，规划编制要因地制宜，深入研究生态环境保护和资源合理利用等问题。

（一）水资源的保护和利用

要从长远的、可持续发展的角度，深入研究水资源的合理利用和保护，要站在区域和流域的视角，统筹平衡水资源的利用。我们了解到，在新疆城乡社会和经济发展中，有四大类用水：一是农业用水，新疆现在农业用水已超过了水资源总量的90%，多数以农业为主的城市都是这种情况；二是工业用水，一些县、市随着煤化工产业的发展，工业用水量急剧增加；三是生活用水。据了解，很多地方自来水厂，还是以地下水为主；四是一部分的城市生态和景观用水。

我们到了不少市县，大家都说当地水资源比较丰富。看了以后，确实也有这样的感觉。但仔细一分析就发现了问题：这几个市县用的是同一个流域的水，如果大家同时都使用这些水源，水量是否还能很充沛呢？因此要密切关注水资源的使用总量以及所面临的问题。在城市快速发展的过程中，城市持续地开采地下水作为生活用水，容易引发地面沉降，且水质也比较硬。近年来，不少城市的地下水位都有不同程度的下降。同时，新疆地区水面的蒸发量很大，我们认为城市景观用水不宜太大，也不要过多扩大河道水面。有的城市准备把一些湿地改为水面，更是没有必要。

（二）土地资源的节约和集约使用

新疆土地幅员辽阔，但自然的戈壁面积占了很大比例，农牧业用地要切实加以保护。因此，城市建设用地要精打细算，避免土地粗放型使用。规划中对建设用地要进行合理评估，要进一步研究明确建设用地标准。我们看到一些产业园区的规划用地还是很大，近期能不能相对集中、分期建设，这样有利于节约使用土地，有利于城市的长远发展。

城市的总体规划中一定要编制一个近期建设规划。规划内容应当以重要基础设施、公共服务设施、保障性住房建设以及生态环境保护等为主，明确近期建设的发展方向、空间布局和建设时序，推进城市相对集聚建设，也容易体现城乡面貌的改善和变化。

（三）矿产资源的统筹、合理利用

矿产资源不可再生，应当合理利用。新疆有着丰富的矿产资源，要全面分析地下矿产资源的储备和利用情况，从全面可持续发展的角度，统筹考虑各类矿产资源的开发使用。希望各地、州在编制城镇体系规划的时候，应该有一个资源合理利用的专项规划，以利于指导各市、县对矿产资源的合理使用。

（四）生态环境的保护和修复

新疆各地有众多的绿洲，这是宝贵的生态资源。要深入分析研究自然生态环境的利用和变迁状况，提出相应的保护和修复措施。有规划、有举措和缺少规划、缺少措施，最终结果是完全不一样的。

城市生态环境的保护与修复，一是在城市规划和建设中，尽量保持有价值的植被、河道水系等生态要素的自然状态。二是大力推进植树造林，培育适应当地气候环境的植物，保持生物多样性。比如塔城市有五条河流经过市中心，他们把城市定位为“五弦之都”。有些河道堵了，最近在进行疏浚和改造，还保留了不少湿地，我们认为这很好。当然，各个城市河道改造也要把握好尺度，要追求自然生态。有的河道在改造的时候，完全是石砌的“笔直”河岸，感觉不像河道，像水渠了，我们觉得还是自然一些、生态一些为好。

要十分重视城市滨河地区的规划和开发建设，规划上要提出相应的管控要求。河道湖泊有利于改善一个地区的气候环境，也能增加城市的灵气，滨水岸线更是城市宝贵的公共资源。要体现滨水区域的公共开放性，城市沿河地段的岸线和土地利用要以公众休闲、公共服务设施为导向布局，营造市民亲水空间，避免工厂、企业占据城市公共岸线。我们已看到不少这样的案例，如巴楚县做了喀什河两岸规划，布置了不少公共服务设施，也增加了城市活动、市民休闲的公共开放空间，让老百姓共享。

我们到了和田市，昆仑湖公园的景色很美，给人的感觉很好。昆仑湖公园是和田的一颗明珠，也是和田的一张名片，昆仑湖滋润了和田，和田要对昆仑湖公园倍加爱护。作为大型的城市公共绿地，应该是为市民所有，为公众服务，所有的建设项目都要严格按规划实施。

六、正确处理城市风貌与地域特色的关系

我们到新疆深深感受到两大特点：一是特定的地形地貌——雪山、沙漠、草原和绿洲城市。正如一首歌所唱的“我们新疆好地方，天山南北好风光”。二是具有地域特色的城市风貌。各个城市的风貌体现了鲜明的多元文化共存，既有维族、汉族，又有哈萨克、回族等多民族特色，就像百花盛开的大花园。这些特色又反映在建筑文化上，包括各类优秀建筑的立面造型、室内装饰都非常精美，充分体现了各个城市的历史文化底蕴。

（一）重视历史文化城镇的保护和发展

对历史文化名城的保护，国家《城乡规划法》和相关法规都有明确要求。保护内容包括加强对各类重要遗址和历史建筑的保护整治；重视城市格局、肌理和风貌特色街区的保护与延续；注重非物质层面的挖掘，强调当地传统文化的提炼和生活方式的延续。并要求编制专项保护规划，纳入到城市总体规划之中。

不少历史文化城镇原有市政基础可能较差，公共服务设施比较缺乏，随着经济社会的发展，在保护的同时，结合城市建设和市民生活需求，进一步完善各项服务功能，继续推进教育、文化、医疗、商业等公共服务设施和市政基础设施的配套完善。比如喀什市的高台民居是有历史文化特色的建筑群，设想一下如果没有高台民居的话，可能喀什作为南疆的特色城市要逊色不少，应当制定专项规划妥善保护和改造。喀什在改造老城区的同时，注重与新城建设相结合，进一步完善城市综合服务功能，当地市委、市政府领导非常重视这两项工作的同步推进。

（二）老城改造要注重历史文化风貌的保护和延续

老城区在历史上形成的城市肌理、街区风貌和建筑形态，是老城的魅力所在。对老城危房集中、基础设施落后的地区进行改建，完善公共服务和市政道路设施，优化环境质量，提升生活品质都是必要的，但是尽量不要破坏老城的传统风貌，对有价值的历史建筑也不能任意拆除，更不能大拆大建，新建筑也要延续原有的地域特色。在老城改造中，要注重一些传统服务业的提升和发展，特别是推进旅游产业的发展，努力增加老城区的就业岗位。我们到了塔城市、和田市、伊宁县等，现有的广

场和道路尺度很好，保持了原有的地方特色。我们也参观了伊宁市的城南老区改造，特别是道路和市政基础设施的改造，使市民生活质量有了很大改善，城区风貌得到了保护，老百姓很认可。当前，新疆各地进入了跨越式发展的轨道，需要十分重视城市历史文化风貌的保护和延续。

在历史风貌保护工作中，我们碰到过不少难题，也有经验和教训。举个上海的案例，大约在2004年前后，我们在虹口区工作调研时，听说有一条风貌道路要局部拓宽，说是要改善道路拥堵情况。这条道路的两侧有许多名人故居，而且道路尺度、环境绿化、各类历史建筑所形成的整体氛围非常好，既有老城区的历史文化风貌，也适宜市民居住和活动。我们认为，拓宽道路势必会影响到老城区的肌理以及名人故居和周边环境。造成道路交通拥堵的原因很多，应当在更大范围的道路网格上对症下药，为什么一定要拓宽具有浓厚地域特色的风貌道路呢？我马上向韩正市长汇报，得到市领导的有力支持。随后我们把市中心12个历史风貌区的道路都梳理了一下，规划上需要保护、保留的有104条，分成四大类，其中有64条I类道路是永远不拓宽的。上海市政府非常重视，下发了相关文件。

同时，上海规划管理部门又组织编制了中心城区12个历史文化风貌区的保护规划，把建筑分为五大类，既有保留、保护的，也有改造、整治的，还包括一些需要拆除的。通过规划，对今后需要保护和改造的建筑，提出具体的规划要求。同时加强依法行政，严格按照规划来实施。

（三）新城区建设要体现地域特色，避免“千城一面”

新城区建设要传承当地的文化传统、民族特色，保护自然地理风貌，体现地域特点、民族风情，努力做到新的建筑空间形态与传统历史风貌相融合，避免“千城一面”。在新城区规划建设一些高层建筑要适度，同时要严格控制老城区的高层建筑。

最近我们看了几个老城区，环境很好，但二十几层高的保障性住房一下子就建起来了，我们认为太高了，和周边环境不相协调。在老城区高层建筑的建设要慎重，特别是要控制大量玻璃幕墙的使用。

（四）注重文化内涵，提升城市品质

优秀历史文化是城市的灵魂。保持城市的自身特色，凸显城市的鲜明个性，需

要进一步挖掘城市丰富的文化内涵，弘扬城市精神。可以说，没有大树的城市是没有历史根基的城市，没有优秀历史建筑的城市，是缺乏文化底蕴的城市。城市建设中对一些历史建筑、历史风貌街区要倍加呵护。在一些新的城市建设中，比如石河子市给我们留下了良好的印象。特别是参观了军垦博物馆，使我们很震撼，一种昂然向上的城市精神感染了我们。一个城市，应该有城市自身的文化内涵、城市品质和城市精神。

七、正确处理规划设计导向与当地实际相结合的关系

当前，全国19个对口援疆省市的干部、职工，正在新疆各地努力工作，大家都有一个共同的愿望：认真落实中央新疆工作会议精神，全力以赴地推进援疆工作的开展和建设项目的落地。援疆项目分布很广，类型很多，其中涉及一个共同的话题，就是规划设计导向如何与当地实际相结合。

（一）因地制宜，体现时代特色、新疆特点、地域特征

对口支援新疆项目，无论是规划、设计还是工程建设，要充分运用先进的规划理念与当地的实际相结合，体现地方特点。我们的项目、建筑都是在新疆的土地上，要结合当地的地理环境、资源条件、民俗风情、生产和生活方式，通过精心规划设计，更好地体现时代特色和地域特征。

（二）民生为重，加快推进安居富民工程和保障性住房建设

新疆跨越式发展中的一个指导思想，就是让新疆各族人民的生活越来越好。城镇规划和建设，当前要从群众最关心最现实的利益问题入手，以解决住房保障为重点，推进实施安居富民、定居兴牧以及保障性住房等重大民生工程建设，加快改善生产生活条件。我们深刻感受到，既要搞好住房建设，同时要积极改善各类公共服务设施和道路交通，使公共资源统筹共享，不断提高群众生活环境质量，让老百姓安居乐业，真正体现新疆跨越式发展和长治久安的目的。

（三）进一步完善市政基础设施的规划和建设

新疆城乡在市政基础设施方面的薄弱环节比较多，应当加快推进城市、乡镇、村庄的供电、供水、供气以及环卫设施、污水处理设施建设。特别要重视污水系统、垃圾收集和处理工作。我们有时到一个城市感觉很光亮，这往往是地面上的环境，其实更加重要的还有地下的设施和市政管线，这是政府对城市发展的责任，也是对老百姓的责任。为了保障市政基础设施的布局合理和建设落实，一定要重视编制市政基础设施专项规划，并安排投资计划推进建设。

垃圾处理最难的是终端处理。大的来讲有两类方式，一类是填埋，一类是焚烧。填埋的话，要早作选址和规划。焚烧，也有技术上、管理上的不少难题。垃圾处理还包括分类收集、运输等问题。这些遍及全疆的基础设施建设，各级政府和管理部门都需要做好深入的分析和研究，早作谋划。

（四）注重城市安全和防灾减灾规划

在城市发展中，要充分考虑城市安全和防灾问题。要把城乡规划和城市综合防灾减灾建设紧密结合，不断增强城市的综合防灾减灾能力。对新城区的规划选址，必须符合客观规律，应当具备水资源、能源、交通、防灾等建设条件，确保城市的安全底线。当前在城市的建设过程中，要更加关注城市的生态安全。

（五）公众参与，信息公开，广泛听取群众意见

在规划编制的过程中，要通过多种渠道，主动征询当地老百姓的意见，并鼓励市民的广泛参与，充分发挥他们的积极性，集思广益，不断提高规划编制的质量与实效。我们在喀什四县考察时，当地政府和援疆指挥部广泛听取老百姓的意见。比如安居富民工程的推进中，农村干部和农民对房型、道路和配套设施都提出了很好的建议，并得到了落实，老百姓很高兴，反响不错。这就是公众参与的成果所在。与其在建设以后发现矛盾再处理，还不如在规划编制阶段多听取意见、多作改进。

（六）注重建筑功能与形象并重，不断提升建筑设计水平

住宅建筑设计的原则是“实用、经济、美观”，要注重功能设计与空间形态并重。对一幢建筑来说，第一位是使用功能，还有第二位的是文化观赏功能，涉及到建筑

形象。这两者要结合好，住宅建筑既要符合当地生活习俗，满足使用需要，又要充分体现当地建筑的文化特色。建筑要积极落实环保、节能和低碳的理念，因地制宜，积极推广各类成熟的新材料、新产品的使用。我们见到新建的安居富民工程中，一些环保和节能材料都在推行使用，这是个进步。

同时，我们也发现很多单体建筑还存在不少问题。比如一些公共建筑，有的追求形象，却忽略了功能，尽管面积很大，使用功能却不合理。有的是讲气派，特别是地方的政府大楼，不要给人一种高高在上的感觉。还有一些公共建筑设计考虑还不周到。我举个例子，我们到过南疆一个城市，有一家新建的宾馆，环境很好，但是客房的布局不够合理，客厅的空间太大，卧室面积偏小。卫生间的设计没有充分考虑实用、安全，洗脸盆旁只安装一个淋浴笼头，没有隔离设施，使用后满地是水，很不安全。再比如一些商品房，包括别墅，有的面积不算小，但是缺少了储藏空间，也可以说是功能不齐全。所以说，建筑设计要在使用功能上进一步完善和优化，在设计上多用心，那么在同样的土地上，用同样的资金，一定能够造出更加美观、实用的建筑。

八、正确处理规划编制与规划管理的关系

城乡规划的意义在于实施。对规划的实施，有一句话说得好："三分规划，七分管理"，这说明了规划管理的重要性。应该说，加强规划管理是当前新疆规划工作中的一项重要内容。

规划管理承担着城乡规划的编制、审批、实施和监督等职能，要加强规划的全过程管理，这就需要进一步健全和完善规划管理的法制、体制和机制。

（一）加快推进规划法规建设

积极落实国家《城乡规划法》和自治区的《实施意见》。自治区层面已编制完成《自治区城镇体系规划》和《自治区推进新型城镇化行动计划》，将在明年上半年推进实施。各地州和市县也在编制相关规划。建设厅已结合实际，正在制定乡镇规划导则和村庄规划导则。在这些工作的基础上，各地要加快完善城乡规划体系，深入分析规划编制、实施和监督检查工作中，有哪些法规、规章需要进一步建立和健全。同时，结合当地实际，抓紧制定相关的管理制度和技术规定。

（二）建立和健全管理体制

规划管理是一个整体，环环相扣。建议各地、州和市、县进一步健全规划管理机构，以利于城乡规划工作的有效开展。

城乡规划的编制，不是找一家设计单位，就能完成任务了，大量的基础性工作还是由当地建设、规划管理以及相关部门牵头做的。比如一个城市总体规划的编制工作，除了设计单位深入调查研究，你也要把当地的资源情况、发展目标，包括领导班子的一些想法，与设计单位广泛沟通、交流。这样总规的编制才有深度和力度。这里面还涉及规划审批问题，我们看到有些地方规划编制完成了，因为不了解审批程序，迟迟没有报批。在一些专项规划编制的时候，也需要和相关管理部门进行沟通、协调。如果没有沟通，就很有可能在审批时出现问题。

我们也提出，现在是建设项目大量开工的时候，可能会出现一些违章建筑，必须在萌芽阶段进行遏制。这也需要规划管理部门依法行政，加强监管。

现在不少城市面临着总体规划修编问题，要严格按照《城乡规划法》的规定，按程序开展。总体规划的修编，需要对原有总规的实施情况进行评估，哪些是实施得好的，哪些是存在不足、需要修改的。要修编，当然是有目标的，也需要征求公众意见。对一些重要内容，如城市发展方向、人口规模等要进行专题研究，这样才有利于提高规划编制的质量。

中央新疆工作会议对城乡发展、兵地建设提出了明确要求，同时兵团也面临着城镇化发展的现实需求。要特别注重城乡规划与兵团建设的统一规划、协同发展，形成兵地共赢的发展局面。

（三）不断完善运作机制

做好规划管理工作，必须建立相关的制度，明确目标、责任、程序，有序推进。诸如地形图测绘，如何及时满足规划编制需要，要有相应的机制保障；规划编制如何听取社会和公众的意见，要有公众参与制度规定；如何加强规划工作与相关部门沟通协调，要有例会制度等等。应当根据各地具体情况，抓住一些关键的工作环节，坚持前瞻性和操作性相结合，逐步完善、优化运作机制。要重视人才培养和队伍建设，不断提升城乡规划管理的综合效能。

后记

中央新疆工作会议以来，新疆维吾尔自治区和各地州、市县领导都非常重视城乡规划和建设工作，在全国19个省市援疆工作的全力支持下，新疆跨越式发展和长治久安呈现了一个良好的开局。自治区党委十分关注城乡规划的先导作用，为使各地州、市县党政主要领导能更好地了解和认识规划，强化规划意识，不断提升城乡规划、建设和管理的科学决策水平，以及全面推进新型城镇化建设的工作能力，自治区党委于2011年2月在自治区党校举办了为期两天的城乡规划专题培训班。

这次培训的筹划工作从2010年底开始。在筹备阶段，自治区住房和城乡建设厅、专家顾问组就培训工作多次讨论、沟通，不断优化培训方案。自治区党委组织部、自治区住房和城乡建设厅以及自治区党校承办了本次培训班。

培训班的授课，主要由国家住房和城乡建设部、自治区城乡规划工作顾问组和中国城市规划设计研究院有关领导和专家承担。培训班以《城乡规划法》起讲，围绕规划各重点内容，结合新疆实际情况，深入浅出，使学员们更容易理解和接受，受到领导干部、学员们的广泛好评。在后续的实地调研中，各地领导普遍反映这次培训很有收获，帮助大家进一步提高了对城乡规划工作的认识。同年12月，应自治区人民政府的邀请，顾问组毛佳樑专家赴新疆哈密市为自治区各地州、市县有领导干部专题授课。

2011年11月，自治区党委书记张春贤同志在第八次党代会上提出，要加速新型工业化、农牧业现代化、新型城镇化进程；加快改革开放，打造中国西部区域经济的增长极和向西开放的桥头堡，建设繁荣富裕和谐稳定的美好新疆。

2012年4月1日，《自治区城镇体系规划纲要》顺利通过国家住房和城乡建设部审查；7月19日，《自治区城镇体系规划》通过国家住房和城乡建设部审查，目前正在上报国务院；《自治区推进新型城镇化行动计划》已基本编制完成，结合《自治区城镇体系规划》的调整正在进行修改、完善。这些都为推动新疆新型城镇化又好又快发展奠定了良好基础，并将起到重要的引领和指导作用。

为更好地总结本次专题培训的成效，以促进广泛交流和学习，自治区住房和城乡建设厅、自治区人民政府城乡规划工作顾问组于2011年下半年开始了本书的编辑和出版工作。本书汇编了2011年2月城乡规划培训班的8项专题内容和12月的授课内容，每篇文稿均在原授课内容的基础上，请各位专家作了进一步整理。自治区城乡规划工作顾问蒋宗健、熊鲁霞，上海市规划委员会专家耿毓修、上海市城市规划行业协会副秘书长王剑等同志参与了讨论和校对工作。

本书的编辑、出版工作，得到了各位专家、自治区城市规划协会和上海市城市规划行业协会的大力支持和配合。在此，谨向各位专家、参编人员以及为本书付出辛劳的各位朋友表示衷心的感谢！愿本书的出版，能为广大领导干部认识和了解城乡规划有所启迪，并为城乡规划从业人员提供参考。

书中难免存在疏漏或欠妥之处，敬请各位批评指正。

编者

2012年7月

图书在版编目(CIP)数据

推进新疆新型城镇化发展 ：城乡规划专题 / 新疆维吾尔自治区住房和城乡建设厅，新疆维吾尔自治区人民政府城乡规划工作顾问组编. — 北京 ：中国建筑工业出版社，2012.4
ISBN 978-7-112-14222-4

Ⅰ. ①推… Ⅱ. ①新… ②新… Ⅲ. ①城市化－发展战略－研究－新疆 Ⅳ. ①F299.274.5

中国版本图书馆CIP数据核字(2012)第063129号

责任编辑：滕云飞
装帧设计：赵鹏程

推进新疆新型城镇化发展
城乡规划专题

新疆维吾尔自治区住房和城乡建设厅
新疆维吾尔自治区人民政府城乡规划工作顾问组　编
*
中国建筑工业出版社出版、发行（北京西郊百万庄）
各地新华书店、建筑书店经销
上海利丰雅高印刷有限公司制版
上海利丰雅高印刷有限公司印刷
*
开本：889×1194毫米　1/12　印张：15　字数：1150千字
2012年07月第一版　2012年07月第一次印刷
定价：60.00元
ISBN 978-7-112-14222-4
(22288)